Lin 27/11273/A

L 2310
~~17~~ 16

VIE
DU MARÉCHAL NEY,

DUC D'ELCHINGEN,

PRINCE DE LA MOSKOWA, etc.

Les formalités voulues par les lois ayant été remplies, je poursuivrai les contrefacteurs suivant toute leur rigueur.

Pillet

DE L'IMPRIMERIE DE PILLET.

MICHEL NEY

VIE

1816.

VIE
DU MARÉCHAL NEY,

DUC D'ELCHINGEN,

PRINCE DE LA MOSKOWA,

COMPRENANT

LE RÉCIT DE TOUTES SES CAMPAGNES EN SUISSE, EN AUTRICHE,
EN PRUSSE, EN ESPAGNE, EN PORTUGAL, EN RUSSIE, etc.;

SA VIE PRIVÉE,

L'HISTOIRE DE SON PROCÈS
ET UN GRAND NOMBRE D'ANECDOTES INÉDITES;

SUIVIE DE PIÈCES JUSTIFICATIVES.

ORNÉE DU PORTRAIT DU MARÉCHAL ET DU fac-simile DE SON ÉCRITURE.

DEUXIÈME ÉDITION.

A PARIS,

CHEZ PILLET, IMPRIMEUR-LIBRAIRE,

RUE CHRISTINE, N° 5.

—

1816.

PRÉFACE.

Le maréchal Ney vient de terminer sa carrière. La première heure du passé à peine a sonné sur sa tombe, et déjà l'inflexible histoire réclame sa vie, dont la France voudrait pouvoir lui cacher une partie. C'est du sein des débats judiciaires où se sont agitées les grandes questions de l'honneur et de l'existence d'un homme long-tems élevé au premier rang des citoyens, que l'historien a pu observer la cause et l'enchaînement des faits qu'il s'est chargé de transcrire. Placé entre les accusateurs et les apologistes, entre les actions honteuses ou condamnables, et les actes éclatans de grandeur et de courage, tout a été, pour ainsi dire, soumis à son tribunal. Mais si cette situation offre de nombreux avantages, elle est également féconde en désagrémens. Quand des crises politiques ont prolongé dans un Etat les déchiremens et le désordre, les passions qui les ont préparés leur survivent long-tems. Le volcan paraît éteint, mais le cratère est encore brûlant ; et n'est-ce point en remuer les cendres que de rappeler ces scènes de désastres à ceux qui en ont été les victimes et à ceux qui voudraient les voir renaître ? Telle est cependant la condition d'un historien contemporain. Nous pourrions éluder les dangers qu'elle entraîne en nous retranchant dans une énumération aride et fastidieuse des pièces et des plaidoyers; mais cette frivole curiosité du public, qui va chercher dans un procès criminel un vain et déplorable spectacle, est détruite avec l'objet qui l'avait fait naître. On ne sait plus quel avocat prit la défense du maréchal de Biron, et l'histoire a conservé, pour l'exemple des tems les plus reculés, les détails de sa trahison et de la catastrophe funeste qui en a été le châtiment.

A peine le procès du maréchal Ney fixa-t-il l'attention du public, qu'on chercha des termes de comparaison entre cette affaire et celle du maréchal de Biron. Nous croyons cependant qu'il n'a existé entre ces deux hommes d'autre similitude que celle de leurs fautes.

Biron, élevé au milieu de la cour et sous les yeux de son père, l'un des plus grands capitaines de son siècle, reçut presque en naissant des leçons et des exemples de vertu et de fidélité. Héritier d'un nom illustre, comblé des faveurs du grand Henri, il s'arme deux fois contre son bienfaiteur pour le vil intérêt de l'or et pour une alliance que sa perfidie aurait déshonorée. Dans cette conjuration, où l'esprit d'imprudence et de vertige semble s'allier aux combinaisons de l'intrigue, tout est froid, parce que le complot qui se renoua, après le plus généreux pardon, est médité sous les yeux du Roi, et pour ainsi dire à ses côtés. Le nom de

Biron suffit à peine pour imprimer quelque noblesse au complice abject du duc de Savoie; et les nobles exploits de ses premières années sont flétris par l'ignominie d'une ingratitude sans exemple.

Ney, sorti des derniers rangs de la société, se jeta dans les derniers rangs de l'armée, où il aurait été condamné à traîner une vie éternellement obscure, lorsque la révolution éclata. Dans un tems où la bravoure tenait lieu de tout et conduisait à tout, Ney se fit remarquer par une intrépidité extraordinaire. Il parcourut rapidement la carrière des armes; mais la vie des camps, qui pervertit plutôt qu'elle ne perfectionne les vertus sociales, n'était point propre à suppléer à ses connaissances et à lui donner des principes de conduite. Tel on l'avait vu sous-officier d'un régiment de hussards, tel on le vit depuis maréchal et pair de France. Les rares apparitions qu'il fit à la cour prouvèrent qu'il s'y trouvait déplacé. Rien n'annonce que, comme Biron, il eût eu la lâche prudence de combiner une conjuration; mais rien dans son caractère ne pouvait rassurer sur sa fermeté morale. Tout est chez lui marqué du sceau de l'inconséquence. Capable de concevoir et d'exécuter des actions généreuses, il l'est également de tomber dans les excès les plus coupables. On ne trouve en lui ni cette faculté de combiner de vastes projets ni cet esprit de dissimulation nécessaire à un conspirateur. Sa vie ne se compose pas de desseins, mais d'actions. Maintenu par le Roi dans son grade, décoré de l'ordre de Saint-Louis, il fait, comme pair, comme maréchal et comme chevalier, un triple serment, qu'il ne tarde pas à violer. Cependant, quand il le prononçait ce serment, il avait la résolution de le garder; et depuis il a montré dans sa faute avec quelle ardeur et quelle exaltation il suivait les résolutions qu'il avait le plus légèrement adoptées. Par-tout il est le même, irréfléchi, violent dans ses décisions, incapable de résister à la première impulsion d'une volonté q n'a été dirigée ni par aucun principe conduite ni par aucune règle.

L'esquisse de la vie de Biron, comp rée à la sienne, suffit donc pour indiqu que le seul trait de ressemblance qui exis entre eux est dans la nature du crime non dans les détails. Tous deux ont é coupables, mais chacun avec des nuanc distinctes et séparées. L'ingrat Biron n craint pas d'élever ses regards jaloux ju que sur le trône de son maître et de so bienfaiteur. Il le convoite, il brûle de s' asseoir, et, pour arriver à ce projet in sensé, il s'abandonne aux intrigues le plus viles et les plus odieuses.

Ney oublie son honneur et ses ser mens pour ramper sous un maître abso lu. Elevé par les faveurs de la fortune, i semble se régler sur ses caprices et fair dépendre sa foi et sa conscience de se absurdes vicissitudes.

Il nous semble que, sous cet aspect l'histoire de Ney l'emporte sur celle d

Biron, en ce qu'elle est plus fertile en réflexions morales. Il n'est donné qu'à un bien petit nombre d'hommes d'aspirer au trône; cette audacieuse tentative demande un concours de circonstances qui, pour le bonheur de la terre, se rencontre assez rarement : au lieu que chacun peut se jouer de sa parole; et ce crime n'a été que trop commun parmi nous pendant notre épouvantable révolution. Combien d'aventuriers n'ont dû le miracle de leur élévation, de leur fortune ou de leur célébrité, qu'à la scandaleuse facilité avec laquelle ils ont prodigué les sermens! Combien en ont prêté à toutes les constitutions et à tous les tyrans qui se sont succédés en France depuis vingt-cinq ans! Que peut-il y avoir de sacré pour de tels hommes? quelle foi ajouter à des promesses qu'ils ont prostituées? Et si, dans le cours de la vie particulière et pour des actes particuliers de bassesse, de tels êtres seraient livrés au mépris public, de quel œil les voir en appliquant leur coupable versatilité aux choses qui, de leur nature, sont sacrées et immuables! Quoi! on punira la violation du plus futile engagement, et on pourrait tolérer celle qui compromet la sécurité de toute une nation!

On a cherché à pallier la défection du maréchal, en la présentant comme le triste résultat des tems de trouble et de confusion qui ont perverti et corrompu tous les principes de la morale publique.

C'est, en effet, la période la plus douloureuse de notre histoire que celle de la révolution : déplorable chaos où se sont trouvés confondus les élémens du juste et de l'injuste, les vertus et les forfaits; misérable époque où la bravoure physique, qui renverse les Etats, a été placée au-dessus du courage moral qui les consolide et les affermit!

Mais, en remontant à l'origine de ce funeste bouleversement, on en trouve la cause dans l'iniquité de quelques êtres corrompus que la douceur et la longanimité du gouvernement n'ont que trop encouragés. Ces novateurs audacieux, forts de leur impunité, s'en sont fait une arme terrible ; ils ont fini par renverser un trône que des siècles protégeaient et semblaient devoir rendre immortel.

C'est donc de l'infidélité, du parjure et de la révolte que sont nés nos premiers malheurs ; ce sont encore ces crimes qui en comblent la mesure. Et cependant tels sont les germes de dépravation jetés parmi nous, qu'il s'est trouvé des hommes assez pervers pour les excuser. Que leur a-t-il manqué pour en faire l'éloge? rien qu'un nouveau succès. Il faut vivre dans ce siècle pour entendre dire à un magistrat qu'il a été fidèle *à toutes les circonstances politiques qui se sont successivement présentées.*

Les expressions manquent pour qualifier un tel excès d'avilissement. C'est à l'histoire à désigner à la flétrissure et au mépris des siècles ceux qui s'en sont rendus coupables. Il est tems enfin que les

PRÉFACE.

lâches et les parjures sachent que si la Providence a semblé les oublier, sa foudre, pour être lente à frapper, n'en est pas moins inévitable. C'est avec le sentiment d'indignation que doit exciter tant de bassesse, que nous rappelons une partie de ces attentats; mais nous sommes Français, nous ne l'oublierons jamais; et si, du sein de nos misères, quelques souvenirs honorables viennent en adoucir l'amertume, nous ne négligerons pas de les recueillir. C'est sur-tout en parcourant les périodes si glorieuses de la vie militaire du maréchal Ney, que nous nous consolerons d'avoir à retracer sa faute.

Nous nous sommes procuré, sur ses campagnes, les détails les plus étendus. Nous avons recueilli et rattaché à sa vie privée plusieurs anecdotes intéressantes. Le rang que Ney occupait dans le monde, l'illustration qui a suivi ses services militaires, la funeste célébrité de sa faute et l'éclat de son procès, le rendent un des hommes les plus remarquables de notre siècle.

Nous avons suivi, dans cet ouvrage, la division naturelle que présente la vie du maréchal ; elle se partage en cinq époques principales, qui seront autant de livres.

Dans le premier, nous ferons connaître quelles furent la naissance, la famille et les premières années du maréchal ; nous dirons quels événemens l'ont porté dans la carrière militaire ; nous retracerons l'élévation rapide qu'il dut à la révolution et à son intrépidité. Le mariage qu'il fit fournira plusieurs anectodes intéressantes peu connues ; nous indiquerons, dans le plus grand détail et d'après des documens particuliers, les campagnes dans lesquelles il s'est distingué à la tête des différens corps de l'armée française. A l'entrée de l'ennemi en France, le maréchal oppose des efforts quelquefois heureux à son invasion. Enfin, lorsque son courage est obligé de céder au nombre, nous verrons le maréchal demander à Bonaparte et en obtenir une tardive mais heureuse abdication. Notre premier livre comprendra le tableau du gouvernement provisoire, et finira à la rentrée du Roi dans la capitale.

Le second livre embrassera les onze mois pendant lesquels la France a joui de la présence de son Roi. Le maréchal obtient du monarque des honneurs et des dignités. La paix ayant été heureusement ramenée, il va jouir d'un repos honorable à la campagne et au sein de sa famille. Mais l'usurpateur rentre en France, et le Roi donne au maréchal un commandement dans le Midi pour repousser l'invasion de Bonaparte. Nous verrons bientôt le maréchal céder à la voix de quelques émissaires envoyés par celui qu'il devait combattre. Nous sommes à l'époque de la proclamation de Lons-le-Saulnier.

Dans le troisième livre, le maréchal a rejoint l'usurpateur. Quelques jours après, le Roi quitte la capitale, et Bonaparte y fait son entrée. Le maréchal reçoit diverses missions de celui-ci; nous le suivrons dans ses tournées. A son retour, il est nommé membre de la chambre des pairs de Bonaparte. Ce ne sera pas pour le lecteur un spectacle indifférent que la chute d'un règne qui s'annonçait accompagné des plus sinistres présages. Nous ne perdrons de vue le maréchal ni dans la chambre législative où il siége, ni dans les champs de Waterloo, où il va donner de nouvelles preuves d'intrépidité. Il nous sera pénible de montrer le maréchal réduit à justifier sa conduite aux yeux de ce gouvernement imaginaire, dont l'incohérence et la nullité, bien plus que la volonté, nous rendirent une seconde fois le souverain légitime. Nous n'omettrons cependant aucun détail sur cette importante époque. Le Roi est rentré, des listes sont dressées qui comprennent ceux que la justice de S. M. veut livrer aux tribunaux, et ceux dont elle remet le sort à la décision des chambres. Le maréchal est sur la première ; et notre troisième livre se complétera par le récit des faits qui se rattachent à sa fuite et à son arrestation.

Le quatrième représentera le maréchal amené à Paris et emprisonné. Nous suivrons ses premiers interrogatoires, et nous les mettrons en entier sous les yeux de nos lecteurs. Bientôt nous verrons le maréchal traduit devant un conseil de guerre, décliner sa compétence, et demander à être jugé par la chambre des pairs, ce qui lui sera accordé.

Dans le cinquième et dernier livre, nous rapporterons les différentes ordonnances du Roi qui saisissent la chambre des pairs de l'affaire du maréchal. On ne lira pas sans intérêt les accusations des ministres, les arrêts préparatoires de la chambre, et les moyens allégués par le maréchal pour retarder une décision que lui-même a demandée. Le jour du jugement arrive : nous suivrons, jusque dans leurs plus petits détails, ces audiences solennelles qui rappellent les époques les plus fameuses de la monarchie française. En-

PRÉFACE.

fin, un arrêt condamne le maréchal à perdre la vie ; il est exécuté, et nous terminerons le cinquième livre et l'ouvrage par les anecdotes qui se peignent à ses derniers momens.

Tel est le cadre que nous nous sommes tracé. Nous n'avons rien omis de ce qui pouvait exciter et satisfaire la curiosité. Puisse cet exposé donner quelques matériaux utiles à l'histoire et offrir quelques leçons à la postérité !

Dans le cours des narrations qui vont suivre, tout ce qu'a dit et fait le maréchal Ney sera transcrit sans affaiblissement et sans exagération. Nous lui laisserons toute la gloire de ses faits d'armes ; nous n'ajouterons rien à l'énormité de sa faute. Ce n'est pas un mérite pour l'historien que l'impartialité, c'est une obligation sacrée. Nous chercherons à pénétrer autant qu'il sera en nous dans la vie privée du maréchal pour en offrir les traits les plus saillans. Ce sont les anecdotes surtout qui peignent l'homme sous ses véritables couleurs, parce qu'elles le dépouillent des déguisemens que l'intérêt ou la vanité lui fait prendre. La révolution ne nous a que trop appris à nous défier des actions publiques et des discours d'apparat ; ce n'était que dans un tems aussi extraordinaire que pouvait être prononcé ce mot attribué à un personnage également fameux par son esprit et par sa carrière diplomatique : *Que la parole a été donnée à l'homme pour déguiser sa pensée.*

VIE
DU MARÉCHAL NEY.

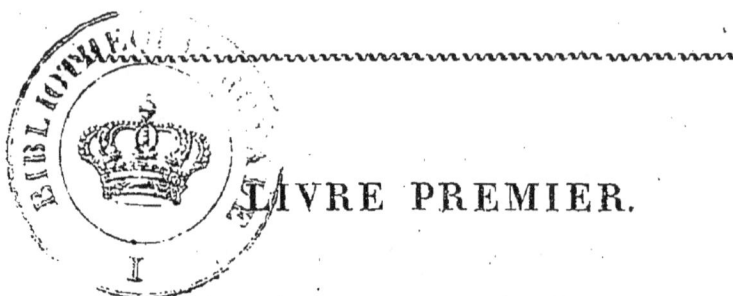

LIVRE PREMIER.

Il serait assez indifférent de savoir dans quelle classe de la société sont nés les hommes qui ont joué les premiers rôles sur le grand théâtre du monde politique, s'il n'était à-peu-près reconnu que les principes que nous puisons dans notre éducation primitive exercent une influence constante sur toutes les actions de notre existence. Dans cet âge où nous n'avons de la raison que le germe, où nos facultés naissantes n'ont pris aucune direction, et où nous semblons demander à ceux qui nous entourent de nous initier dans les secrets de la vie, les premiers mots qui frappent notre oreille deviennent nos premières idées ; les impressions qui en résultent forment nos premiers sentimens ; ces impressions, consolidées par le tems, constituent notre caractère, et, quelque force morale que nous ayons reçue de la nature, déterminent presque toujours l'emploi que nous faisons de nos moyens.

Quoi qu'il en soit de ces réflexions, il est constant que si un grand nombre d'hommes, dont il serait plus aisé de révoquer en doute la moralité que les talens, avaient été dès leur enfance destinés à remplir les fonctions éminentes où une révolution violente les a placés ; que si on leur eût appris de bonne heure, et les obligations sacrées attachées à ces fonctions, et la ligne de principes qui, dans cette carrière élevée, peut seule préserver la raison humaine des égaremens auxquels elle est exposée quand elle marche seule et sans guide ; il est constant, disons-nous, que ces hommes n'auraient point forcé la patrie à déplorer des talens qui lui ont été si funestes ; mais, élevés sur les débris de l'ordre social, il n'est pas étonnant qu'ils en aient méconnu les principes. Dans cette période de civilisation, où l'esprit croit pouvoir se substituer à la morale, où toutes les traditions de l'expérience sont taxées de préjugés, et où l'on érige en vertu le mépris de toutes les règles, les fautes des hommes sont en grande partie celles de leur siècle.

Dans la petite ville de Sarre-Louis, sur les confins de la Lorraine allemande, naquit, le 10 janvier 1769, Michel Ney, fils d'un artisan peu aisé.*

Les personnes qui connaissent les provinces conquises, savent qu'on ne pourrait se faire une juste idée de leurs mœurs, en les comparant avec celles des contrées de l'intérieur de la France. Dans celles-ci, d'antiques traditions ont perpétué, parmi les classes les plus obscures de la société, des souvenirs patriotiques liés plus ou moins immédiatement avec l'existence de la monarchie. Il n'est pas de ville qui n'ait conservé quelque vieux monument, ou de la munificence d'un de nos rois, ou de la fidélité de la bourgeoisie, ou des châtimens infligés à quelque seigneur rebelle, ou des désastres nés des dissentions civiles. Les églises sont pavées d'épitaphes héroïques des chevaliers morts au service du prince. Les archives des communes, les fondations de bienfaisance, les ruines, les tombeaux, les noms de lieux, tout parle aux cœurs français le langage de la patrie.

* Son père était fabricant de tonneaux.

Dans les pays que la conquête a réunis à la France, ce qui reste des traditions locales n'ayant aucune liaison avec les nouveaux intérêts des citoyens, ne tend point à perpétuer parmi eux cette espèce de religion des souvenirs, qui donne tant de force aux sentimens nationaux. Dans ces contrées, tout est exclusif, tout est isolé. Cet isolement est encore plus complet quand la langue et la religion ne sont point celles de l'Etat.

Michel Ney s'éleva donc hors du cercle des idées françaises ; l'honneur même, tel qu'il dut le concevoir, ne lui disait rien au-delà des devoirs de la vie privée. Jeune encore, il sentit les appels de la gloire ; mais cette gloire n'était autre chose qu'un instinct belliqueux, qui ne se rapportait qu'à lui seul et ne se liait point aux intérêts de la patrie.

Dans ces pays, qui ont conservé presque tous les usages de l'Allemagne, avec laquelle ils entretiennent des communications fréquentes, les peuples ont encore cette rudesse germanique, dont l'extrême politesse de nos mœurs n'a point adouci l'empreinte ; leur vie est active, leur joie est bruyante, leur musique a quelque chose de guerrier, et la force du corps prend chez eux d'autant plus de développemens, que leur éducation morale dépasse rarement, dans les petites villes, les bornes d'une instruction primaire. Aussi cette contrée a-t-elle été connue de tous tems pour fournir d'excellens soldats.

Le jeune Ney se trouva donc tout naturellement porté dans la carrière des armes. A peine sorti de l'enfance il s'engagea dans le régiment de Colonel-Général, hussards.

Il n'est point hors de propos de faire observer ici quel était l'esprit de cette arme où il puisa ses premières idées militaires.

Instituée à l'instar des hussards hongrois, elle était, avant la révolution, presqu'entièrement composée de soldats des provinces conquises : la discipline, l'uniforme, les mœurs, la manière de combattre, tout était allemand dans ce corps; les commandemens s'y faisaient en allemand. Le hussard était audacieux, téméraire même dans l'attaque, infatigable dans la marche, assez peu docile en tems de paix, insoumis jusqu'à la licence en tems de guerre : le pillage signalait trop souvent ses pas et déshonorait sa victoire.

Si dans un tel corps Ney n'apprit pas à aimer la France, il apprit du moins à faire la guerre. Doué d'une prodigieuse activité, habile dans tous les exercices militaires, son ardeur trouva des occasions fréquentes de se signaler. Il passa rapidement par tous les grades subalternes. Brigadier, maréchal-des-logis, adjudant-sous-officier en 1792, il fut nommé lieutenant en 1793 et capitaine en 1794. En cette année il fut connu du général Kléber, qui ne tarda pas à démêler le genre de mérite qui lui était particulier. Ce général l'attacha à son état-major, et lui fit conférer le grade d'adjudant-général chef d'escadron. A cette époque on faisait beaucoup d'usage, à la guerre, des corps de partisans. Ces corps étaient composés de soldats de toutes les armes, qui poussaient au plus haut degré ce courage sans retenue, cette témérité sans réflexion, résultat d'une espèce de délire continuel, qui, en dérobant aux regards de l'homme la connaissance de tous les dangers, éteint trop souvent dans son cœur le sentiment de tous les devoirs. Ces guerriers, assez peu estimés dans l'armée, quoiqu'ils opérassent des prodiges, ne recevaient point de solde, s'équipaient, se montaient et s'entretenaient à leurs frais ; c'est-à-dire que le gouvernement autorisait tacitement leurs excès et leurs brigandages. C'est à la tête d'un de ces corps que Ney fut employé par le général Kléber au *service actif* de l'armée, et qu'on lui confia les missions les plus périlleuses. Fallait-il porter des ordres importans, traverser les lignes de l'armée ennemie, enlever des convois sur ses derrières, pousser des reconnaissances jusque dans ses cantonnemens, c'était Ney qui était chargé de ces expéditions; il les concevait avec intelligence, les exécutait avec audace, et y déployait une adresse qui descendait quelquefois jusqu'à la ruse, mais qui n'était point au-dessous du genre de service qu'il avait embrassé.

Dans les intervalles que lui laissaient ses occupations militaires, il travaillait avec ardeur à réparer l'insuffisance de sa première éducation. Il réussit presque seul à se familiariser avec les règles de la langue française, si difficiles pour un étranger, et il parvint à écrire cette langue avec une correction remarquable.

En 1796 il passa à l'armée de Sambre-et-Meuse, dans la division du général Colaud; là, il donna des preuves multipliées de sa valeur. Les journées d'Altenkirchen, de Dierdorf, de Montabaur et de Bendorf, accrurent sa réputation d'intrépidité. Le 24 juillet, n'ayant avec lui que 100 hommes de cavalerie, il trouva le moyen d'en imposer à 2,000 soldats ennemis, qu'il décida à se rendre prisonniers de guerre et à lui abandonner Wurtzbourg, où était une quantité immense de munitions.

Deux jours après, dans un combat de cavalerie qui eut lieu auprès de Zell, avec un escadron de 400 hommes, il mit en déroute le détachement ennemi, plus fort du double.

Le 8 août, ayant passé la Rednitz sous le feu de 14 pièces de canon, et culbuté l'ennemi jusque dans Forsheim, il livra sous les murs de cette ville un combat mémorable qui la mit en son pouvoir, ainsi que les approvisionnemens qu'elle renfermait, et 70 pièces d'artillerie.

Ce fut à la suite de cette affaire qu'il fut promu au grade de général de brigade sur le champ de bataille.*

Au commencement d'avril 1797, commandant la cavalerie française à la bataille de Neuwied, il enfonça les Autrichiens, et contribua puis-

---

* Dans le cours de ces guerres, il fit prisonniers nombre d'émigrés, et parvint fort adroitement à éluder l'ordre de les faire fusiller. Ce mélange de bravoure et de générosité étonna le représentant du peuple en mission, qui dit au général Kléber : « Votre ami Ney s'est conduit en homme d'honneur pen» dant le combat et après la victoire ; il sait répandre et épar» gner à propos le sang français. »

samment au succès de cette journée. Peu de tems après il força l'ennemi dans Giessen, et le poursuivit jusqu'à Steinberg ; mais ayant été repoussé à son tour et obligé de fuir devant des forces supérieures, son cheval s'abattit au moment où il s'exposait, comme simple soldat, pour sauver une pièce d'artillerie volante ; et il fut fait prisonnier par les Autrichiens le 20 avril 1797.

Le général Hoche, qui commandait alors l'armée de Sambre-et-Meuse, demanda et obtint son échange. En rentrant à l'armée il fut promu au grade de général de division.

A l'époque du 18 fructidor an 5 (4 septembre 1797), le général Ney se prononça contre le parti de Clichy, qui dominait alors dans le Conseil : c'est la seule fois qu'on trouve son nom inscrit dans les annales politiques de la révolution.

En 1799 il passa à l'armée du Rhin, et commandait la cavalerie à la bataille de la Thur, le 26 mai.

Le 3 novembre suivant fut signalé par une action extraordinaire de ce général, à laquelle nous donnerons quelque développement, parce qu'elle peut jeter un grand jour sur son caractère.

La ville de Manheim, que le Rhin séparait de l'armée française, était défendue par une nombreuse garnison : cette place était en quelque sorte la clef de l'Allemagne de ce côté. Grande et située dans un pays fertile, il était extrêmement important pour les Français de s'en rendre maîtres, parce qu'elle assurait leur établissement de l'autre côté du fleuve. Mais cette entreprise était pour ainsi dire impraticable avec les moyens ordinaires. Le passage du Rhin par des forces suffisantes n'aurait pu s'effectuer sans des préparatifs qui auraient donné l'éveil aux ennemis, et ils étaient en mesure de repousser toute attaque de vive force. Le général Ney résolut d'employer la ruse. Il savait qu'une partie des troupes de la garnison était cantonnée dans les villages entre le fleuve et la ville, attendant, pour rentrer dans la place, que le passage du Rhin eût été forcé. Dans cet état de choses, un coup de main pouvait être tenté, mais il présentait les plus grands périls; il fallait passer le Rhin sans être vu, traverser tous les cantonnemens ennemis, arriver sous les murs de la ville, et s'en emparer avant que les troupes logées à l'extérieur eussent pu se réunir; il fallait que cette expédition s'exécutât avec très-peu de monde, pour que le débarquement et la marche du détachement ne fussent point aperçus ; enfin, il fallait des guides sûrs pour éviter les postes ennemis, et une connaissance exacte de la ville, afin d'agir avec précision, suivant les circonstances. Dans tous les cas, la réussite était douteuse, la retraite impossible, et c'était un de ces coups de témérité qui excèdent les devoirs d'un général en chef, et exigent dans le soldat qui les entreprend sans obligation un sentiment plus exalté que le courage.

Comme dans cette expédition le point le plus important était la connaissance des lieux et des forces de l'ennemi, le général Ney ne crut pas devoir se fier, à cet égard, au rapport de ses espions; il voulut s'en assurer par lui-même. Général de division, il se couvre d'un travestissement prussien, passe le Rhin pendant la nuit, s'introduit dans la ville le lendemain, observe les postes, s'informe de tout, et s'expose ainsi, dans un rôle qui compromettait sa franchise et la dignité de son grade, à une mort qui n'était pas celle des braves.

A l'aide de la langue allemande, qui, comme on sait, était celle de son pays, il ne fut point reconnu ; il retourna à son armée, choisit 150 soldats audacieux comme lui, et déterminés à risquer leur vie dans cette entreprise extraordinaire : avec ce faible détachement, il effectua sans obstacle le passage du Rhin à huit heures du soir. Il parvient à onze heures sous les murs de la ville, attaque et enlève successivement à la baïonnette tous les ouvrages avancés. Par un bonheur qu'il n'avait pu prévoir, parce qu'il fut le résultat d'une faute du commandant ennemi, la garnison fait une sortie : il se précipite sur elle, la repousse, entre avec elle dans la place, et, favorisé par les ténèbres, qui dérobaient à l'ennemi la faiblesse de son détachement, aidé sur-tout par l'épouvante que l'impétuosité de son attaque avait répandue, il parvient à se rendre maître de la ville. Quelques jours après, l'avant-garde de l'armée ayant été enveloppée près de Lauffen, Ney accourut, la dégagea, et poursuivit l'ennemi jusqu'à Moeskirch, où il lui fit 1500 prisonniers.

En 1800, il commandait à Worms et Frankenthal la 4ᵉ division, qui formait la gauche de l'armée du Rhin ; le 5 juin, il livra la bataille de l'Iller où il culbuta l'ennemi, lui prit toute son artillerie, et le poursuivit depuis Lauershausen jusqu'à Weissenhorn.

Forcé de prendre le commandement des troupes dispersées de Huningue à Dusseldorf, en moins de huit jours il organisa treize fausses attaques et passages du Rhin qui réussirent tous le même jour ; de suite, à la tête de 9,000 hommes, il fut jusque sous les murs de Francfort attaquer et détruire 20,000 Mayençais soldés par l'Angleterre et soutenus par 2000 Autrichiens. Il revint le lendemain passer le Mein près de Mayence, culbuta tout ce qui se trouvait sur son passage, traversa à marches forcées tout le pays de Hesse-Darmstadt, passa le Neker à Ladenbourg, au gué du maréchal de Turenne, s'empara de nouveau de Manheim, Heidelberg, Brucksal, Heilbronn, et parvint jusqu'aux portes de Stuttgard.

Le prince Charles, qui était alors en Suisse, voyant Ulm menacé d'une irruption qui aurait découvert son aile droite, fut obligé d'envoyer sur ce point de forts détachemens qui affaiblirent son centre. Les Français profitèrent de cette diversion pour l'attaquer, et ils gagnèrent la bataille de Zurich.

Le général Ney fut successivement employé sous les ordres du général Masséna, en Suisse, et sous ceux du général Moreau, en Allemagne.

En 1802, Bonaparte, alors premier consul, lui envoya un superbe sabre égyptien. Nous verrons plus tard combien ce présent lui fut fatal.

A la paix de Lunéville il fut nommé inspecteur-général de la cavalerie ; mais l'ambition de Bonaparte lui réservait un autre emploi.

La Suisse avait, dans les dernières guerres, laissé violer son territoire, qui était devenu le théâtre des hostilités entre l'Autriche et la France. Les bases de l'indépendance helvétique avaient été détruites, et cette contrée restait ouverte aux invasions des Français qui en possédaient les barrières. Sa position était encore plus critique par les dissentions civiles qui déchiraient alors son sein. Les oligarques de Berne excitaient depuis long-tems la haine de plusieurs cantons ; une confédération s'était formée et avait pris les armes. Si cet état de fermentation détruisait la force morale de cette nation, la Suisse armée offrait cependant un aspect imposant, qui pouvait inspirer quelque crainte à un ennemi extérieur. Il était possible que l'approche du danger commun suspendît les haines et réunît les partis. Le général Bachmann, qui commandait les confédérés, aurait pu opposer une longue et vigoureuse résistance à une attaque de vive force. D'ailleurs, la France ne pouvait afficher ses vues de conquête sur ce pays sans éveiller les inquiétudes des États voisins, qui n'auraient pas manqué de s'y opposer. Ces considérations déterminèrent Bonaparte à employer l'intrigue pour asservir cette contrée. Il y envoya le général Ney, avec le titre de ministre plénipotentiaire.

L'arrivée de ce chargé de pouvoirs tint tous les esprits en suspens ; les espérances des deux partis se tournèrent vers la médiation de la France.

Ney, d'après les instructions qu'il avait reçues, se présenta le 25 octobre dans le sénat de Berne ; il lui offrit l'appui que son gouvernement l'autorisait à lui promettre ; et s'étant conduit de manière à mettre ce corps entièrement dans ses intérêts, il signifia au général Bachmann l'ordre de licencier ses troupes, l'avertissant que si elles ne l'étaient pas au 1er novembre, il marcherait contre lui à la tête de l'armée française. A la suite de ces menaces, il ordonna le désarmement des Suisses.

L'armée des confédérés ayant été bientôt

dissipée, les chefs furent arrêtés, et il reçut de toutes les villes des députés chargés de protester de leur soumission à la France. Il répondit à quelques-uns d'entre eux qui lui apportaient les clefs de leur ville : « Ce ne
» sont point vos clefs que je demande ; mes
» canons sont là pour enfoncer vos portes;
» apportez des cœurs soumis, dignes du
» pardon et de l'amitié des Français. »

On voit, par ces paroles, quelle médiation le général Bonaparte voulait exercer dans ce pays.

La puissance de la France s'accroissant de plus en plus, et l'Angleterre étant le seul ennemi qui lui résistât, tout ce vain appareil d'une expédition qui inspirait peu d'inquiétudes à ceux qu'elle semblait menacer, et n'avait peut-être pour but que de faire prendre le change à l'Allemagne sur la véritable destination des troupes qu'on assemblait, se déploya dans toute son ostentation ; des forces immenses se réunirent sur les côtes. Le général Ney fut rappelé. Il prit le commandement de l'armée de Compiègne, puis du camp de Boulogne, puis de celui de Montreuil, et employa cette espèce de trève à l'instruction de son corps d'armée.

Lorsque Bonaparte eut pris le titre d'Empereur, qui seul manquait à son usurpation, il conféra au général Ney la dignité de maréchal d'Empire ; il le nomma, en 1804, grand-officier et chef de la 7ᵉ cohorte de la Légion-d'Honneur. Peu après ce général fut décoré du grand-cordon et créé chevalier de l'ordre du Christ de Portugal.

Cependant la guerre ayant éclaté tout-à-coup avec l'Allemagne, l'armée qui occupait les côtes traversa la France en poste, et vint passer le Rhin en Alsace en 1805. A peine arrivé, le maréchal Ney livra le combat d'Elchingen, journée mémorable si funeste aux deux armées, qui y perdirent l'élite de leurs soldats, et où la victoire, long-tems balancée, sembla accorder le champ de bataille plutôt à l'opiniâtreté des Français qu'à la supériorité de leurs efforts. C'est en mémoire de ce combat, qui d'ailleurs ne produisit aucun avantage au vainqueur, que le maréchal Ney fut créé duc d'Elchingen.

Après la capitulation d'Ulm, il fut détaché dans le Tyrol avec un corps de 30,000 hommes, et força l'archiduc Jean d'évacuer cette contrée. Il s'empara des forts de Scharnitz et de

Neuf-Larek, et entra presque sans résistance à Inspruck le 7 novembre; puis à Hall, où il trouva des magasins immenses. Poursuivant toujours l'archiduc Jean, il atteignit son arrière-garde, le 17, au pied du mont Brenner, et la tailla en pièces; ensuite il entra en Carinthie, et y resta jusqu'à la paix de Presbourg.

Le 6ᵉ corps d'armée, qu'il commandait, ayant été envoyé en Souabe, le maréchal Ney y prit position, et ne quitta cette province qu'à la rupture du traité de paix avec la Prusse, en 1806, pour marcher vers le Haut-Mein, entre Bamberg et Amberg.

Bientôt les armées ennemies se trouvèrent en présence dans les plaines d'Iéna. Le 14 octobre se donna la fameuse bataille qui faillit renverser à jamais la puissance prussienne. Le maréchal Ney y commandait, sous les ordres du maréchal Soult, le 6ᵉ corps, qui formait l'aile droite de l'armée française.

Après la bataille, il fut envoyé devant Magdebourg. Cette place importante capitula sans soutenir de siége, et livra au vainqueur sa garnison de seize mille hommes, huit cents pièces d'artillerie, et des approvisionnemens de toute espèce.

Cependant l'armée russe présentait seule un front formidable à l'impétuosité victorieuse des Français ; le général Beningsen avait choisi ses positions en avant de la Pregel, et sa droite était couverte par le général Lestoq, dont le corps d'armée s'avançait jusqu'à Deppen ; le maréchal Ney fut chargé de le débusquer de ce poste. Il l'attaqua le 5 février 1807 ; mais s'il ne put réussir à l'entamer, il parvint du moins à le forcer à la retraite, et le poursuivit jusqu'au village de Schnaditten. L'aile droite des Russes se trouvant ainsi débordée, ils furent obligés de repasser la Pregel. Alors se renouvela, contre le général Lestoq, le combat sanglant qui avait eu lieu à Deppen. Cette seconde affaire l'emporta sur la première par l'acharnement des combattans et l'opiniâtreté avec laquelle la victoire fut disputée. Nous nous servirons pour caractériser cette journée d'un mot du maréchal lui-même. Le comte Patencoff, officier-général, fait prisonnier pendant l'affaire, exprimant le soir au maréchal sa douleur de ce que les excellentes dispositions des généraux russes et le courage de leurs soldats avaient été trahis par la victoire : « Que vou- » lez-vous, lui dit le maréchal, c'est par

» habitude qu'elle s'est déclarée aujourd'hui
» pour les Français. »

Plusieurs autres combats partiels suivirent cet engagement et précédèrent la mémorable bataille de Friedland. Ney eut ordre de s'emparer de cette ville ; il y réussit, mais avec des pertes incalculables.* La paix de Tilsitt termina cette campagne.

Dans ces guerres fameuses, à la gloire desquelles il ne manquait qu'une cause moins injuste et un but plus utile, Ney, maréchal d'empire, déploya en grand, à la tête d'une armée, cette fougueuse intrépidité et cette sagacité supérieure qu'il avait fait briller autrefois à la tête d'une poignée de partisans. Il s'y distingua par la hardiesse de ses plans, la célérité de ses marches, l'impétuosité de ses mouvemens. Toujours à cheval, toujours aux endroits menacés, sa grande activité, qui l'avait fait surnommer l'*Infatigable*,

---

* Ney était à cheval, en avant des grenadiers, attendant que le tems de marcher fût arrivé ; la mitraille pleuvait sur sa colonne, et les grenadiers, l'arme au bras, baissaient la tête par un mouvement involontaire à chaque décharge qu'ils entendaient : « Camarades, leur dit Ney, ces gens-là tirent en l'air ; » je suis plus haut que vos bonnets, et ils ne m'atteignent » pas. » Les grenadiers comprirent où portait ce raisonnement, et montrèrent plus de fermeté.

le multipliait sur tous les points. Insensible aux plaisirs qui amollissent le courage, nul ne donna moins au sommeil, nul ne posséda à un plus haut degré le don d'imprimer aux soldats l'audace et la vigueur de son ame; le premier dans les attaques, le dernier dans les retraites; si, comme son maître, il se montra quelquefois peu avare du sang français, c'est qu'il était prodigue du sien propre : la mort des hommes n'était d'ailleurs pas chez lui l'objet d'un froid calcul ; il comptait plus, pour le succès d'une affaire, sur la valeur de ses troupes que sur le nombre de soldats qu'il lui serait possible de sacrifier.

La cessation des hostilités dans le Nord ne suspendit pas les travaux militaires du maréchal. Bonaparte, dont le génie dévastateur ouvrait toujours au sang et aux trésors des peuples plus de gouffres qu'il n'en pouvait alimenter en même tems, n'eut pas plutôt signé le traité de Tilsitt, qu'il dévoua aux insurrections de l'Ebre et du Tage ces phalanges qui avaient survécu aux victoires de la Pregel et de l'Oder.

Le maréchal Ney arriva bientôt en Espagne, ne s'étant arrêté en France que le tems nécessaire pour remplir les cadres de son corps d'armée ; il commença alors une guerre entièrement nouvelle pour lui, et dont les dangers incalculables n'étaient pas même balancés par l'espoir de vaincre un ennemi qui ne fut jamais plus redoutable que quand il cessa de se montrer en face.

Il entra en Espagne vers le milieu d'octobre 1808, et, par sa seule présence, ranima l'armée française acculée derrière l'Ebre depuis la retraite de Madrid à la fin de juillet de la même année.

Lorsque Bonaparte vint dans ce royaume pour tâcher de rétablir les affaires de Joseph, Ney fut mis à la tête du 6e corps, dont presque tous les régimens avaient servi long-tems sous ses ordres. Il en connaissait tous les officiers par leurs noms.

La junte nationale, qui, au nom de Ferdinand VII, exerçait le gouvernement du royaume, avait organisé une résistance régulière; les généraux Castanos et Palafox occupaient les positions de l'Ebre aux environs de Tudéla ; Ney, avec son armée, tenait Logronio et Guardia, à peu de distance de ces généraux. Destiné à tourner l'ennemi, il partit de Burgos le 13 novembre, marcha sur Saragosse par Soria ; et, sans la précipitation du maréchal Lannes, qui livra la bataille de Tudéla deux jours plutôt qu'il n'aurait dû, Ney, arrivé sur les derrières de Castanos, au moment de l'action, aurait coupé toute retraite à l'armée vaincue, qui aurait été entièrement détruite.

Ce premier plan ayant manqué, il allait attaquer dans la nuit la ville de Saragosse, quand il reçut l'ordre de se porter vers Madrid pour empêcher l'armée espagnole d'effectuer sa retraite sur cette capitale, où Bonaparte se dirigeait en personne.

Quelque tems après, la guerre ayant éclaté avec l'Autriche, Bonaparte s'estima heureux d'avoir un prétexte pour quitter l'Espagne, et il s'éloigna de ce royaume où sa présence n'avait produit d'autre effet que de rendre la guerre nationale, en détruisant les espérances que fondaient les Espagnols sur leurs troupes réglées, et en les forçant à n'attendre leur salut que des insurrections et de la résistance personnelle de chacun d'eux.

Ce que Ney avait vu de cette guerre lui en avait fait concevoir un funeste augure; il s'en expliqua assez ouvertement devant Bonaparte. Voici le passage d'une lettre écrite à cette époque, de Madrid, par un officier-général attaché au maréchal, et témoin de cet entretien.

Après la revue, l'Empereur rentra ; il avait reçu de bonnes nouvelles des autres corps ; il nous dit : « Cela marche. La Ro-
» mana n'en a plus pour quinze jours ; les
» Anglais sont culbutés : ils ne s'aventureront
» pas davantage. D'ici à trois mois, tout sera
» fini. »

Nous gardions le silence ; le duc d'El-chingen fronça le sourcil, et dit en secouant la tête : « Sire, il y a long-tems que cela dure,
» et je ne vois pas comme vous que nos af-
» faires avancent. Ces gens-là s'entêtent : les
» femmes et les enfans s'en mêlent ; ils nous
» tuent tous nos hommes en détail. Cette guerre
» tourne mal. On les met en pièces aujour-
» d'hui, demain il en revient le double. Ce
» n'est pas une armée que nous avons à com-
» battre, c'est le peuple entier. Je n'y vois
» pas de fin. »

L'Empereur le regardait fixement. Quand il eut fini de parler, il se tourna de notre côté, sans lui répondre directement, et nous dit : « C'est une Vendée. J'ai bien sou-
» mis la Vendée. Les Calabres étaient bien
» aussi insurgés. Par-tout où il y a des mon-
» tagnes, il y a des insurgés. Le royaume de
» Naples est soumis aujourd'hui. Ce n'est pas

» le tout de bien conduire une armée, il faut
» voir l'ensemble. Le système continental
» n'est plus le même que sous Frédéric : les
» grandes puissances doivent absorber les pe-
» tites.

» Dans ce pays-ci, les prêtres ont de l'in-
» fluence, et c'est ce qui exaspère ces gens-
» là ; mais les Romains les ont conquis, les
» Maures les ont conquis ; ils valent moins
» qu'ils ne valaient. J'asseoirai le gouverne-
» ment, j'intéresserai les grands, et je ferai
» mitrailler le peuple. Eh ! dame ! si Jules-
» César s'était rebuté, il n'aurait pas conquis
» les Gaules. Que veulent-ils ? le prince des
» Astruries ? La moitié de la nation le reje-
» tait. D'ailleurs, il est mort pour eux. Ils
» n'ont plus de dynastie à m'opposer ; on dit
» que la population est contre nous : c'est
» une solitude que cette Espagne, il n'y a pas
» cinq hommes par lieue carrée ; d'ailleurs,
» s'il est question de la multitude, moi, j'a-
» menerai l'Europe entière chez eux ; on ne
» sait pas ce que c'est qu'une grande puis-
» sance. » Alors la conversation changea
d'objet ; un quart d'heure après il parlait aussi
familièrement au maréchal que si celui-ci
n'eût rien dit qui lui eût déplu. »

Quelle que fût l'opinion de Ney sur l'issue de cette guerre, il ne négligea rien de ce qui dépendait de lui pour la faire réussir. Les Anglais avaient passé le Duero, afin de s'unir au marquis de la Romana pour attaquer le maréchal Soult. Ney, à peine arrivé à Madrid, se porta sur Benavente, dans l'intention de couper la retraite aux Anglais; mais, à force de sacrifices et de marches accélérées, le général Moore, qui les commandait, parvint à gagner les gorges de la Galice. La Romana ayant été battu, se jeta avec les débris de son armée dans les montagnes de Puebla de Sanabria. Le maréchal Ney, qui avec son armée avait parcouru depuis le 13 novembre jusqu'au 6 janvier 500 lieues de poste, resta à Astorga pour organiser la Galice et en garder les défilés, tandis que Soult, poursuivant les Anglais en Portugal, les poussa jusque dans leurs vaisseaux.

C'est alors que le maréchal Ney rencontra des difficultés d'un nouveau genre, et contre lesquelles son expérience, sa bravoure et les talens militaires dont il avait donné des preuves dans les campagnes du Nord, ne lui furent d'aucune utilité.

La guerre avait visiblement changé de nature dans la Péninsule. Les armées espagnoles étaient détruites ; il n'en restait plus que des débris errans, qui se maintenaient dans les montagnes, se séparaient en *quadrilles* et en détachemens, occupaient tous les défilés, toutes les hauteurs, et descendaient dans les plaines pour suivre et harceler les armées françaises dans leurs marches, surprendre leurs postes pendant la nuit, enlever leurs convois et massacrer les soldats que la fatigue éloignait de la colonne.

Quelquefois ces bandes se grossissaient tout-à-coup de la population entière d'une contrée pour attaquer un point qu'abandonnait le gros de l'armée ; et quand l'armée retournait sur ses pas pour combattre les insurgés, elle ne trouvait qu'une apparence de paix et de tranquillité qui ne laissait aucun objet à ses vengeances, tandis que le pays qu'elle quittait était déjà en armes et réorganisé au nom de Ferdinand VII.

Dans un tel état de choses, on conçoit combien il était difficile aux Français de pourvoir à leur subsistance, de faire des fourrages, de maintenir la correspondance entre les divers corps de l'armée ; en un mot, d'exister au milieu d'un peuple ennemi, poussé au dernier degré d'irritation, et qui mettait dans sa haine toute l'effervescence méridionale.

Le maréchal Ney fit de vains efforts pour s'établir dans la Galice; il n'y maintint une tranquillité apparente que sur les points mêmes qu'occupait son armée; les mesures violentes qu'il employa, au lieu de terrifier les habitans, les poussèrent aux vengeances les plus outrées : 700 prisonniers français furent noyés à la fois dans le Mino, des corps entiers périrent égorgés la nuit dans leurs logemens, des barbaries atroces s'exerçaient journellement sur les blessés et les traîneurs.

Les dispositions offensives des Espagnols étaient vivement excitées par le voisinage de La Romana, qui ne descendait jamais de ses montagnes sans faire quelqu'expédition fatale aux troupes françaises. Ce général, qui n'avait pu sauver de sa défaite que quelques milliers d'hommes, était, avec ce peu de forces, plus redoutable à la puissance française, que quand il commandait une armée nombreuse et disciplinée.

Il réussit à s'emparer de Ponte Ferrado, dont il fit la garnison prisonnière. A l'aide d'une pièce de canon qu'il trouva dans cette place, il prit Villa-Franca. Ces avantages ayant grossi considérablement son armée, il força le maréchal Ney à abandonner le Bierzo, se jeta dans les Asturies, qu'il insurgea, et coupa ainsi toute communication entre l'armée de ce maréchal et celle du maréchal Soult. Ney avait concentré ses forces sur Lugo, place fortifiée qui pouvait tenir contre un coup de main.

L'insurrection des Asturies s'étendant de plus en plus, il faisait des excursions fréquentes sur divers points de cette province, laissant à Lugo une forte garnison, qui était étroitement assiégée dès que l'armée s'en éloignait.

Le maréchal Soult faisait une guerre plus régulière, mais non moins malheureuse. Forcé bientôt d'évacuer le Portugal devant l'armée de Wellington, il rentra dans la Galice, arriva fort à propos pour débarrasser la garnison de Lugo, et fit sa jonction avec le maréchal Ney, qui revenait d'une expédition contre Oviédo dans les Asturies.

La réunion de ces deux armées ne changea rien à la situation de ces provinces. Bientôt Soult s'éloigna de nouveau pour observer le mouvement des Anglais; et le maréchal Ney, ne pouvant se maintenir dans la Galice ni dans les Asturies, fut contraint de se retirer dans le royaume de Léon, après un séjour de six mois dans ces provinces. Sa retraite ne fut point troublée; il recueillit les malades et les blessés de Soult.

Telles sont les principales opérations du maréchal Ney dans la guerre d'Espagne, guerre féconde en désastres pour les Français, et qui attaqua la puissance de Bonaparte dans ses deux élémens, ses trésors et ses soldats; mémorable exemple de ce que peut un pays injustement envahi, quand il a des mœurs nationales.

Dans toute cette guerre, Ney ne livra qu'une seule bataille en revenant de l'Estramadure, où des lenteurs et de fausses combinaisons laissèrent au général anglais l'honneur équivoque d'une victoire à Talaveyra. Ney trouva sur sa route un corps de six mille hommes, commandé par le général anglais Wilson,* et posté sur les hauteurs de Bagnos.

* Ce même général Wilson, lorsque le maréchal fut traduit devant la chambre des pairs, lui montra l'intérêt le plus touchant. Il aida madame Ney dans les démarches qu'elle fit auprès des puissances alliées; il la seconda de tout son crédit, et témoigna en faveur du maréchal un zèle et un dévouement dignes d'un meilleur succès. Quelle grandeur d'ame! quelle générosité dans un étranger, dans un ennemi que le maréchal avait vaincu deux fois!

Ce faible ennemi fut aussitôt culbuté, et laissa plus de cinq cents morts sur le champ de bataille.

Nous suivrons rapidement le maréchal Ney dans la campagne qu'il fit en Portugal, sous les ordres de Masséna.

Le sixième corps s'étant réuni à celui de Junot près de Salamanque, et ayant été joint plus tard par celui du général Regnier, Masséna chargea le maréchal Ney de prendre Ciudad-Rodrigo. La place se défendit avec assez de constance, et se rendit à discrétion, au moment où Ney avait tout disposé pour l'assaut. Le gouverneur, Herrasti, était un des signataires de la constitution de Bayonne. Croyant avoir affaire à un ennemi qui portât dans le combat des sentimens politiques, et craignant que les opinions qu'il avait manifestées ne lui attirassent la colère du vainqueur, il se présenta sur la brèche en habit bourgeois, et dans une attitude suppliante. « Quel est cet homme ? demanda Ney à un de ses aides-de-camp. — C'est le gouverneur.—Cela est impossible, » dit le maréchal, étonné de l'air embarrassé du Castillan. L'aide-de-camp ayant assuré que c'était le gouverneur, et qu'il le connaissait : « Mon-

» sieur, lui dit Ney, pourquoi n'avez-vou
» pas votre uniforme ? Vous l'avez honoré pa
» votre belle défense. Je suis le maître ici ; mai
» je vous accorde une capitulation. » Il tin
parole ; et les conditions furent plus satisfai
santes que la garnison n'avait osé l'espérer.

L'armée française ayant passé la Coa, re
poussa les avant-postes anglais, et se porta su
Alméida. L'investissement de cette place fu
l'ouvrage de Ney. Sans les lenteurs ou un ma
entendu du général Montbrun, qui ne cru
pas devoir obéir aux ordres du maréchal, l
division entière de Crawford était prise. L
27 août l'armée française entra dans cette ville
frontière du Portugal, après 13 jours de tran
chée ouverte.

Cependant les Anglo-Portugais occupaient
des positions formidables sur les hauteurs de
la Sierra de Buzaco. Contre l'avis formel du
maréchal Ney, l'attaque de vive force fut
tentée par les Français, qui y firent des pertes
considérables, et ne réussirent à débusquer
l'ennemi qu'après avoir tourné la position.

L'armée française s'étant emparée de Coïm-
bre, arriva à Alenquier, à 9 lieues de Lisbonne, après 9 jours de marches forcées par
des pluies continuelles. Les Français touchaient

au but de leur campagne, qui était de livrer bataille aux Anglais et de les chasser du Portugal, quand ils apprirent par les reconnaissances envoyées sur divers points que l'armée de lord Wellington s'était retranchée sur la chaîne des montagnes de Torrès-Vedras, entre la mer et le Tage.

De telles positions ne pouvant être tournées, Masséna fit de vaines tentatives pour passer le Tage; il borna ensuite tous ses efforts à attirer les Anglais hors de leurs retranchemens, pour les forcer à accepter la bataille; mais il ne put réussir dans ce dessein. La disette et les maladies contagieuses faisaient des ravages effrayans dans son armée, par la précaution qu'avaient eue les habitans de détruire leurs provisions. A l'approche des Français, les hommes s'étaient retirés dans les montagnes, avec leurs armes et leurs bestiaux. Les femmes, les enfans, les vieillards, les religieuses et les moines, s'étaient sauvés à Lisbonne, où la charité des couvens et des aumônes abondantes pourvurent à leurs besoins. Les Français, à leur entrée dans le pays, n'avaient rencontré que des villages déserts, où ils avaient trouvé les moulins détruits, le vin coulé dans les rues, les grains brûlés ; même les meubles brisés, et où ils n'avaient aperçu ni un cheval, ni un mulet, ni un âne, ni une vache, ni une chèvre. Masséna fut donc forcé de se préparer à la retraite, après un séjour de plus d'un mois au pied de ces lignes escarpées.

Le maréchal Ney fut chargé exclusivement de commander les huit régimens d'infanterie qui formèrent l'arrière-garde pendant cette retraite; la manière dont il s'acquitta de ce commandement important mit le comble à sa réputation militaire. L'armée, pressée par le manque de vivres, marchait à grandes journées, continuellement harcelée par les bandes régulières portugaises, par des corps innombrables de paysans, et par l'armée anglaise, qui avait quitté ses lignes pour se mettre à sa poursuite.

La retraite commença le 4 mars, du point de Thomar. Wellington n'atteignit l'arrière-garde qu'à Pombal. Le 10, les Anglais s'emparèrent du village, et, malgré l'approche de la nuit, s'avançaient avec beaucoup d'audace, croyant pouvoir tout entreprendre sur une armée qui se retirait.

Le maréchal fit charger les Anglais dans le village la baïonnette au bout du fusil, en ordonnant à ses aides-de-camp de se mettre à la tête. Les Anglais regagnèrent leurs lignes avec beaucoup de précipitation ; dès-lors ils mirent plus de réserve dans leurs attaques.

Le lendemain 11, toutes les forces anglo-portugaises s'étaient réunies. Le maréchal voulut les connaître et les arrêter pendant 24 heures. Il choisit son terrain à Redinha. Wellington employa toute la journée à former ses colonnes pour attaquer 4,000 hommes : il fut attendu jusques à la baïonnette; chaque fois qu'une de ses colonnes s'avançait un peu trop, le maréchal la faisait charger, et la colonne suspendait sa marche, étonnée de tant d'audace et d'une si grande précision. Il fut enfin forcé de céder à l'ennemi qui l'entourait de tous côtés : c'est à cette occasion qu'un de ses aides-de-camp vint lui dire qu'une forte colonne s'avançait sur sa gauche et allait lui couper sa retraite par le défilé qui était derrière lui.... « Je la vois, dit-il, qu'on lui tire » encore quelques coups de mitraille ; il lui » faut cinq minutes pour arriver. »

La nuit couronna cette belle résistance, que les Anglais eux-mêmes ont admirée. Le lendemain 12, les mouvemens habiles du maréchal empêchèrent l'armée ennemie de rien tenter. Le maréchal Ney passa la nuit à deux lieues de Redinha. Le lendemain 13, toutes les forces anglaises attaquèrent cette faible arrière-garde, et ne purent jamais l'entamer. Elle les attendit à chaque position, et continua à se retirer par échelons jusques à Foz de Aronce, où, le 15, l'ennemi la rejoignit pour la dernière fois, et fut encore obligé de s'arrêter. Ney y fit un séjour de 24 heures, pour le braver, et donner le tems à la masse de l'armée de filer sur l'Espagne.

Cette retraite est l'un des plus beaux faits d'armes du maréchal Ney : elle sauva l'armée de Portugal ; les ennemis l'ont louée avec beaucoup de franchise. L'arrière-garde protégea constamment le gros de l'armée ; elle ne perdit point de canon, pas un fourgon militaire ; l'ennemi ne recueillit que des blessés, ou quelques déserteurs.

C'est après cette retraite, en arrivant à Celorico, que la mésintelligence entre Ney et Masséna éclata visiblement : Ney mit sa franchise et sa précipitation ordinaire dans la discussion. Masséna lui ordonna de quitter l'armée, et d'attendre en Espagne les ordres de l'empereur, auquel il rendait compte de son insubordination. Des officiers furent envoyés de part et d'autre. Bonaparte écouta tout le monde, et, sans prononcer publiquement, il réprimanda les deux maréchaux. Masséna fut remplacé par le duc de Raguse. Ney fut envoyé à Boulogne, et Wellington ne tarda pas à s'apercevoir que le général de l'arrière-garde de l'armée de Portugal n'était plus vis-à-vis de lui.

Dans toute cette guerre, Ney fit assez peu pour sa gloire militaire, mais il ne la perdit pas; on citera toujours cette retraite comme un modèle d'exécution et de fermeté. Quant à son administration dans les pays soumis à ses ordres, Ney fut toujours brusque, mais indulgent et bon. Il ne vécut de rations que dans les lieux où il n'y avait pas de marché public. On ne lui reproche aucune rapine : il ne s'occupait que de la guerre. Le seul tort qui puisse blesser sa mémoire, c'est d'avoir plus d'une fois fermé les yeux sur l'indiscipline de ses soldats, et même sur l'avidité de ses propres domestiques : « C'était (nous dit un officier très-distingué attaché à son état-major en Espagne, et auquel nous devons une foule de renseignemens précieux sur la vie privée du maréchal et sur ses opérations militaires),* « c'était un homme unique sur le » champ de bataille, mais singulièrement fai-

---

* Voyez, aux pièces justificatives, la lettre de cet officier supérieur, No Ier.

» ble, timide même hors du danger. Je l'ai vu
» mille fois céder à un valet-de-chambre inso-
» lent, dans l'intérieur de son ménage. »

Les mauvais succès de la guerre d'Espagne n'étaient point l'objet des plus grands chagrins de Bonaparte. Dans les désastres de cette guerre, comme dans tous les obstacles que rencontrait son ambition, il ne voyait qu'une seule chose: c'était la puissance britannique. Il avait condamné la France à des privations de toute espèce, dans l'idée que ces privations, également senties en Angleterre, ameneraient la ruine de cette nation. Cette opinion était loin d'être dénuée de fondement. Il est constant que l'Angleterre étant une puissance commerciale et manufacturière, cette puissance ne peut se soutenir qu'en exerçant une exclusion d'industrie extrêmement gênante pour les peuples du continent dont l'intérêt naturel et parmanent est de fermer leurs ports aux marchandises fabriquées dans cette île, sous peine de voir leurs propres manufactures ruinées par une concurrence qu'elles ne peuvent soutenir. Il est tout aussi évident que l'Angleterre ne peut souffrir franchement le commerce maritime des autres puissances, parce que le peu d'étendue de son territoire n'étant point en rapport avec l'immensité de ses possessions coloniales, il faut qu'elle trouve chez ses voisins des débouchés pour l'écoulement des denrées qu'elle ne peut consommer chez elle. D'après ces motifs, une ligue des nations continentales contre la Grande-Bretagne est donc la conséquence naturelle de l'existence de cette puissance ; et Bonaparte, lors du traité de Tilsitt, a eu besoin de peu d'efforts pour en convaincre les souverains de l'Europe. Mais pour que cette ligue eût pu s'exécuter de bonne foi, il eût fallu que la France, renfermée dans les limites que la nature semblait lui avoir données, eût formé avec les autres nations du continent une balance de pouvoir qui n'eût inspiré aucune crainte à ses voisins ; il eût fallu que le caractère de celui qui la gouvernait eût offert une garantie suffisante à ses alliés ; et alors une simple ligne de douaniers, établie sur les côtes de toutes les mers, eût suffi pour faire tomber la Grande-Bretagne au niveau des autres puissances de l'Europe.

Mias auprès de l'état de gêne que cette nation est forcée d'entretenir parmi les peuples du continent, veillait pour son salut un sentiment bien plus pressant encore ; c'était la crainte qu'inspirait Bonaparte et son insatiable ambition. L'immense étendue de sa domination lui donnait en Europe une prépondérance qui mettait à sa merci tous les trônes; déjà la Hollande était réunie à son empire; il avait posé son sceptre sur les provinces anséatiques, et Dantzick allait devenir, pour son empire, un boulevart qui menaçait la Prusse et l'Allemagne. A l'aspect d'un tel accroissement, l'Europe inquiète et tremblante jeta les yeux sur l'Angleterre. Elle seule pouvait contrebalancer la puissance française; les ports de la Baltique s'ouvrirent à ses vaisseaux, et cette nation, qui mourait d'épuisement au milieu de toutes ses richesses, recouvra la vie et l'abondance.

Bonaparte conçut dès-lors que la Russie, dont son ambition approchait déjà les limites, était forcément engagée à favoriser l'Angleterre. Il résolut d'obtenir par la force la garde des côtes moscovites, et de décider, dans les plaines de Moskou, les destinées de la Grande-Bretagne.

C'est dans cette vue qu'il rassembla une nombreuse armée.

Une partie des troupes qui étaient en Espagne, l'armée d'Italie, le produit de plusieurs conscriptions levées et organisées à la hâte en France, toute l'élite de la confédération du Rhin, des Suisses, des Wurtembergeois, des Polonais, des Saxons, des Italiens, des Bavarois, des Westphaliens, des Prussiens, furent dirigés vers l'Oder. Ces forces, passées en revue près de Kœnigsberg, s'élevaient à environ 400 mille hommes d'infanterie et à 60 mille hommes de cavalerie; l'artillerie se composait de 1200 pièces de canon. L'Autriche avait en outre fourni pour cette expédition un corps de 30 mille hommes, qui, sous les ordres du prince de Schwartzenberg, était destiné à agir séparément.

Toutes ces forces, sans compter les Autrichiens, étaient divisées en neuf grands corps : le maréchal Ney commandait le troisième.

Les derrières de l'armée étaient appuyés par des garnisons nombreuses dans les villes fortifiées de la Prusse, et par toute la population de la France, divisée en trois bancs, dont le premier était organisé en cohortes.

Les forces de la Russie étaient divisées en deux armées; l'une commandée par le comte Bagration, l'autre par le général Barclay de Tolly. Le quartier-général de l'empereur Alexandre était depuis long-tems à Wilna.

Dans le conseil qui fut tenu par ce souverain pour arrêter le plan de défense de la Russie, des avis différens furent ouverts. L'empereur, qui avait le sentiment de sa puissance, était d'avis qu'on défendît vigoureusement les frontières, et qu'on disputât pied à pied le territoire de l'empire. Le comte Barclay de Tolly émit un avis contraire. Il connaissait le caractère fougueux des Français et l'active ambition de leur chef. Il ne doutait pas qu'il ne s'engageât inconsidérément dans les déserts de la Russie, où la disette et le climat causeraient la ruine de son armée, tandis que des troupes organisées dans la Wolhinie, par le général Marckoff, pourraient agir alors sur ses derrières, interrompre ses communications et lui couper toute retraite. Il opinait donc pour qu'on n'opposât aucune résistance à Bonaparte, et pour qu'on l'attirât, par une fuite simulée, le plus loin qu'il serait possible. On assure même que ce général se jeta aux genoux de son maître pour le supplier d'adopter ce système.

Il résulta de ces deux avis que l'empereur Alexandre prit entr'eux un terme moyen qui consistait à défendre les principales villes le plus long-tems qu'il serait possible, à y mettre le feu quand on serait forcé de les évacuer, et à ruiner tout le plat pays à mesure qu'on l'abandonnerait. Ce plan était du reste celui qui conciliait le mieux les opinions opposées, parce que les grandes villes étaient en très-petit nombre sur la route que devait tenir l'ennemi, et que, le pays étant par lui-même extrêmement pauvre, on aurait peu de sacrifices à faire. Pour l'exécution de ce système de défense, la noblesse, qui montra en cette occasion le plus grand patriotisme, donna ordre à tous ses vassaux, sur lesquels, comme on sait, elle exerce une puissance absolue, d'abandonner les villages à l'approche des Français, d'emmener avec eux tous leurs bestiaux, d'enterrer ou de détruire tout ce qu'ils ne pourraient emporter.

Bonaparte ayant fait jeter quatre ponts sur le Niémen, toutes les troupes passèrent ce fleuve du 20 au 30 juin. L'armée opposée, après avoir incendié tous ses magasins, évacua ses positions sans les défendre. Murat, qui commandait l'avant-garde où était le maréchal Ney, se mit de suite à la poursuite des Russes. L'armée française suivit à grandes journées. Bonaparte arriva le 28 à Wilna.

A peine fut-il entré dans cette capitale de

la Lithuanie, qu'il insurgea les habitans, en leur promettant de rendre la Pologne indépendante. Il organisa à la hâte toute la province, reçut une députation du grand-duché de Varsovie, qui lui apportait la constitution de la Pologne ; mais ce mot de constitution, si redoutable pour les tyrans, effraya l'ambition du conquérant. Il mit à sa protection des conditions si étendues, il exigea de si grands sacrifices, que les députés, peu confians dans ses intentions, se retirèrent en soupirant, et désespérèrent de la patrie.

Cependant, l'armée française continuait sa marche, toujours à la poursuite des Russes, avec lesquels on ne réussissait à engager quelques affaires que quand on atteignait leur arrière-garde. Arrivés devant Witepsk, capitale du gouvernement de ce nom, les Français trouvèrent l'armée russe établie sur un plateau. L'attitude que conservait cette armée faisait présumer qu'elle chercherait à défendre cette position, et que le lendemain serait signalé par une affaire générale ; mais c'était le comte Barclai de Tolly qui commandait, et, persévérant dans son système, il effectua sa retraite en bon ordre pendant la nuit. Bonaparte entra à Witepsk, qu'il trouva à-peu-près désert. Pendant le séjour qu'il fit dans cette ville, il continua ses efforts pour insurger et organiser la Lithuanie.

Cependant l'armée française approchait de Smolensk. Cette place importante, coupée par le Dniéper ou Borysthène, était abondamment pourvue. Les divers corps de l'armée russe ayant opéré leur jonction, avaient pris position dans les environs, et avaient profité de quelque repos accordé aux troupes françaises après l'occupation de Witepsk pour se fortifier.

Le général Barclay de Tolly, ayant reçu de l'empereur Alexandre l'ordre positif de livrer bataille pour sauver Smolensk, * mit dans cette ville une garnison de 30 mille hommes, et, avec son armée établie sur la rive droite, se disposa à en disputer les approches. L'armée française étant depuis long-tems stationnée sur cette rive, c'était par là que la ville s'attendait à être attaquée. Cependant Bonaparte passa tout-à-coup la rivière avec son armée, et s'avança vers Smolensk par la rive gauche. Le lendemain, 14 août, Ney ayant passé le fleuve, se porta à l'avant-garde, et engagea le combat près de Krasnoé : l'ennemi fut culbuté, perdit quelques canons et des prison-

* Voyez le 13e bulletin.

niers.* Le 15 et le 16, les Français repoussant toujours l'ennemi, arrivèrent sous les murs de la place; le maréchal Ney commandait la gauche appuyée sur le Borysthène. Le 17 l'attaque générale commença; les troupes russes qui étaient sur la rive droite furent écrasées par une batterie de 60 pièces que les Français avaient établie sur un plateau; les ponts de la ville furent démolis à coups de canon, et les communications entre les deux rives se trouvèrent détruites. Le prince d'Ekmühl, qui commandait le centre, ayant attaqué les faubourgs retranchés, en chassa les Russes. A la gauche, le maréchal Ney les débusqua également de leurs retranchemens, et les força de rentrer dans la ville, sur les remparts, et dans les tours, d'où ils furent délogés par les obus.

La brêche était commencée, et tout se disposait pour l'assaut; mais le général Barclai de Tolly fit mette le feu à la ville, et à une

---

* C'est dans cette affaire que se distingua le général Bordesoult, qui joint à une bravoure éclatante le mérite plus rare encore d'une fidélité éprouvée. Cet officier-général, maintenant aide-de-camp de S. A. R. Monsieur, a accompagné, à Gand, la famille royale. C'est aussi au combat de Krasnoé que fut tué, à l'âge de vingt-cinq ans, le colonel Marbeuf, fils de l'ancien gouverneur de l'île de Corse, comme il exécutait une charge à la tête du 6e lanciers.

heure après minuit il en abandonna les débris, ayant perdu 12 mille hommes à la défendre.

Le 19 août, le maréchal Ney passa le Borysthène au-dessous de Smolensk, et se réunit à Murat, afin de poursuivre les Russes : leur arrière-garde ayant été atteinte, la position qu'elle occupait fut emportée à l'arme blanche. Comme cette arrière-garde couvrait l'évacuation de Smolensk, qui se faisait lentement, vu le grand nombre de bagages et de blessés, elle se retira sur un second échelon; les autres corps russes qui étaient en marche revinrent sur leurs pas, et ils engagèrent jusqu'à cinq divisions. Le maréchal Ney se trouvant alors trop faible, fut renforcé par la division Morand, qui chassa les Russes à la baïonnette. Cette affaire eut lieu sur un plateau appelé dans le pays le Champ-Sacré, et qu'une tradition des anciennes guerres faisait regarder comme inexpugnable.

On était au milieu d'août, et l'on croyait dans l'armée que Bonaparte ayant conquis les anciennes limites du royaume de Pologne, bornerait là sa campagne, et chercherait à assurer ses quartiers d'hiver; mais il était sur le chemin de Moskou, et il ne lui était pas possible de différer de six mois le plaisir qu'il se promettait de goûter, en dictant dans le palais des czars une paix qui lui assurait le sceptre de l'Europe et ruinait à jamais les espérances de l'Angleterre. Aveuglé par les succès non interrompus de cette campagne, il se porta en avant, déterminé à finir la guerre sans désemparer.

Sa position était loin d'être tranquillisante. En prenant la route de Moskou, il laissait sur sa gauche Riga, place extrêmement forte, et le corps d'armée du comte Wittgenstein; ses derrières étaient menacés par l'armée de l'amiral Tschikagow, qui depuis la conclusion de la paix avec les Turcs était cantonnée dans la Moldavie, et il n'ignorait pas que les Autrichiens, agissant faiblement dans son parti, avaient laissé les Russes s'organiser et se grossir dans la Wolhynie.

Bonaparte, qui avait pour usage, lorsqu'il avait résolu quelques démarches hasardeuses, d'avoir l'avis de ses courtisans pour les associer à la responsabilité des événemens, assembla à Smolensk un conseil de guerre, dans lequel fut agitée la marche de l'armée sur Moskou. Le général Sarrazin, qui a écrit l'histoire de cette campagne, donne les détails suivans sur les délibérations qui furent prises dans ce conseil :

Bonaparte fit assembler chez lui ses principaux officiers, et après leur avoir exprimé, dans un discours, l'intention où il était de continuer la campagne et de marcher sur Moskou, il laissa parler Murat, dont l'avis abondait tellement dans son sens, que les autres généraux crurent qu'il était l'interprète de la volonté de Napoléon, et se hâtèrent d'appuyer son opinion.

Caulincourt, comme ancien ambassadeur à Pétersbourg, dit qu'il connaissait à fond la Russie ; que les Français seraient reçus à Moskou et dans tout l'empire comme des libérateurs ; qu'il fallait proclamer l'abolition de l'esclavage, que les paysans s'armeraient sur-le-champ et se réuniraient à l'armée française contre l'armée russe, etc., etc.

Ney avait entendu ce raisonnement avec un air d'indignation contre celui qui le tenait. Il dit à Bonaparte :

« Sire, la confiance dont vous nous hono-
» rez nous impose l'obligation de vous dire
» notre façon de penser sans le moindre dé-
» guisement. La guerre que nous venons de
» commencer me paraît d'une nature extraordi-

» naire : les Russes ne se sont jamais battus avec
» autant d'intrépidité; nous n'avons pas encore
» pu les déloger de leur position; ils s'y sont
» maintenus contre toute l'impétuosité de nos
» attaques, et ils ne s'en sont retirés qu'à la fa-
» veur de la nuit. Nous avons déjà perdu bien des
» braves gens, et parce que vous avez vaincu le
» général russe par l'habileté de vos manœuvres,
» l'armée n'est pas battue, elle est intacte ;
» nous n'avons pas encore réussi à rompre un
» seul de leurs bataillons. Il y a près de cent
» lieues d'ici à Moskou ; le pays est couvert
» de vastes forêts, et offre très-peu de villages :
» comment se procurera-t-on les vivres né-
» cessaires pour une armée de cent cinquante
» mille hommes? Que deviendront nos blessés?
» car, d'après les dernières affaires, nous de-
» vons nous attendre à une vive résistance. La
» bataille générale que nous aurons à livrer
» nous réduira au tiers de notre force ac-
» tuelle, et si nous déduisons les troupes né-
» cessaires pour maintenir nos communica-
» tions de Moskou jusqu'à Wilna, votre ar-
» mée, Sire, ne sera plus en état d'agir of-
» fensivement, et vous serez obligé de vous
» replier sur le Niémen, sur-tout si les paysans
» russes s'unissent avec les cosaques pour nous

» enlever nos convois, et harceler nos can-
» tonnemens. D'ailleurs, je dois vous dire
» que le soldat perd sa gaîté ; en général les
» Français se découragent facilement quand
» ils sont éloignés de leur patrie, et l'expé-
» rience la plus réfléchie m'a convaincu qu'un
» revers leur fait oublier tous les succès pas-
» sés, et les jette dans le plus grand abatte-
» ment. D'après ces données, je pense que
» l'armée doit s'établir sur les bords de la
» Dwina et du Dniéper, occupant Smolensk
» et les environs par une forte avant-garde.
» Je suis aussi jaloux de contribuer à la gloire
» de Votre Majesté que M. le duc de Vicence ;
» aussi ai-je pris la liberté de vous parler avec la
» franchise d'un de vos soldats les plus dé-
» voués. M. le duc juge des paysans de la
» Russie par les habitans de la capitale, ou
» par des rapports flatteurs qu'on croit avec
» empressement, quoiqu'ils ne soient bien sou-
» vent dus qu'à l'appât du gain. J'arrive d'Es-
» pagne ; j'y ai appris tout ce que peut faire
» d'étonnant une population animée par le fa-
» natisme, l'amour de la patrie et l'attache-
» ment à son prince : le Russe égale, sur-
» passe même les Espagnols sous ce triple
» rapport. La marche sur Moskou, aujour-

» d'hui comme dans un an, me paraît diamé-
» tralement opposée aux grands intérêts de
» Votre Majesté. Les Russes viendront vous
» chercher dans la position que vous aurez
» choisie et fortifiée; vous les exterminerez
» comme à Austerlitz, et vous serez le maître
» des destins de l'univers. »

Bonaparte avait écouté le discours de Ney avec beaucoup d'attention; mais on lisait le mécontentement sur sa figure, qui avait été rayonnante de joie pendant que Caulincourt avait parlé. Il resta quelque tems sans mot dire pour laisser parler quiconque aurait désiré émettre son opinion, et comme tout le monde observait le plus profond silence, il parla ainsi :

« Je sais très-bien, M. le duc d'Elchingen,
» que personne ne vous a jamais surpassé en
» bravoure ni en dévouement pour mon ser-
» vice : je rends aussi justice à vos talens dis-
» tingués ; mais vous ne connaissez pas les
» Russes ; ils ressemblent aux Allemands, ils
» nous recevront à bras ouverts ; ils soupirent
» après nous comme les Juifs après le Messie.
» Quelle honte pour mes armes, jusqu'à ce
» jour sans tache, si je différais de rendre libres
» les peuples civilisés par Pierre-le-Grand ! Je

» veux et je dois achever l'ouvrage de ce mo-
» narque, en donnant aux Russes le Code
» Napoléon. Les observations de M. le duc
» de Vicence sont très-exactes; elles cadrent
» parfaitement avec mon système de guerre;
» je m'en suis si bien trouvé dans toutes mes
» entreprises, que je ne vois pas de motif assez
» puissant pour m'en écarter. Une guerre
» traînée en longueur ne convient ni à mes
» goûts ni au caractère bouillant de mes sol-
» dats. Pourquoi rester peut-être un an dans
» une mortelle indécision, lorsqu'il nous est
» possible de nous mesurer avec l'ennemi
» dans peu de jours, et de jouir paisiblement et
» dans l'abondance du fruit de nos exploits?
» Recevez, messieurs, mes remercîmens pour
» votre zèle constant à exécuter mes ordres et
» à maintenir la discipline parmi les troupes
» dont je vous ai confié le commandement.
» J'espère, dans le commencement de sep-
» tembre, vous réitérer ma satisfaction dans
» mon quartier-général de Moskou. »

Caulincourt, enchanté de ce que son avis avait prévalu, dit à Bonaparte : « Sire, votre
» résolution de porter la liberté aux peuples
» de la Russie fait de ce jour le plus heureux
» et le plus glorieux de votre vie. » A quoi

Napoléon répondit en lui donnant la main :
« Depuis long-tems, M. le duc, je vous sa-
» vais mon ami ; mais j'apprends aujourd'hui
» que votre caractère ferme et hardi vous
» rend apte à jouer un grand rôle. » On assure que Ney ne put s'empêcher de dire aux généraux qui étaient à ses côtés : « Fasse le
» Ciel que les flagorneries de ce général
» d'ambassade ne soient pas plus nuisibles à
» l'armée que la plus sanglante bataille ! »

L'armée française ayant quitté Smolensk le 24 août, arriva à Viazma le 30 ; les Russes, n'opposant partout qu'une légère défense, évacuèrent cette ville après y avoir mis le feu. Le maréchal Ney, à la tête du 3ᵉ corps, fut envoyé à leur poursuite, sur la route de Moskou.

Cependant le système désastreux suivi par le général Barclay de Tolly excitait de vifs mécontentemens parmi la nation russe ; elle voyait avec une sorte d'indignation des provinces entières dévastées par les ordres de ce général, des villes importantes abandonnées sans combattre, et livrées aux flammes. Le mauvais succès de la défense de Smolensk avait vivement indisposé les esprits ; et l'on se demandait s'il attendrait, pour opposer un front de résistance à l'armée française, que la totalité de l'empire eût été envahie, et que les deux capitales fussent tombées au pouvoir de l'ennemi. Dans cet état d'agitation, tous les yeux se portèrent sur le prince Kutusoff, qui, après une guerre glorieuse contre les Turcs, avait été relégué dans ses terres par des intrigues de cour. L'empereur Alexandre, cédant aux vœux de ses sujets, rappela ce général, et lui donna le commandement en chef. A peine fut-il à la tête des armées qu'il choisit, entre Ghiac et Mojaïsk, une forte position où il se proposa de livrer bataille pour sauver Moskou, dont les Français n'étaient qu'à quelques journées. Un ordre du jour, publié par Bonaparte, avertit ceux-ci de se préparer à une affaire décisive.

Le général Kutusoff avait extrêmement fortifié ses positions. Plusieurs jours furent employés à l'approcher. Le 7 septembre, à six heures du matin, un coup de canon donna le signal de la bataille. Les divers corps se mirent en mouvement. Le maréchal Ney, protégé par soixante pièces de canon rangées en batterie la veille, attaqua le centre de l'ennemi, qui s'appuyait sur une grande redoute. Le général Latour-Maubourg soutenait cette attaque avec un corps de cavalerie, et exécutait des charges fréquentes sur les masses russes rangées en carré autour de cette redoute ; le vice-roi formait l'aile droite, et le prince d'Eckmühl l'aile gauche : Bonaparte se tint constamment derrière le centre. Le combat s'engagea sur toute la ligne avec un acharnement égal des deux côtés. Le 30ᵉ régiment ayant emporté la redoute à la baïonnette, les troupes françaises s'établirent sur le plateau ; les canons furent tournés contre les Russes, et le succès de la journée semblait décidé : cependant, le prince Kutusoff parvint à renouveler le combat, en attaquant avec toutes ses forces la position importante qu'il venait de perdre. Le 30ᵉ régiment fut repoussé de la redoute. Kutusoff, faisant marcher sa réserve, était sur le point de gagner la bataille, quand le général Friant, avec quatre-vingts pièces de canon, arrêta et écrasa ses colonnes, qui se tinrent pendant plusieurs heures serrées sous la mitraille. La redoute fut prise une seconde fois ; et ceux qui étaient chargés de la défendre se firent massacrer sur leurs pièces, plutôt que de les abandonner.

Tandis que ces choses se passaient à l'aile

gauche de l'armée française, le prince d'Eckmühl cherchait à tourner les Russes, qui, sur ce point, commandés par le général Bagration, opposaient la résistance la plus opiniâtre. Le maréchal Ney réitéra les attaques les plus sanglantes pour enfoncer leur centre. D'abord les Polonais, qui faisaient partie de son corps d'armée, furent repoussés; mais il leur fit reprendre l'offensive : unissant ensuite ses efforts à ceux de l'aile gauche, il parvint à pénétrer jusqu'au milieu des lignes russes, faisant marcher devant lui de nombreuses batteries qui portèrent le désordre dans leurs rangs, et assurèrent le succès de la journée.*

Quoique les Russes eussent perdu leurs positions, ils continuèrent le feu jusqu'au soir; et ce ne fut que pendant la nuit qu'ils abandonnèrent le champ de bataille, effectuant leur retraite en bon ordre. Les jours suivans, l'armée poursuivit les Russes et s'empara de Mojaïsk, à la suite d'un combat sanglant. L'armée française quitta bientôt cette ville, que les Russes avaient incendiée, et

---

* Les services que Ney rendit dans cette journée lui valurent, plus tard, le titre de prince de la Moskwa.

marcha en trois colonnes sur Moskou, où elle fit son entrée le 14 septembre.

Elle trouva cette grande cité entièrement déserte ; les forçats seuls y étaient restés ; les divers quartiers furent d'abord visités par les éclaireurs ; on ne trouvait dans les palais que des officiers russes blessés aux précédentes affaires ; les églises étaient parées comme pour un jour de fête, et mille flambeaux étaient allumés devant les Saints, protecteurs de la patrie. « Cet appareil imposant et religieux (dit
» M. Labaume, dont les mémoires sur cette
» campagne nous ont fourni plusieurs ren-
» seignemens utiles), rendait puissant et res-
» pectable le peuple que nous avions vaincu
» et nous pénétrait de cette terreur que cause
» une grande injustice. »

Les magistrats en se retirant avaient emmené avec eux les pompes à incendie ; la Bourse, qui formait presqu'un quartier dans la ville, avait été brûlée pour ruiner les négocians, qui seuls s'opposaient à l'abandon de Moskou. D'abord les soldats français firent tous leurs efforts pour arrêter les progrès de l'incendie ; mais désespérant d'y parvenir, ils pillèrent les boutiques. Le 16 septembre, le feu se manifesta aux quatre coins de la ville;

ses progrès furent rapides ; on avait pris des mesures pour en activer les effets ;* le soir, Bonaparte ne se croyant plus en sûreté dans le Kremlin où il s'était établi, fut loger au château de Péterskoé, résidence des anciens Czars, hors de l'enceinte de la ville : les généraux français, dont on pensait que la présence pouvait en imposer aux soldats, reçurent l'ordre de s'éloigner, et les troupes n'étant plus retenues par aucun frein, se livrèrent à tous les excès. Le pillage et l'embrasement durèrent pendant quatre jours. Bonaparte revint le 21 septembre habiter le Kremlin, qui n'avait pas été brûlé. D'après le relevé que firent les ingénieurs-géographes, on trouva que le dixième des maisons était encore sur pied.**

Les corps de l'armée française furent répartis dans les divers quartiers de la ville. Bonaparte qui, au milieu de ses affreux triomphes, commençait à concevoir des craintes sur sa position, envoya Lauriston au prince

* Les forçats avaient été chargés de se disperser dans tous les quartiers de la ville avec des torches et des briquets phosphoriques pour mettre le feu aux maisons que l'incendie ne gagnait pas assez vite.

** Voyez le 24ᵉ bulletin.

Kutusoff pour offrir des propositions de paix.

Les Russes, dans la seule vue de prolonger le séjour de l'armée française jusqu'à l'arrivée prochaine des frimas, eurent l'air de prêter l'oreille aux négociations. Un courrier fut envoyé à Pétersbourg, et Bonaparte attendit jusqu'au 19 octobre une réponse que l'empereur Alexandre ne daigna pas lui donner.

Cependant la saison s'avançait; les ressources qui alimentaient l'armée étaient entièrement épuisées; la cavalerie s'anéantissait faute de fourrages, et les cosaques, enhardis par la faiblesse croissante de leurs ennemis, poussaient l'audace jusqu'à attaquer les quartiers-généraux aux environs de Moskou.

Tout annonçant que les Russes allaient reprendre l'offensive, il fallut songer à la retraite. Le premier plan de Bonaparte fut sans doute de se jeter à droite pour gagner l'Ukraine où un climat plus tempéré et un sol fertile offraient quelqu'espoir de salut à son armée; mais les Russes ayant concentré leurs forces à Malo-Jaroslavetz, le rejetèrent sur la route de Smolensk, et le contraignirent à se retirer par les provinces dévastées qu'il avait parcourues en venant.

Avant de quitter Moskou il avait donné l'ordre au duc de Trévise de détruire tout ce que l'incendie avait épargné ; cet ordre fut exécuté, et la jeune garde fit sauter le Kremlin ; mais Bonaparte ne borna pas là ses vengeances. Aveuglé par une fureur dont les effets tombaient directement sur ses propres soldats, il faisait livrer aux flammes les villes, les bourgs et les châteaux par lesquels il passait, privant ainsi les corps français qui marchaient après lui des ressources qu'auraient pu leur offrir ces habitations. *

L'armée parvint jusqu'à Viazma, continuellement harcelée par les Russes, qui profitaient de chaque position pour lui faire éprouver des pertes considérables, mettant un tel acharnement dans leurs poursuites que la nuit même ne suspendait pas leurs attaques. Les Français, marchant à travers un pays dévasté, ne pouvant s'écarter de la route pour chercher des vivres, furent continuellement en butte aux maux croissans de la plus

* Ce plan insensé fut suivi sur toute sa route. A Doroghoboui, non-seulement il fit mettre le feu aux maisons, mais les magasins furent pillés, et l'eau-de-vie, dont ils abondaient, coulait dans les rues, quand tout le reste de l'armée mourait faute de boissons spiritueuses.

LABAUME, *page* 301.

affreuse disette ; exténués par la faim et la lassitude, chaque jour enlevait des milliers de soldats; la cavalerie était presque toute démontée; l'artillerie et les bagages restaient par-tout sur les routes. En sortant de Viazma, les attaques des Russes redoublèrent avec un nouvel acharnement ; leurs nombreuses divisions avaient déjà réussi à déborder les ailes du 4e corps et menaçaient de le séparer du reste de l'armée, quand le maréchal Ney qui, avec le 3e corps, était, depuis la veille, en position près de Viazma, arrêta les efforts de l'ennemi, et sauva les 4e, 5e et 1er corps, en leur facilitant les moyens de se retirer derrière la rivière de Viazma.

Depuis ce jour, le maréchal Ney ayant relevé le prince d'Eckmuhl d'arrière-garde, eut à soutenir la retraite de l'armée contre un ennemi qui ne respirait que la vengeance, et qui, recevant tous les jours de nouveaux renforts, ne mettait aucun intervalle dans ses attaques.

Le 6 novembre, les Français étaient à vingt lieues de Smolensk où ils espéraient trouver des vivres, et se refaire de leurs longues fatigues, quand tout-à-coup les vents de l'hiver soufflèrent avec fureur : l'horison se chargea de frimas, le soleil disparut, la neige confondit le ciel et la terre, les routes furent perdues, et le froid, devenu excessif, ajouta de nouveaux fléaux à ceux qui accablaient l'armée. Dès-lors, l'indiscipline et la désorganisation se mirent dans ses rangs.

Dans les journées des 6 et 7 novembre, Bonaparte perdit le tiers de son armée (1).

Quand, après le combat de Smolensk, il s'était jeté sur la droite pour prendre la route de Moskou, il avait laissé sur sa gauche le général russe Wittgenstein avec un corps d'armée qui fut bientôt grossi par 17,000 hommes de nouvelles levées. Le maréchal Gouvion Saint-Cyr, appuyé sur la forteresse de Polotsk, avait été chargé de faire tête à cette armée, afin de maintenir les communications entre l'armée de Moskou et les provinces lithuaniennes. Des combats continuels, la rigueur de la saison et le défaut de renforts ayant considérablement diminué les forces de ce maréchal, il fut obligé, pour n'être point tourné par les Russes qui déjà menaçaient ses derrières, de leur abandonner Polotsk et de repasser la Dwina. Cette retraite indispensable permit au comte Wittgenstein de faire occu-

* Voyez le 25e bulletin.

per Witepsk, et d'attendre ainsi l'armée française, que cette nouvelle empêcha de s'établir à Smolensk, où Bonaparte avait d'abord eu l'intention de rallier ses troupes, pour reprendre l'offensive au printems.

Ainsi, l'arrivée des Français à Smolensk, qu'ils regardaient comme le terme de leurs souffrances, ne fut pour eux que le commencement de nouveaux dangers. Cette ville, qui avait été incendiée, leur offrit peu de ressources; ses magasins mal approvisionnés ne leur assuraient des vivres que pour quelques jours; encore les besoins des soldats ne s'accordant pas avec les formalités qu'exigeait une distribution, ces magasins furent pillés par eux, la nuit même de leur arrivée. Le séjour que l'armée fit à Smolensk avait donné au prince Kutusofff le temps de la dépasser; son avant-garde s'établit en avant de Krasnoé, décidée à disputer le passage à chacun des corps français qui marchaient par échelon sur la route, à une journée de distance.

Bonaparte, à la tête de la garde, parvint seul à forcer les lignes ennemies. Le prince vice-roi, avec le 4ᵉ corps, vint ensuite, et après un combat sanglant réussit, à l'aide de la nuit, à faire filer ses colonnes par la droite des

Russes, tandis qu'une fausse attaque attirait leur attention sur leur gauche. Le lendemain, les deux corps qui avaient passé retournèrent au secours des autres. Le combat s'engagea : le prince d'Eckmühl, avec le premier corps, vint à bout de se faire jour au milieu des bataillons ennemis. Le maréchal Ney, qui vint le dernier parce qu'il avait reçu l'ordre de rester à Smolensk pour en faire sauter les fortifications,* rencontra près de Krasnoé des difficultés invincibles, mais qu'il éluda par un de ces coups hardis qui seuls appartiennent aux grands capitaines.

Outre le commandement du 3ᵉ corps, il avait depuis quelque temps celui du 5ᵉ, composé de Polonais. Ces deux corps d'armée réunis formaient à peine 6000 hommes sous les armes, et leur marche était embarrassée par plus de 4000 malades ou blessés. C'est dans une telle situation que Ney se trouva séparé, par de nombreuses divisions russes, du reste de l'armée française, qui bientôt, désespérant de le dégager, continua sa route,

---

* L'ordre de détruire Smolensk ne put être exécuté, parce que l'hetman Platow entrant brusquement dans cette ville avec ses cosaques, Ney fut obligé de l'évacuer.

regardant comme impossible qu'il parvînt jamais à la rejoindre.

En apprenant la situation critique de Ney, Bonaparte s'était écrié plusieurs fois qu'il donnerait deux millions pour racheter ce maréchal, l'un de ses plus intrépides lieutenans.

Les Russes, ne croyant pas que Ney pût résister aux forces qui l'investissaient, le firent sommer de se rendre ; il reçut le parlementaire très-brusquement, et il dit pour toute réponse qu'il n'était pas homme à capituler, et qu'il saurait bien se faire jour l'épée à la main.

Après avoir multiplié inutilement les efforts les plus courageux pour se frayer un passage, ayant perdu son artillerie, ses bagages et la moitié de ses soldats, au moment où les Russes s'attendaient à le voir mettre bas les armes, il se jeta sur la droite, et, par les manœuvres les plus habiles, fut chercher au-delà du Borysthène une nouvelle route, qu'il parcourut pendant trois jours sans aucune communication avec l'armée, et continuellement harcelé par 6,000 cosaques, qui, ne pouvant croire au succès d'une démarche aussi hardie, redoublaient d'efforts pour le forcer à se rendre. Dans cette marche, qui fut une des plus belles opérations de la campagne, tout ce que le talent et le courage peuvent suggérer de ressources contre le nombre et les difficultés des lieux, fut mis en œuvre par le maréchal. Isolé avec sa faible armée au milieu d'un pays inconnu, il marchait en carré, rendant infructueux les efforts continuels qu'on faisait pour l'entamer. Son sang-froid ne l'abandonna jamais. Au moment de passer le Borysthène, l'inquiétude et le découragement des soldats étaient à leur comble ; ils cherchaient partout leur chef, s'attendant à voir dans ses regards un abattement qui confirmât leurs craintes et permît à leur désespoir d'éclater. On trouva le maréchal couché sur la neige, une carte à la main, méditant tranquillement la route qu'il devait prendre. Tant de calme, au milieu du danger le plus imminent, ranima le courage des soldats, et leur rendit l'espérance qu'ils avaient déjà perdue.

Les autres corps, après plusieurs jours de marches, ayant effectué le passage du Borysthène en avant d'Orcha, le maréchal Ney rejoignit dans cette ville l'armée française, qui salua par des cris de joie l'arrivée inespérée de ses compagnons d'infortunes.

Bonaparte courut au-devant de Ney pour

l'embrasser, et lui dit « qu'il ne regrettait
» nullement les troupes, puisqu'il avait con-
» servé son cher cousin l'audacieux duc d'El-
» chingen. »

Cependant le comte Wittgenstein ayant, comme nous l'avons dit, forcé le maréchal Gouvion-Saint-Cyr à repasser la Dwina, reprenait successivement toutes les places de la Lithuanie, et repoussait de position en position l'armée qui l'observait jusque sur la Bérésina, où il espérait faire sa jonction avec le prince Kutusoff, avant que l'armée française, qui venait de Moskou, eût pu effectuer le passage de cette rivière.

Le maréchal Gouvion-Saint-Cyr ayant été blessé au combat de Polotsk, le duc de Reggio fut chargé de le remplacer dans le commandement du corps opposé à Wittgenstein. Bonaparte envoya pour soutenir ce corps celui du duc de Bellune, mais le froid et plusieurs combats sanglans affaiblirent tellement ce renfort, que son arrivée ne changea rien à la situation des affaires.

Pendant que ces choses se passaient sur la rive gauche de la Bérésina, l'amiral Tschikagow, à la tête des armées réunies de Wolhynie et de Moldavie, s'étant débarrassé des Autrichiens, qui n'avaient jamais agi que faiblement contre lui, arrivait par la rive droite et se portait sur le pont de Borisow, afin d'effectuer sa jonction avec Kutusoff et Wittgenstein.

Un corps de Polonais au service de la France et commandé par le général Dombrowski, instruit du dessein de Tschikagow, parvint à occuper la tête de pont de Borisow avant l'arrivée des Russes; mais il en fut chassé à la suite d'un combat sanglant, et l'armée de Moldavie passa la Bérésina pour marcher au-devant de l'armée française.

Le duc de Reggio voulant réparer cette perte, qui privait l'armée du passage de la rivière, laissa le duc de Bellune en présence de Wittgenstein, et marcha sur Borisow, qu'il reprit, malgré la résistance opiniâtre que les Russes lui opposèrent. Forcés de repasser la Bérésina, ils coupèrent le pont et furent prendre position sur la rive droite.

Bonaparte, qui connaissait les progrès des trois armées russes, doubla la célérité de sa marche, afin d'arriver sur la Bérésina avant qu'elles eussent fait leur jonction.

Trois circonstances concoururent à empêcher que les débris de son armée, et peut-être lui-même, ne tombassent au pouvoir des

Russes. Kutusoff ne croyant pas que les Français pussent forcer le passage de la Bérésina, avait, depuis le combat de Krasnoé, ralenti son ardeur à les poursuivre. Wittgenstein sachant que le pont de Borisow avait été coupé, au lieu de se diriger sur ce point, marcha d'abord sur Baran, où il pensait que se porterait l'armée française, et Tschikagow, abusé par de faux avis qui lui avaient été donnés par Kutusoff, croyant que cette armée déboucherait au-dessous de Borisow, porta en face de ce village la plus grande partie de ses forces.

Bonaparte arriva le 25 novembre sur la Bérésina ; il manœuvra toute la journée, et, à force de stratagêmes, réussit à s'établir au village de Weselowo, où il fit jeter deux ponts, malgré les efforts de l'ennemi. Le duc de Reggio passa aussitôt la rivière, attaqua, battit et poursuivit les Russes qui l'attendaient sur l'autre rive. Le duc de Bellune fit sa jonction avec Bonaparte, et prit position pour protéger le passage de la rivière contre le corps de Wittgenstein, dont l'avant-garde avait paru la veille ; et le général Partouneaux, cantonné dans le village de Borisow, devait contenir les forces de Kutusoff, qui arrivaient de ce côté, et entretenir par de grands mouvemens d'artillerie l'idée où était Tschikagow qu'on tenterait de rétablir le grand pont de Borisow.

Alors Bonaparte, à la tête de sa garde, se fit jour au milieu de la foule, et passa la Bérésina sur les ponts qu'il avait fait construire à Weselowo. Un de ces ponts avait été destiné pour l'artillerie et les voitures; l'autre pour les fantassins. L'armée effectua d'abord son passage en assez bon ordre, quoiqu'avec lenteur, par les réparations continuelles qu'on était obligé de faire à ces ponts. L'un des deux s'étant écroulé, les bagages et les canons se dirigèrent sur l'autre, et en obstruèrent les avenues. Alors la foule se pressant de plus en plus sur la rive, à mesure que les débris de l'armée arrivaient, et que le bruit du canon annonçait l'approche de l'ennemi, l'encombrement qui s'ensuivit prolongea pendant deux jours une de ces scènes épouvantables dont l'imagination repousse les affreux détails, et que la plume se refuse à retracer.

Une grande partie de l'armée était encore sur la rive gauche, quand le duc de Bellune fut attaqué par Wittgenstein et repoussé sur Weselowo. Partouneaux et sa division tombèrent au milieu des Russes, et capitulèrent après la plus noble résistance. Sur la rive droite, Tschikagow, assuré du véritable point où les Français passaient la rivière, se jeta avec toutes ses forces sur le duc de Reggio, tandis que la division polonaise du général Girard, qui formait l'arrière-garde de l'armée française, culbutée sur la tête du pont, se fit jour par la force au milieu de l'encombrement, rejoignit l'autre rive, et aurait été suivie par les Russes, si elle ne se fût hâtée de mettre le feu au pont, laissant ainsi à la merci de l'ennemi plus de vingt mille hommes qui n'avaient pu encore passer.

Le duc de Reggio ayant été blessé, remit au maréchal Ney le commandement de son corps d'armée. Ce corps, qui était devenu l'arrière-garde, ayant repris une nouvelle ardeur sous les ordres de ce maréchal, l'action contre l'armée de Moldavie recommença avec plus de chaleur; quelques régimens de cuirassiers qui, n'ayant pas été à Moskou, avaient conservé une partie de leurs chevaux, exécutèrent des charges brillantes contre les carrés de l'ennemi : on lui prit plusieurs pièces de canon, et 3 à 4 mille hommes, que Ney fut forcé d'abandonner ensuite, parce qu'il n'était pas dans une situation à les garder.

La victoire fut complète. La neige qui tombait à gros flocons, la pénurie de subsistances et l'urgence de continuer la retraite pour atteindre les magasins, sauvèrent seules l'armée de Moldavie d'une destruction totale.

Les Français continuèrent leur marche, laissant derrière eux les trois armées russes, qui se mirent à leur poursuite; l'hiver, devenant de plus en plus rigoureux, augmenta les désastres qui accompagnaient leur fuite : on trouva à peine 3000 hommes en état de former l'arrière-garde, dont le maréchal Ney prit le commandement; encore, trois ou quatre jours de marches suffirent-ils pour dissoudre ce faible corps.

Arrivé à Smorghoni, sept jours après le funeste passage de la Bérésina, et cinquante lieues avant le Niémen, Bonaparte, assuré que les communications étaient libres, abandonna à Murat le commandement des restes infortunés de son armée, se jeta dans une mauvaise voiture, et, accompagné seulement de quatre personnes, se rendit en poste à Paris pour demander au sénat de nouvelles victimes et de nouveaux trésors.

Cependant, l'armée ne touchait pas encore au terme de ses souffrances. Les Russes ne lui donnaient point de relâche; chaque jour le découragement et la lassitude livraient à l'avant-garde ennemie une multitude de prisonniers : à Wilna, les boissons spiritueuses trouvées dans les magasins enchaînèrent dans cette ville plus de 12,000 hommes, qui tombèrent au pouvoir des cosaques : le lendemain, le trésor impérial ne pouvant plus être traîné par les chevaux, on imagina de le faire porter par les soldats, et ils s'approprièrent leur charge : enfin, le 13 décembre, l'armée traversa le Niémen à Kowno; et le maréchal Ney, qui quelques mois auparavant avait passé ce fleuve à la tête de 43,000 hommes, se vit contraint de le repasser seul avec ses aides-de-camp, et de faire avec eux le coup de fusil contre les cosaques. De 460,000 hommes qui avaient franchi les frontières russes au commencement de la campagne, il n'en rentra en Pologne que 20,000, dont les deux tiers n'avaient point été à Moskou.*

---

* Bonaparte, en traversant la Lithuanie pour marcher sur Moskou, avait laissé des garnisons dans toutes les places qui étaient sur son passage. A son retour, ces garnisons s'unirent à la déroute de l'armée. Plusieurs corps envoyés de la Prusse vinrent aussi au-devant d'elle quand on sut qu'elle se retirait. Toutes ces troupes nouvelles ne tardèrent pas à être désorga-

Dans le précis rapide que nous avons donné de cette épouvantable déroute, nous n'avons point arrêté nos lecteurs devant les tableaux affreux qu'elle a continuellement présentés ; nous aurions craint de révolter leur ame, en leur montrant tant d'infortunés que le sort avait fait naître sous le ciel si doux de la France, sur cette terre où le génie et les arts ont tout embelli, tout perfectionné, entraînés par des intérêts chimériques, du foyer de la civilisation, dans les marais sauvages de la Moskovie, et, riches de toutes les idées qui ennoblissent la nature humaine, luttant contre toutes les misères qui tendent à la dégrader.

Nous aurions craint de rencontrer des vérités trop douloureuses, en examinant ce que deviennent les sentimens que nous devons à l'éducation et à la morale, devant les souffrances physiques et l'instinct impérieux de la conservation.

Dans cette marche si longue; pressés par un ennemi qui, au prix de tant de sacrifices, avait acheté le droit d'être cruel ; parcourant

---

nisées ; mais les hommes qui les composaient, ayant eu moins long-tems à souffrir, résistèrent en plus grand nombre aux désastres qui accablaient l'armée.

deux cent cinquante lieues sous un climat homicide, sur un sol sans végétaux; ne pouvant goûter aucun repos; passant de longues nuits sans abri, des jours entiers sans alimens; n'ayant ni le tems ni la force de rallier aucune idée, les malheureux que poursuivaient de si grandes calamités se trouvèrent, par l'excès même de leurs maux, placés hors de toutes les règles.

Il en fut cependant parmi eux qui, conservant quelques souvenirs de civilisation, ne pouvaient dérober à leur frère d'armes le vêtement d'où dépendait sa vie; qui ne pouvaient s'humilier jusqu'à baiser la main du soldat polonais, pour obtenir de lui un indispensable aliment; et qui, sur les bords du Vop ou de la Bérésina, n'osèrent précipiter dans les flots cette foule de blessés et de malades qui leur fermait les étroites avenues du pont.

Il en est même qui, au milieu de tant de souffrances, ne fermèrent point leurs cœurs aux sentimens d'humanité et de bienfaisance.

Que sont-ils devenus ces hommes généreux, lorsque vingt-deux degrés de frimas condamnaient à une mort certaine quiconque s'arrêtait un moment pour tendre la main à un ami tombé?.... Le dard des hivers les a frappés, et le lévrier à longs poils a dévoré leurs dépouilles!*

A peine l'armée eut-elle passé le Niémen, qu'elle se dispersa sur toutes les routes; et, sans cesser d'être poursuivie par les cosaques, dont les poulks innombrables couvrirent bientôt la Pologne, elle se rendit derrière l'Oder, où on travailla à la réunir et à recomposer son matériel.

Le 15 janvier, l'armée française avait sa droite à Varsovie, son centre à Thorn, et sa gauche à la Baltique, près de Dantzick. L'armée russe était arrivée dans la Prusse : l'avantgarde occupait la rive droite de la Vistule ; Wittgenstein était à Kœnigsberg, Platow à Elbing ; Alexandre passa le Niémen le 13 ; et Murat, dont le quartier-général était à Posen, craignant que les désastres précédens et ceux qu'il prévoyait ne compromissent la solidité de son trône, abandonna le commandement qui lui avait été confié, et partit pour Naples, déguisé en juif allemand.

* Il était effrayant de voir, dit M. Labaume, ces énormes lévriers à longs poils, que l'incendie avait chassés des villes et des villages, suivre l'armée en aboyant et dévorer tout ce qui restait en arrière.

Bonaparte, instruit de sa fuite, remit le commandement général au prince Eugène.

Celui-ci, ayant mis 20 mille hommes à Dantzick et assuré les garnisons de toutes les places de la Vistule, passa l'Oder et ravitailla également les forteresses de cette ligne d'opération. Informé que les Russes avaient quitté la Vistule pour se porter en avant, il se replia sur l'Elbe, au-devant des nombreux détachemens que Bonaparte envoyait à la Grande-Armée. Hambourg et Berlin furent occupés par les Russes, et le roi de Prusse, délivré de son alliance avec Bonaparte, se hâta de signer ce traité de Breslaw qui fut la base de la coalition.

Au 1er avril, l'armée française était déjà plus nombreuse que celle des alliés. Cependant le prince vice-roi fit évacuer Dresde et s'établit sur la Saale. Bonaparte, ayant laissé à Marie-Louise la régence de l'empire, partit de Paris le 15, et ouvrit la campagne le 28. Le maréchal Ney passa la Saale, près de Naumbourg, avec 40 mille hommes; le prince Eugène, avec 50 mille hommes formant l'aile gauche, déboucha près de Hall; et la droite, forte de 40 mille hommes, était près d'Iéna. Le 29, l'avant-garde du maréchal Ney chassa les alliés de Weissenfelds sur Léipsick ; mais ils se retirèrent en bon ordre, et il fut impossible de les entamer : cette retraite décida celle de toute la ligne russe. Le 1ᵉʳ mai, le maréchal Ney manœuvra pour franchir le défilé de Poserna ; ayant laissé sa cavalerie en réserve, il forma son infanterie en carrés, soutenus entre eux par de l'artillerie, et engagea la canonnade avec le corps de Winzingerode, qui occupait les hauteurs. Après un combat assez vif, où fut tué le maréchal Bessières, les Russes, qui parurent n'avoir eu d'autre intention que de reconnaître les forces de l'armée française, rétrogradèrent jusqu'à Léipsick sans être poursuivis.

Cependant Wittgenstein, qui commandait en chef les armées alliées (le prince Kutusoff étant mort à Buntzlau le 28), crut devoir prendre l'offensive. Il se porta sur la rive gauche de l'Elster, et les armées ennemies se trouvèrent en présence, le 2 mai, près de Lutzen.

Le maréchal Ney commandait le centre de l'armée française.

Les alliés commencèrent l'attaque en s'emparant du village de Kaya ; malgré les efforts du maréchal Ney pour le reprendre, les alliés le conservèrent jusqu'à la fin de la journée et en firent le pivot de leurs opérations.*

Cependant Bonaparte avait considérablement affaibli son centre par l'extension qu'il avait donnée à son aile gauche, afin de tourner la droite des ennemis; ceux-ci s'aperçurent de cette faute : ils réunirent vers le centre toute l'élite de leurs troupes; l'empereur Alexandre et le roi de Prusse s'y montrèrent en personne, et le corps du maréchal Ney fut culbuté. Bonaparte alors se mit à la tête de sa garde qui formait la réserve, appuyée par 80 pièces de canon, et, par les mouvemens concentriques que firent de suite ses deux ailes pour soutenir le centre, il arrêta les succès des ennemis, et les força à reprendre leur première position. Bientôt ils se mirent en retraite pour repasser sur la rive droite de l'Elster, où ils furent suivis par Bonaparte. L'arrivée de l'armée française les décida à repasser l'Elbe le 4 mai. Bonaparte entra à Dresde le 8, jeta un pont sur l'Elbe près de cette ville, et continua à poursuivre les alliés.

* Ce village fut pris et repris six fois à la baïonnette. Ney conduisit en personne plusieurs de ces attaques; le général Gourrier, son chef d'état-major, fut tué à la tête des troupes.

Le 15 son avant-garde ayant rencontré l'armée ennemie en position sur la Sprée, près de Bautzen, il disposa tout pour une attaque générale.

Tandis que ses divers corps manœuvraient pour se mettre en ligne, celui que commandait Bertrand fut attaqué brusquement par Barclay de Tolly, qui le mit en déroute, et l'aurait totalement détruit si le maréchal Ney ne fût venu à son secours, et n'eût forcé les Russes à se retirer. Ce combat eut lieu le 19; le 20 à la pointe du jour commença la bataille de Bautzen.

A midi toute l'armée française avait passé la Sprée. Le soir l'armée russe avait perdu une lieue de terrain : pendant la nuit elle se mit en ligne dans la position retranchée de Wurtchen; le 21 les Français renouvelèrent le combat. Marmont attaqua le centre; Bonaparte se préparait à diriger tous ses efforts contre l'aile droite, lorsque le maréchal Ney, ayant repoussé l'aile gauche, commandée par Barclay de Tolly, s'empara du village de Proelitz. Blucher, à la tête des réserves ennemies, marcha pour reprendre ce point important : il y réussit; mais Soult, qui commandait les réserves françaises, étant accouru avec la garde, le força de se replier sur Bautzen; et le maréchal Ney, renouvelant avec succès les attaques contre Barclay de Tolly, Bonaparte se trouva le soir maître de toutes les hauteurs. La position n'étant plus tenable pour les alliés, ils se retirèrent sur Weissemberg, et les Français couchèrent sur le champ de bataille. Pendant la nuit les Russes avaient quitté Weissemberg pour se porter sur Gorlitz ; le 22 leur arrière-garde fut atteinte, et à la suite d'un combat très-vif elle fut chassée jusqu'à Gorlitz, où la nuit empêcha de l'attaquer. La retraite des alliés continua de position en position jusqu'à Schweidnitz ; le maréchal Ney formait l'avant-garde, et il eut des combats fréquens à livrer contre l'arrière-garde ennemie qui, commandée par Blucher, mettait beaucoup d'aplomb dans ses mouvemens, et prenait souvent l'offensive. Dans un de ces combats, la division Maison, qui s'était aventurée dans une plaine près de Haynau, perdit son artillerie et quelques centaines de prisonniers.

Le 29, les deux armées étaient dans les environs de Jawer, lorsque l'empereur de Russie envoya proposer la paix. L'empereur d'Autriche avait déjà offert sa médiation, et un armistice suspendit les hostilités.

D'après un rapport du général Stewart, imprimé dans tous les journaux anglais du tems, les alliés, après les batailles de Lutzen et de Wurtchen, n'avaient que 75,000 hommes sous les armes. Bonaparte en avait plus du double ; les avantages qu'il venait de remporter assuraient sa prépondérance pendant le reste de la campagne, et on serait étonné qu'il se fût prêté aux ouvertures que lui faisaient les alliés (sans doute dans l'unique but de gagner du tems jusqu'à l'arrivée de leurs renforts), si l'on ne savait que la médiation interposée par l'Autriche n'aurait pu être rejetée sans qu'une rupture ouverte avec cette puissance n'eût été la suite de ce refus.

Cependant le tems fixé pour la suspension des hostilités ne fut pas perdu pour la coalition : la coopération de l'Autriche fut achetée au poids de l'or ; la Russie et la Prusse firent des levées extraordinaires ; et Bernadotte, qui avait échangé contre l'espoir d'un trône tous les souvenirs de son pays, était arrivé à Stralsund avec 30,000 Suédois.

Des négociations entamées avec aussi peu de franchise ne devaient prendre aucune marche. On avait sondé les dispositions de

Bonaparte; on savait ce qu'il tenait à conserver de ses conquêtes ; et ce fut précisément là ce qu'on exigea qu'il rendît. Tout se passa en vaines discussions de formalités sur la manière dont se feraient les communications diplomatiques ; et l'armistice étant expiré, les alliés dénoncèrent la reprise des hostilités. L'Autriche s'étant alors déclarée ouvertement pour la coalition, ce fut le prince de Schwartzenberg qui eut le commandement en chef des armées alliées. Le général Moreau, arrivé récemment auprès de l'empereur de Russie, devait, sous le titre modeste de conseiller intime de ce souverain, diriger toutes les opérations. Les forces des alliés se composaient de 350,000 hommes, sans compter les levées en masse de la Prusse, les garnisons des places, ni les corps nombreux de troupes légères qui liaient les armées combinées. On peut évaluer les forces de l'armée française à 400,000 hommes, dont plus de 100,000 étaient en garnison dans les places de l'Elbe, de l'Oder et de la Vistule ; ainsi les deux partis avaient à-peu-près le même nombre d'hommes disponibles pour une bataille ; mais la cavalerie des alliés était meilleure que celle de Bonaparte.

Le maréchal Ney, à la tête du 3ᵉ corps, craignant d'être attaqué par des forces supérieures, quitta Liegnitz dans la nuit du 16 au 17, et se retira derrière le Bober. Il fut imité dans ce mouvement par les corps de Lauriston et du duc de Tarente, qui, avec le sien, étaient opposés à l'armée de Silésie. Quelques divisions des alliés ayant passé le Bober, tentèrent, sans succès, des attaques contre les Français; ils furent forcés de repasser cette rivière, et de se tenir sur la défensive. Bonaparte, avec sa garde, se porta sur ce point à marches forcées. Il apprit en route que les alliés faisaient un mouvement pour attaquer Dresde sur la rive gauche de l'Elbe. Il jugea qu'il avait le tems de repousser l'armée de Silésie, et de rentrer dans cette ville avant que les alliés eussent pu s'en emparer; il fit repasser le Bober à l'armée française. Le général Maison ouvrit l'attaque, et poursuivit les alliés jusqu'à Goldberg. Le maréchal Ney marcha contre Sacken, et le duc de Raguse contre le général d'Yorck. Ces deux attaques, soutenues par la garde impériale, forcèrent les alliés à la retraite, qu'ils exécutèrent en bon ordre. Un combat sanglant devant Goldberg les décida à repasser le Katzbach, où ils prirent position; et Bonaparte, content de ce succès, partit pour Dresde avec sa garde.

Comme le genre d'opérations qu'il méditait près de cette ville exigeait beaucoup d'impétuosité et de hardiesse, il jugea que le maréchal Ney était plus propre que personne à le seconder dans ses desseins; et, ayant réuni le 3e corps à celui que commandait le duc de Tarente, il emmena Ney avec lui. Cette distinction si flatteuse pour ce maréchal fut fatale à l'armée française de Silésie; elle a été regardée comme une des causes de ses revers. Ney avait la confiance de ses soldats; privés de leur chef, ils furent battus (1).

Pendant que ces choses se passaient en Silésie, le duc de Reggio, qui avait reçu l'ordre de se porter sur Berlin, était repoussé par le prince royal de Suède, qui lui prit vingt-six pièces de canon et 1500 hommes.

Cependant les Russes, les Prussiens et les Autrichiens marchaient sur Dresde, sous les ordres directs du prince de Schwartzenberg. L'empereur Alexandre et le général Moreau étaient présens. Après plusieurs attaques d'avant-poste, les Français se retirèrent derrière

* Sarrazin, *Guerre de Russie et d'Allemagne.*

les retranchemens de la place, dont l'artillerie foudroya les colonnes russes. Bonaparte, arrivé le jour même avec sa garde, fit, le 26, une sortie qui força les alliés à prendre position en arrière. Le 27, après un combat sanglant où ils perdirent 30,000 hommes, et où le général Moreau fut blessé mortellement, ils furent contraints de se retirer vers la Bohême, craignant d'être coupés par le général Vandamme qui marchait en forces sur Pirna. Ce général, s'étant engagé inconsidérément dans les montagnes de la Bohême, se trouva investi, et fut fait prisonnier après avoir perdu 10,000 hommes, son artillerie et ses bagages.

Pendant ce tems, Blucher battait l'armée de Silésie, commandée par le duc de Tarente; une division entière de cette armée oubliée de l'autre côté du Bober, tandis que l'armée française opérait sa retraite, tomba tout entière au pouvoir de l'ennemi.

Cependant le duc de Reggio, éprouvant des échecs continuels devant l'armée de Bernadotte, fut remplacé dans son commandement en chef par le maréchal Ney. Celui-ci, voulant signaler son arrivée, prit aussitôt l'offensive. Le 4 septembre, il déboucha de ses retranchemens, et attaqua l'aile gauche du prince de Suède. Il fut d'abord repoussé ; mais ayant recommencé le combat, le 5, il mit en déroute le corps prussien qui lui était opposé, et le poursuivit jusqu'à Jutterbock où ce corps se rallia, et parvint à se maintenir malgré les efforts du maréchal. Bernadotte, apprenant les désastres de son aile gauche, se porta avec de nombreuses colonnes pour la soutenir. Le 4ᵉ corps que commandait le duc de Reggio, ayant été trop détaché du centre, se trouva investi tout-à-coup par soixante-dix bataillons russes et suédois, dix mille hommes de cavalerie et cent cinquante pièces de canon. Regnier, à la tête du 7ᵉ corps, marcha pour le dégager : il y réussit ; mais les soldats, harassés de fatigue, ne purent tenir long-tems contre les troupes fraîches qui les attaquaient ; ils furent enfoncés de toutes parts. La cavalerie ennemie se jeta à leur poursuite ; les charges qu'elle exécuta contre cette armée en retraite mirent le désordre dans ses rangs. Elle se retira sur la route de Dahm, puis sur Torgau où le maréchal Ney réussit à la rallier. Il perdit dans cette bataille, qui porte le nom de Dennewitz, 10,000 prisonniers, 80 pièces de canon, et plus de 400 caissons.

Le bruit se répandit dans l'armée alliée que Ney avait été tué. « Si le prince de la
» Moskowa est mort, dit Bernadotte dans
» son bulletin du 12 septembre 1813, l'em-
» pereur Napoléon a perdu l'un de ses meil-
» leurs capitaines ; accoutumé à la grande
» guerre depuis long-tems, il avait donné,
» dans toutes les occasions, des preuves d'une
» rare valeur et d'un talent consommé. Dans
» la dernière campagne de Russie, ce fut lui
» qui sauva l'armée française ; elle et toute
» la France lui ont rendu cet honorable té-
» moignage. »

Ney avait pris l'offensive dans cette malheureuse affaire, d'après l'ordre que lui en avait donné Bonaparte, auquel il importait beaucoup de remettre son armée dans la direction de Dresde à Berlin ; mais pour effectuer ce mouvement avec succès, il aurait fallu avoir des forces égales à celles des alliés, ou manœuvrer à une distance convenable de leurs colonnes, et le caractère bouillant du maréchal se conciliait peu avec ce dernier parti.

Ney fut inconsolable de cet échec : il fut tenté de quitter le service ; il eût même plusieurs fois l'idée de ne pas survivre à sa dé-

faite : « Si je ne me suis pas brûlé la cervelle,
» a-t-il dit depuis, c'est que je voulais rallier
» mon armée avant de mourir. » Pendant
plusieurs jours, il ne prit aucune nourriture;
il était morne et silencieux, et laissait échapper de tems en tems cette exclamation qu'il
accompagnait, soit en frappant du pied, soit
en mettant la main sur son front : « Est-il
» possible que je n'aie pas été tué le 5 ! » Son
désespoir augmenta quand il fallut faire un
rapport à Bonaparte sur cette fatale affaire ;
il mit beaucoup de franchise dans les détails
qu'il y donna; et quand il fut rédigé, il se le
fit lire plusieurs fois, trouvant toujours quelque chose à y refaire, et craignant de ne
point indiquer assez clairement les fautes qu'il
avait faites. Bonaparte, avant de publier ce
rapport, en changea plusieurs expressions,
dont la sincérité ne s'accordait pas avec le
système de dissimulation qu'il suivait dans ses
bulletins. Il y avait dans le rapport du maréchal
le passage suivant: « L'ennemi ayant été rapi-
» dement renforcé, le 4ᵉ corps se trouva entiè-
» rement cerné. » Bonaparte remplaça par le
mot *engagé* le mot *cerné*, qui disait beaucoup
trop. Une personne attachée alors à l'état-major-général nous a assurés avoir vu cette cor-

rection faite sur l'original du maréchal Ney de la main même de Bonaparte.

Ces événemens désastreux contrariaient fort les projets de Napoléon, qui ne pouvait suivre en Bohême le centre de l'armée alliée, dans la crainte de s'isoler de sa ligne d'opérations. Il s'était porté plusieurs fois en avant de Pirna, et les alliés refusant toujours la bataille, il fut réduit à une conduite indécise qui donna le tems à Blucher et à Bernadotte d'affermir leurs succès contre ses ailes. Pendant ce tems de nombreux corps de cosaques et les partisans du général Thielmann s'étaient jetés entre ses divers corps, soulevaient tout sur ses derrières, interceptaient les communications, et inondaient déjà la Westphalie.

Quelque tems se passa encore à faire diverses tentatives sur les ailes pour les porter en avant ; mais les vivres, et sur-tout les fourrages, commençant à devenir extrêmement rares, l'armée française s'épuisait de plus en plus, tandis que celle des alliés recevait tous les jours de nouvelles recrues. Beningsen étant arrivé de Pologne avec 40 mille hommes, ce renfort décida Schwartzenberg à reprendre l'offensive. Blucher ayant passé l'Elbe, ainsi que le prince royal, Bonaparte fut forcé de se replier sur Léipsick. La retraite s'effectua dans les premiers jours d'octobre; le 15 les armées alliées avaient fait leur jonction, excepté l'armée de Bernadotte et celle de Beningsen. Le 16 le centre de l'armée française fut attaqué sur toute sa ligne; après huit heures de combat et des pertes considérables, les alliés rentrèrent dans les positions qu'ils avaient avant l'attaque : 40 mille hommes, dont 25 mille alliés, restèrent sur le champ de bataille.

Le 17 fut employé à faire des reconnaissances; Bonaparte ayant appris l'arrivée dans les lignes ennemies des armées de Beningsen et de Bernadotte, se hâta de quitter les plaines de Wachen pour se porter à Léipsick.

Ce jour-là, le maréchal Ney, étant au bivouac de Reidnitz, donna de sa main l'ordre que nous plaçons en regard comme *fac simile* de son écriture, et comme renfermant des détails sur les opérations qui devaient s'effectuer le lendemain. *

Il arriva sous cette ville le 18 à deux heures du matin; à cinq les alliés se mirent en mou-

* Voyez le *fac simile*.

Écrivez au g.ʳ al Bertrand
[instructions] de S.ᵗ Supiene pour
l'[députation] de débucher demain
matin de Lindenau – qu'il lui
dise que j'ai donné ordre au g.ᵈ Régnier
de faire partir pour le Champ la
D.ⁿ du g.ᵃˡ Guilleminot avec
une batterie de 12. pour se rendre
à Leipzig pour faire parti de son
command.ᵗ lui dire d'envoyer un off.ʳ
[?] au g.ᵃˡ Guilleminot pour que
les dispositions prescrites aient leur exécution
[?] au g.ᵃˡ de France de renvoyer
le g.ʳ Guinette de sa D.ⁿ à la disposition
du g.ᵃˡ Bertrand.
Mander au duc de Padoue ce qui est
relatif au [?] du g.ᵃˡ Margaron
[?] – avec réception de la lettre du
g.ᵃˡ major g.ᵃˡ datée de Libertwolkowitz
7. 8.ᵇʳᵉ 1813 – 7. h. du soir

M.ᵃˡ P.ᶜᵉ de la Moskowa

Reudnitz le 17. 8. 9 h. du soir.

vement, à neuf l'affaire s'engagea ; Blucher menaça Léipsick ; Bernadotte enleva les hauteurs de Taucha, où était la droite de Ney, commandant en chef l'armée française sur ce point ; et Beningsen attaqua le duc de Tarente, qui fut contraint de se retirer sur Stotteritz. Malgré ces désavantages qui étaient balancés par des succès en d'autres lieux, l'armée française conservait une attitude respectable, quand toute l'armée saxonne passa dans les rangs ennemis. Cet événemeut encouragea les Prussiens, qui s'emparèrent de Reidnitz. Bonaparte s'y porta en personne à la tête de sa garde, et ce village fut repris à la boïonnette. La nuit sépara les combattans ; 40 mille hommes de part et d'autre restèrent encore sur le champ de bataille.

Le 19, Bonaparte ne possédait plus, en avant de Léipsick, que deux positions ; le peu de munitions qui lui restaient, et la supériorité numérique des alliés ne lui permettaient pas de tenter une nouvelle bataille. Il fit mettre son armée en retraite. La veille, il avait envoyé Bertrand, avec 20,000 hommes, pour assurer les débouchés de la Saale. Il était à Léipsick, avec le roi de Saxe, à voir défiler les troupes, quand la vivacité du feu, qu'il entendit à son arrière-garde, l'avertit qu'il n'était plus en sûreté dans cette ville. Il fit dire au duc de Tarente, qui commandait cette arrière-garde, de se retirer; et il s'enfuit lui-même à Lindenau, pour voir évacuer les dernières troupes.

Le duc de Tarente n'avait que 20,000 hommes, et il était pressé par plus de 100,000. Le pont de Lindenau avait été miné, et on avait confié l'opération importante de le faire sauter à un caporal, qui mit le feu aux poudres avant l'arrivée de l'arrière-garde. La majeure partie des troupes mit bas les armes; un grand nombre d'individus se jetèrent dans la rivière, et s'y noyèrent; le prince Poniatowski fut de ce nombre. Le maréchal duc de Tarente fut assez heureux pour la traverser à la nage : 18,000 hommes d'élite, et une nombreuse artillerie restèrent à l'ennemi.

Les alliés se mirent sur-le-champ à la poursuite des Français, et harcelèrent sans relâche la queue, les flancs, et même la tête de leurs colonnes : bientôt le désordre et la désorganisation furent extrêmes; et les routes se couvrirent des débris de leur armée. Cette retraite présentait l'image de la déroute de Moskou : les colonnes, souvent coupées par l'ennemi, étaient dissipées par le fer et la frayeur; toutes les églises, toutes les maisons étaient encombrées de morts et de mourans, et des milliers de traîneurs parcouraient les routes et les forêts dans l'état le plus pitoyable.

Le 30 octobre, cette armée arriva devant Hanau, où un corps de Bavarois, commandé par le général de Wrède, essaya de lui barrer le passage; mais cette ville fut emportée, et Bonaparte arriva le 2 novembre sur le Rhin, avec les faibles restes de son armée, qui s'y rallièrent pour attendre leur réorganisation.

Cependant Bonaparte, arrivé à Mayence, séjourna huit jours dans cette ville, afin de réunir ses troupes; de déterminer les lieux où devaient se rassembler les débris des différens corps, et de connaître le nombre d'hommes qu'il serait forcé de lever pour en compléter les cadres; ce travail, qu'il appelait *réorganiser l'armée*, * étant terminé, il se rendit dans sa capitale, où il mit en jeu tous les ressorts du despotisme pour se créer de nouveaux

* On lit dans les journaux d'alors cette phrase singulière : « Aujourd'hui à neuf heures, l'Empereur a signé la réorga- » nisation de l'armée. » Ne semblerait-il pas qu'on crée une armée de 100 mille hommes avec un seul trait de plume ?

moyens de tenter la fortune ; mais tandis qu'il disputait aux représentans de la nation les derniers soutiens des familles, qu'il tâchait de nationaliser sa cause, qu'il s'efforçait de prouver aux Français que les sentimens de haine qu'on pouvait lui porter devaient disparaître devant les dangers qui menaçaient la patrie, et que c'était à la France à se tirer, par elle-même, de l'abîme où il l'avait plongée, les alliés combinaient sur les frontières ce vaste plan d'envahissement qui allait mettre un terme aux malheurs de l'Europe. Bientôt ayant attiré les forces les plus disponibles de Bonaparte sur la Belgique, en paraissant menacer plus particulièrement cette province, ils firent filer, par la Suisse, leurs principales colonnes d'invasion qui se trouvèrent sur le territoire de la France, sans avoir eu aucun combat à livrer pour en franchir les limites.

Toute la ligne du Rhin fut forcée ; le comte de Wittgenstein passa ce fleuve près du fort Louis, tandis que l'armée de Silésie, sous les ordres du prince Blucher, effectuait son passage entre le Mein et le Necker, et traversait la chaîne des Vosges sans aucune résistance sérieuse, Bonaparte n'ayant pas eu le tems de former une nouvelle armée.

Comme les troupes alliées, entrées sur divers points, agirent long-tems séparément avant de faire leurs jonctions, et que nous ne pourrions suivre l'ensemble de leurs opérations sans perdre de vue le personnage dont nous écrivons l'histoire, nous nous bornerons à rapporter les faits de cette campagne qui sont particuliers au maréchal Ney, et nous n'entrerons dans les détails des combats où il s'est trouvé qu'autant qu'il sera nécessaire pour en faciliter l'intelligence.

L'armée de Silésie ayant passé les Vosges marchait par la Lorraine pour se joindre à celle du prince de Schwartzenberg; Nancy étant ainsi menacé, Bonaparte y envoya le maréchal Ney, lui donnant l'assurance qu'il y trouverait 15,000 hommes de troupes de ligne et des levées en masse animées, disait-il, du meilleur esprit; mais ces levées en masse n'existaient que sur les journaux. Ney, arrivé à Nancy, y trouva à peine 6000 hommes, avec lesquels il lui fut impossible de tenter aucune résistance : il fut donc forcé d'évacuer cette ville à l'approche des ennemis, qui y entrèrent le même jour.

Ney se joignit alors aux maréchaux Marmont et Victor pour tenir la campagne; mais les troupes réunies de ces trois maréchaux ne s'élevaient pas à 15,000 hommes. Ne pouvant garder les lignes de la Meuse avec si peu de force, ils se retirèrent bientôt sur la Marne.

La jonction de l'armée de Silésie avec celle du prince de Schwartzenberg étant sur le point de s'opérer, Bonaparte, qui avait enfin organisé de nouvelles troupes, partit de Paris pour s'opposer à cette jonction. Il arriva à Châlons-sur-Marne et se porta en hâte sur Saint-Dizier, dont le maréchal Ney avait été chassé par le prince Tscherbatoff; il reprit cette ville, et y entra à la tête de 60,000 hommes. Ayant eu alors des données exactes sur la position de Blucher, il résolut de l'attaquer avec toutes ses forces et de l'accabler avant l'arrivée de Schwartzenberg, qui devait joindre l'armée de Silésie à Bar-sur-Aube.

Le prince Blucher avait son quartier-général à Brienne; il était couvert par 2000 chevaux sous les ordres du général Pahlus. Bonaparte ayant trouvé le moyen d'arriver sur ce point sans qu'on eût eu connaissance de sa marche, fit attaquer, à l'improviste, le général Pahlus par une cavalerie nombreuse qui le força de se replier.

Dans le même moment le maréchal Ney se

portait sur Brienne à la tête de six bataillons en colonnes serrées, tandis que le général Chateau avec quelques bataillons de grenadiers tournait par le parc, où les grenadiers, s'étant glissés à la faveur d'un ravin, surprirent, dans le château, le maréchal Blucher, qui était à table avec son état-major.

Ce maréchal et ses officiers furent obligés, pour s'évader, de passer avec leurs chevaux par un escalier, d'où ils gagnèrent les bois et joignirent le corps de Sacken.

Ney attaquait Brienne avec vigueur; ses tentatives avaient toutes été repoussées, et des troupes fraîches qu'il avait reçues avaient également échoué devant la résistance des Russes. Bientôt Sacken marcha contre lui au pas de charge; le combat s'engagea avec acharnement. Bonaparte, voulant déloger les Russes à quelque prix que ce fût, fit tirer des obus dans la ville et y mit le feu. Les Français parvinrent à s'y établir; mais ce ne fût qu'à onze heures du soir que les Russes, après avoir fait de vains efforts pour reprendre la ville, se retirèrent à une lieue du champ de bataille.

Les jours suivans, l'armée de Silésie ayant opéré sa jonction avec la grande armée du prince de Schwartzenberg, Bonaparte, après les combats les plus sanglans, fut culbuté sur tous les points, se retira sur Troies, et se rallia à un corps de la vieille garde qui n'avait pu prendre part à l'affaire. Il entra dans cette ville, où il tenait à rester jusqu'à ce qu'il pût reprendre l'offensive, dans la crainte de décourager son parti par une retraite prolongée.

Bientôt les souverains alliés arrêtèrent en conseil que l'armée de Silésie se séparant de nouveau de l'armée de Schwartzenberg, elles marcheraient sur Paris, la première par Château-Thiéri, la seconde par Troies et Sens. Cette diversion s'effectua. Blucher s'empara de Château-Thiéri et se porta sur La Ferté, chassant devant lui le 11ᵉ corps qui l'observait; et Schwartzenberg débordant déjà le gros de l'armée établi à Troies, Bonaparte fut forcé, pour ne point être écrasé dans cette ville, de l'évacuer et de se porter à Nogent-sur-Seine, en faisant deux marches en un jour.

Se trouvant ainsi entre les deux armées, qui allaient toujours en avant, il résolut de prendre l'armée de Silésie par le flanc et l'arrière-garde, de la mettre en déroute, ou au moins de la forcer à s'arrêter.

Il envoya un aide-de-camp aux maréchaux Ney et Marmont, qui étaient près de Sézanne, et les avertit qu'il arriverait le lendemain avec le gros de l'armée, pour attaquer l'ennemi dans sa marche de Châlons à Montmirail. Cet ordre surprit ces deux maréchaux, qui savaient que la route de Nogent à Sézanne était à-peu-près impraticable pour l'artillerie. Néanmoins, Bonaparte ayant surmonté cet obstacle avec des peines incalculables, arriva à Sézanne la nuit, et disposa tout pour l'attaque du lendemain.

Il se jette d'abord sur le général Alsufieff, qui formait l'arrière-garde de Sacken, lui prend 2000 hommes, 9 pièces de canon, et le met en déroute. Sacken marche au secours de son arrière-garde, et se range en bataille en avant de Montmirail.

Bonaparte place Ney au centre avec une division ; il lui ordonne de feindre un mouvement de retraite, et se porte en force contre l'aile droite, qu'il fait plier. Sacken croit pouvoir dégarnir son centre pour fortifier sa droite ; dans le même moment Ney, à la tête de la vieille garde, se jette sur le centre au pas de course, l'enfonce, et la cavalerie de la garde achève la déroute de l'ennemi.

Les Russes se retirèrent dans le plus grand désordre. Le lendemain on les poursuivit jusqu'à Château-Thiéri, dont ils n'eurent que le tems de détruire le pont. Le duc de Trévise, à la tête de la jeune garde, passa bientôt la rivière et continua à les harceler.

Bonaparte avait laissé le duc de Raguse à Montmirail, pour couvrir l'armée contre le prince Blucher, dont il prévoyait le mouvement rétrograde. Le feld-maréchal retourna en effet, dès qu'il eut connaissance des désastres d'Alsufieff et de Sacken. Marmont n'étant point en force, se replia, et Bonaparte, parti de Château-Thiéri pendant la nuit, se trouva réuni à lui près du village de Vauchamp.

A huit heures du matin le combat commença. Blucher essaya d'abord de disputer le champ de bataille. Forcé bientôt à la retraite, il l'effectua en bon ordre sur Etoges, formant des carrés qui furent continuellement chargés par la cavalerie, sans qu'on pût les entamer.

Le maréchal Ney, à la tête des colonnes d'infanterie, dirigea un grand nombre d'attaques, ainsi que les autres maréchaux. Le sang-froid de Blucher sauva l'armée de Silésie, qui fut prendre position à Bergères, où Bonaparte cessa de la poursuivre.

Tandis que cette armée, qui avait perdu 10 à 12,000 hommes dans ces diverses affaires, se fortifiait dans ses positions, l'armée de

Schwartzenberg approchait de la capitale, et n'en était plus qu'à quelques journées.

Bonaparte se porta contre elle à marches forcées, la battit à Montereau, et, après un grand nombre de combats, la contraignit à se retirer par-delà Troyes, où il fit son entrée en vainqueur. Ney se trouva à toutes ces affaires, et prit position à Arcis.

Blücher avait fait sa jonction, à Soissons, avec l'armée de Bulow et de Wintzingerode, qui était entrée par la Belgique. Bonaparte, qui avait quitté Troyes pour empêcher cette jonction, n'ayant pu y réussir, attaqua l'armée combinée près de Craonne le 6 mars.

La position des Russes ayant été tournée par de forts bataillons de tirailleurs qui avaient débordé leur droite pendant que le maréchal Ney poussait vivement leur centre, les Russes effectuèrent leur retraite, et prirent dans la nuit une nouvelle position, dont les ailes et le front étaient défendus par un ravin.

Le lendemain, le combat recommença; les alliés opposèrent long-tems une vigoureuse résistance; mais le maréchal Ney ayant franchi le ravin de gauche, Victor celui du front, et la cavalerie du général Nansouty ayant pénétré sur le plateau par la droite, les ennemis, pressés de toutes parts, furent forcés de se retirer sur Laon, où on les poursuivit sans pouvoir les entamer.

Appuyés sur cette ville, ils s'établirent et se concentrèrent sur des hauteurs inexpugnables. Bonaparte s'obstina pendant deux jours à les forcer dans cette position. Désespérant d'y parvenir, et voyant son armée s'affaiblir dans des attaques si inégales, il ordonna la retraite par Soissons.

Le 19 mars, il se trouva en présence de l'armée de Schwartzenberg près d'Arcis-sur-Aube; les alliés lui offrirent la bataille qu'il eut d'abord l'intention d'accepter, mais ayant reconnu la supériorité numérique de leurs forces, au moment où ses troupes étaient en ligne pour commencer le combat, il se décida, après quelques heures d'irrésolution, à effectuer sa retraite sur Vitry et Saint-Dizier, dans l'espérance d'attirer l'ennemi loin de la capitale, de couper ses communications et de l'isoler de ses magasins.

Cette détermination décida du destin de la France. Il continua sa marche pendant plusieurs jours, s'imaginant que l'armée entière de Schwartzenberg était à sa poursuite; mais celui-ci n'ayant détaché après lui que la cavalerie de Wintzingerode, joignit l'armée de Silésie et se porta en toute hâte sur Paris.

Arrivé par-delà Saint-Dizier le 26 mars, Bonaparte, se trouvant dans une position à donner la bataille avec avantage, envoya un aide-de-camp aux maréchaux Ney et Macdonald, qui faisaient son arrière-garde, pour s'informer des forces que l'ennemi avait montrées. Le maréchal Macdonald répondit qu'il n'avait eu affaire qu'à environ 10,000 hommes de cavalerie. Plusieurs généraux furent d'avis que cette troupe formait l'avant-garde des alliés ; mais le maréchal Ney, également consulté par l'aide-de-camp, loin de partager cette opinion, ne douta nullement que les armées ennemies, après avoir opéré leur jonction, ne marchassent sur la capitale.

Néanmoins, Bonaparte persistant dans ses espérances, fit des dispositions pour une affaire générale. Il rétrograda sur Vassy où était la cavalerie russe, l'attaqua et la força de se retirer en désordre à Bar-sur-Ornain.

Il s'amusait devant les petites villes environnantes, où étaient des garnisons prussiennes, quand un courrier de Paris lui annonça que les armées ennemies n'étaient qu'à cinq lieues de cette ville, et que les maréchaux

Marmont et Mortier, continuellement chassés devant elles, faisaient des dispositions pour défendre la capitale.

Il se mit en route avec son armée, qu'il dirigeait par Pont-sur-Yonne et Moret ; mais, impatient d'approcher de Paris, il quitta sa garde à cinq lieues de Troyes, et arriva à *la Cour de France,* hameau entre Essonne et Villejuif, d'où il expédia des ordres à Paris pour que l'entrée de cette ville fût disputée quartier par quartier aux alliés, promettant d'y arriver bientôt avec 60,000 hommes.

L'officier-général qu'il avait envoyé étant arrivé à Paris comme la capitulation venait d'être signée, les ordres qu'il apportait ne purent être exécutés, et la capitale de la France fut sauvée.

Bonaparte, informé de l'entrée des souverains alliés, et des événemens qui en avaient été la suite, envoya Caulincourt avec des pleins-pouvoirs pour négocier, et se rendit à Fontainebleau, où il arrêta et concentra ses colonnes.

Cependant les chefs de l'armée voyaient avec peine que la guerre civile allait s'allumer en France.

Berthier, de concert avec les maréchaux,

hasarda de conseiller à Bonaparte l'abdication, comme le seul moyen de salut qui lui restât ; mais, accueilli par des accès de colère et de rage, il se retira sans être tenté de renouveler ses instances.

Bonaparte roulait dans sa pensée un projet d'une autre nature : c'était de marcher sur Paris avec son armée et sept cents bouches à feu, d'y attaquer les alliés et de les forcer d'en sortir. Plein de cette résolution, il ordonna, dans la matinée du 4 avril, de diriger les troupes sur Essonne, et demanda ses chevaux pour partir. Il harangua ses soldats, leur fit part de son dessein, et quelques milliers de Polonais lui répondirent par des cris de joie.

Cependant l'air morne des maréchaux annonce qu'ils ne consentiront point à la ruine de la capitale. Le moment était décisif ; si l'armée quittait Fontainebleau, elle se trouvait entraînée sur les pas de son chef, et il devenait impossible de la détourner de Paris.

L'auteur de la campagne de 1814 ayant rapporté ces circonstances avec quelques développemens, la crainte d'altérer les faits en changeant ses expressions nous porte à le laisser parler dans ce passage.

« On assure, dit M. de Beauchamp, que ce fut le maréchal Ney qui le premier prononça à haute voix le mot d'abdication. Napoléon feignit de ne pas entendre, et il continua de passer la revue des troupes. Alors le maréchal monte au palais sur ses pas et le suit jusque dans son appartement. Là il lui demande s'il a connaissance de la grande révolution qui vient de s'opérer dans la capitale : Napoléon répond de l'air le plus calme dont il peut se parer, qu'il ne sait absolument rien. Le maréchal Ney, en lui remettant les journaux de Paris, lui dit : « Vous n'êtes plus
» Empereur, voici l'acte de votre déchéance ;
» nous ne vous répondons plus de l'obéis-
» sance des troupes dont nous ne sommes
» plus les maîtres. » Surpris de cette déclaration foudroyante, Napoléon rugit de colère ; mais le maréchal lui déclare nettement que son abdication seule peut sauver la France. Il s'engage aussitôt entr'eux une longue discussion. Dans l'intervalle survient le maréchal Lefèvre qui, s'adressant à Napoléon, lui dit avec un accent très-animé : « Vous êtes perdu ;
» vous n'avez pas voulu écouter les conseils
» d'un de vos serviteurs : le sénat a prononcé
» votre déchéance. »

» Ces paroles et ce concert entre les généraux firent sur les esprits une impression telle que cet homme, accoutumé jusqu'alors à se regarder comme au-dessus de toutes les lois, se voyant soumis à celles de la nécessité, se mit à verser un torrent de larmes. »

Bonaparte ayant consenti à souscrire l'acte d'abdication en faveur de son fils, Ney, Macdonald et Caulincourt, se chargèrent de porter à Paris cet acte, et de stipuler ses intérêts et ceux de sa dynastie auprès de l'empereur Alexandre.

Ils furent reçus par ce souverain dans la nuit du 5 avril, et ne négligèrent rien pour le décider en faveur de la régence. Alexandre penchait, dit-on, pour ce parti, mais il ne voulut pas se prononcer sans avoir entendu les membres du gouvernement provisoire. Il les manda de suite près de lui, et discuta avec eux les considérations qui avaient été mises en avant par les négociateurs de Bonaparte. Les hauts intérêts de la France et de l'Europe furent débattus dans cette conférence : le prince Talleyrand démontra tous les inconvéniens de la régence, le peu de stabilité qu'elle offrait, la certitude qu'on pouvait avoir que Bonaparte conserverait toujours son influence à l'aide de ce gouvernement, et la facilité qu'il aurait même d'en reprendre les rênes; il détruisit ensuite toutes les objections qu'on opposait au rétablissement des Bourbons, et, secondé par ses collègues, il réussit à convaincre l'empereur de Russie que le seul moyen d'assurer la tranquillité de l'Europe était d'élever une barrière aux idées d'usurpation, en proclamant la légitimité des trônes. A deux heures du matin les ambassadeurs de Bonaparte, introduits de nouveau, apprirent de la bouche même du czar que la cause de leur maître était perdue.

Ils retournèrent de suite à Fontainebleau ; le maréchal Ney entra le premier dans les appartemens du palais : « Avez-vous réussi? dit Bonaparte en l'apercevant. — En partie, Sire ; votre vie et votre liberté sont garanties, mais la régence n'est pas admise ; il était trop tard ; le sénat reconnaîtra demain les Bourbons. — Où me retirerai-je? lui demanda Bonaparte. — Où voudra Votre Majesté ; à l'île d'Elbe, par exemple, avec 6 millions de revenu. » Bonaparte choisit cette retraite, et la résignation qu'il montra est peut-être un motif de croire qu'il entrevoyait déjà l'espérance funeste de profiter du voisinage où cet exil le laissait de ses anciens partisans pour troubler de nouveau la paix du monde.

Le maréchal Ney, se regardant alors comme extrêmement libre envers Bonaparte, écrivit au prince de Bénévent la lettre suivante :

« Monseigneur, je me suis rendu hier à
» Paris avec M. le duc de Tarente et M. le
» duc de Vicence, comme chargé de pleins
» pouvoirs pour défendre près de S. M. l'em-
» pereur Alexandre les intérêts de la dynastie
» de l'empereur Napoléon. Un événement
» imprévu ayant tout-à-coup arrêté les négo-
» ciations, qui cependant semblaient pro-
» mettre les plus heureux résultats, je vis dès-
» lors que, pour éviter à notre chère patrie
» les maux affreux d'une guerre civile, il ne
» restait plus aux Français qu'à embrasser
» entièrement la cause de nos anciens rois ;
» et c'est pénétré de ce sentiment que je me
» suis rendu ce soir auprès de l'empereur
» Napoléon pour lui manifester le vœu de la
» nation.

» L'Empereur, convaincu de la position
» critique où il a placé la France, et de l'im-
» possibilité où il se trouve de la sauver lui-
» même, a paru se résigner et consentir à
» l'abdication entière et sans aucune restric-

» tion. C'est demain matin que j'espère qu'il
» m'en remettra lui-même l'acte formel et
» authentique; aussitôt après j'aurai l'hon-
» neur d'aller voir votre altesse sérénissime.
» Je suis avec respect, etc.

» *Signé* le maréchal NEY.

» Fontainebleau, 6 avril 1814, onze heures et demie du soir. »

Le 12 avril, M. le comte d'Artois, faisant son entrée à Paris, entouré de la foule immense qui avait été le chercher au château de Livry, on aperçut un groupe de maréchaux de France sortant des barrières pour venir au-devant de S. A. R. : « Monseigneur,
» dit le maréchal Ney en portant la parole
» au nom de ses frères d'armes, nous avons
» servi avec zèle un gouvernement qui nous
» commandait au nom de la France; V. A. R.
» et S. M. verront avec quelle fidélité et avec
» quel dévouement nous saurons servir notre
» Roi légitime. »

Que de réflexions douloureuses fait naître l'histoire des hommes !

FIN DU PREMIER LIVRE.

LIVRE DEUXIEME.

Aux promesses de fidélité offertes par le maréchal Ney à Mgr le comte d'Artois au nom des maréchaux de France, S. A. R. avait répondu : « Messieurs, vous avez porté dans » les contrées les plus éloignées la gloire du » nom français ; à ce titre le Roi revendique » tous vos exploits ; tout ce qui a été fait » pour la France n'a jamais été étranger au » Roi. »

Ces expressions magnanimes furent généreusement confirmées par S. M.* A peine Louis XVIII fut-il assis sur le trône de ses pères, que les maréchaux de France se virent

* Le maréchal Ney était au nombre des maréchaux qui furent à Compiégne au-devant de S. M. Il en fut reçu avec la plus grande bonté. C'est dans une des fréquentes visites qu'il était admis à lui faire qu'il lui donna le conseil de choisir sa garde dans la garde impériale.

appelés à en être les plus fermes soutiens. Les bienfaits du Roi envers ces guerriers illustres furent sans bornes, comme sa confiance. Il les admit dans l'intimité de ses conseils, leur prodigua les marques de son estime, et partagea entre eux les grandes dignités militaires de l'Etat.

Le maréchal Ney ne fut point oublié dans la distribution de ces grâces; il fut nommé, par ordonnance du 20 mai, commandant en chef du corps royal des cuirassiers, des dragons, des chasseurs et des chevau-légers-lanciers de France; chevalier de Saint-Louis le 1er juin, pair de France le 4 du même mois, et gouverneur de la 6e division militaire.*

Ce fut S. M. elle-même qui lui conféra la dignité de chevalier de Saint-Louis, et qui reçut de sa bouche le serment de mourir fidèle au Roi et à la patrie.

Après les détails que nous avons donnés dans le livre précédent sur la vie militaire du maréchal, le lecteur verra sans doute avec intérêt une esquisse de sa vie privée.

* C'est en cette qualité qu'il fit un voyage à Besançon pour y recevoir S. A. R. Monsieur, en décembre 1814.

Sous le régime qui venait de finir, les guerres lointaines, les conquêtes, la prééminence militaire et toutes les conséquences d'une puissance qui embrassait une moitié de l'Europe et tendait à envahir l'autre, avaient établi les idées d'un grand nombre de Français hors des limites de leur patrie.

Ces idées ne trouvèrent plus de place dans un ordre de choses qui, ramenant une paix solide et réparatrice, restreignait la France dans ses intérêts réels.

Sans doute il dut en coûter beaucoup aux hommes qui s'étaient élevés au milieu du tumulte des armes et de la vie licencieuse des conquêtes, pour rentrer tout-à-coup dans l'ordre des citoyens ; leurs habitudes se trouvèrent détruites, leur avenir changé, leurs pensées sans direction.

Telle dut être la situation morale du maréchal Ney, lorsque la réconciliation de l'Europe eut terminé sa carrière militaire.

Pendant les longues guerres qui avaient embrasé le continent, à peine quelques mois de trêve l'avaient rendu à sa famille : étranger aux mœurs de la paix, il eut d'autant plus de peine à y faire plier ses goûts, qu'il n'était pas assez âgé pour trouver quelques douceurs dans le repos, et pas assez jeune pour soumettre ses habitudes aux convenances adoptées dans le monde.

Ayant passé ses jours dans les camps, les marches, les dangers, les combinaisons militaires étaient devenus des alimens nécessaires à son activité ; l'usage de braver la mort et de commander aux hommes avait imprimé à son caractère une sorte de grandeur qui l'élevait au-dessus des règles puériles de la société ; franc jusqu'à la rudesse, quelques traits de son histoire prouvent qu'il n'était pas courtisan ; la bonté de son naturel ne se manifestait pas par des épanchemens qu'il regardait comme des faiblesses, mais par des actes de bienfaisance. * Les travaux et les fa-

* L'humanité du maréchal le fit tomber plus d'une fois dans ces piéges que l'imposture et l'intrigue tendent trop souvent à la pitié.

Une femme, se disant appartenir à une famille respectable, se présenta chez lui avec de fausses attestations propres à exciter le plus vif intérêt, et sollicita sa protection pour obtenir un secours du gouvernement. Le maréchal l'ayant congédiée, après avoir pris son adresse, passa dans l'appartement de son épouse, et la pria de faire remettre le lendemain à cette femme une somme d'argent, sans faire connaître la source du bienfait, afin de ne point blesser la délicatesse de celle qui en était l'objet.

La personne qui fut chargée de cette commission étant arrivée à une heure où on n'attendait pas de visite, se convain-

tigues l'avaient dérobé aux vices du monde, et avaient fortifié son cœur contre les voluptés et les passions. La sobriété de ses mœurs allait jusqu'à l'austérité ; habitué aux émotions fortes, les impressions douces n'avaient point d'accès dans son ame.

Il avait épousé, en 1810, une des filles de madame Auguié, femme-de-chambre de Marie-Antoinette. * Madame la maréchale

quit que l'inconnue en avait imposé au maréchal sur son nom et sur-tout sur ses mœurs.

Outre les bienfaits qu'il répandait autour de lui, il faisait souvent passer à la sœur Marthe, hospitalière de Besançon, des fonds pour être distribués aux malades de son hôpital.

* Lorsque la rage révolutionnaire eut conduit la reine à l'échafaud, l'affliction que madame Auguié en ressentit fut aussi profonde que son attachement à son auguste bienfaitrice avait été vif. Bientôt elle prit la vie en horreur, et ni les caresses de ses enfans, ni les liens de tendresse qui l'attachaient à son mari, ne purent sauver sa raison d'un funeste égarement. Dans un moment où l'image des malheurs de la famille royale venait se peindre à son esprit, elle se précipita par la croisée de son appartement.

Une de ses filles fut cette comtesse de Broc qui périt dans un précipice, aux eaux d'Aix en Savoie, où elle avait accompagné la duchesse de Saint-Leu, alors reine de Hollande. Tous les journaux du tems ont raconté les détails de cette fin tragique, et tous ont rendu hommage aux vertus de madame de Broc, à sa bienfaisance et à sa piété.

La seconde est la maréchale Ney.....

La troisième est madame Gamot, qui accompagna la maré-

Ney, élevée à la cour, avait puisé dans son enfance des idées de grandeur et de représentation que son rang et sa fortune lui permirent de réaliser : tous les agrémens de son sexe perfectionnés en elle par une éducation soignée et l'usage de la bonne compagnie, lui faisaient trouver des charmes dans un monde dont elle était l'ornement. Le luxe le plus recherché avait présidé à l'ameublement de son hôtel, qui était devenu le rendez-vous de la plus brillante société.

La simplicité guerrière du maréchal l'empêchait de partager les goûts fastueux de son épouse ; mais il n'y mettait aucun obstacle. S'il lui arriva quelquefois d'exprimer la crainte que les dépenses qui en résultaient ne dérangeassent sa fortune, les plaintes qu'il en faisait n'étaient que de simples observations toujours exemptes d'amertume.

---

chale dans la dernière visite qu'elle fit à son époux, peu d'heure avant sa mort.

M. Auguié père est mort de douleur quelques jours après l'arrestation du maréchal. Le Ciel avait sans doute voulu épargner à cet homme vénérable le spectacle des derniers malheurs de sa famille. On vit, à son convoi funèbre, les quatre enfans du maréchal mêler aux prières qu'ils adressaient à l'Eternel sur la tombe de leur aïeul, des vœux pour un père qui devait bientôt leur être ravi.

Il habitait des appartemens séparés assez éloignés des salons pour que le bruit des fêtes n'arrivât point jusqu'à lui; là, tandis que madame la maréchale faisait les honneurs d'un repas splendide à des convives nombreux et choisis, il dînait seul dans sa chambre, et promenait ses souvenirs sur les combats sanglans du Tage ou sur les bivouacs du Borysthène.

Cependant, les changemens qu'avait apportés à la cour la restauration de la monarchie, exerçaient une grande influence sur le contentement intérieur de madame la maréchale Ney. Sous un gouvernement militaire, les chefs de l'armée occupent le premier rang; leurs familles étaient l'objet des faveurs presque exclusives du souverain. Ces distinctions, dont les grands font trop souvent dépendre leur bonheur, avaient satisfait longtems l'amour-propre de Mme la maréchale. Elle ne put voir sans douleur se placer entr'elle et le trône ces noms qu'une illustration héréditaire a attachés à la monarchie. Cette concurrence était pour elle l'objet des chagrins les plus vifs, et sa vanité blessée lui faisait voir une insulte dans ce qui n'était souvent qu'un oubli. Aux plaintes journalières qu'elle en adressait à son mari, le maréchal répondait par le conseil inutile de ne plus s'exposer à ce qu'elle appelait des offenses ; mais la brusquerie qu'il mettait dans ses réponses n'empêchait point les larmes de son épouse d'arriver jusqu'à son cœur. *

A ces sources de mécontentement, dont il évitait de se rendre compte, se joignaient ces propos qu'une faction active semait avec art parmi les militaires ; et si, en sortant de chez le Roi, il était moins accessible à ces impressions funestes, les sentimens contradictoires qui s'établissaient en lui prolongeaient son indécision et l'empêchaient de se créer des principes analogues à sa nouvelle situation.

Quoiqu'il fût peu expansif, il avait trop peu de retenue pour ne pas laisser échapper quelquefois des expressions d'humeur et de chagrin, que les dispositions de ceux qui l'entouraient accueillaient avec avidité, pour l'engager de plus en plus dans le mécontentement qu'ils voulaient lui faire partager.

Cette succession de sentimens opposés, et la confusion d'idées qui en était la suite, fa-

* Voyez, dans le livre V, la déposition de M. le lieutenant-général comte de Bourmont, témoin à charge.

tiguèrent le maréchal. Il résolut de se dérober aux assauts journaliers que sa raison avait à soutenir, et il se retira seul à sa campagne, dans une saison où tous les gens aisés ont coutume d'habiter les villes.

Ce fut dans le courant de janvier qu'il partit pour sa terre des Coudreaux,* près Châteaudun. Mme la maréchale étant restée à Paris, il fut libre de se livrer tout entier à ses goûts pour la solitude et à son éloignement pour le monde.

Ainsi, il ne voulut voir aucune des grandes maisons du voisinage, qui, lorsque son épouse était à sa terre, composaient la société habituelle du château. Il se levait de très-bonne heure, montait souvent à cheval, recevait ses gens d'affaires, admettait quelquefois à sa table ceux de ses voisins dont les mœurs simples le dispensaient de toute étiquette, et

* La terre des Coudreaux avec celle de Prenneville, que le maréchal y avait réunie, peut valoir 1,100,000. Cette propriété est patrimoniale; le maréchal n'a jamais acquis de biens d'émigrés.

Il habitait, à Paris, l'hôtel Saisseral, qu'il avait acheté 300 mille francs. L'ameublement de cet hôtel coûtait aussi 300 mille francs : c'était là toute sa fortune. Il devait 500,000 francs, auxquels il faut ajouter les frais de son procès.

abrégeait la longueur des soirées d'hiver e se couchant de fort bonne heure.

Tel était son genre de vie, lorsque, le mars 1815, un aide-de-camp du ministr de la guerre lui apporta l'ordre de se rendr en toute diligence dans la sixième divisio militaire, dont le gouvernement lui étai confié.

Le maréchal partit le soir même. Au lie d'aller directement à Besançon, il se déter mina à passer par Paris, tant pour y prendr ses uniformes, que pour recueillir des rensei gnemens sur l'objet de sa mission, l'aide-de camp du ministre de la guerre n'ayant pu lu donner aucune explication à cet égard.*

Arrivé à Paris le 7, M. Batardi, son no taire, qui l'attendait à son hôtel pour lu rendre compte des démarches qu'il avait faite. auprès du congrès de Vienne, relativement aux dotations du maréchal, lui apprit le dé- barquement de Bonaparte.

Cette nouvelle parut lui causer une pro- fonde inquiétude. « Voilà, dit-il, un bien » grand malheur! Que va-t-on faire? Qui

---

* Cet officier était parti de Paris le 5, le jour même où le Roi avait reçu une dépêche télégraphique qui lui apprenait le débarquement de Bonaparte.

» pourra-t-on envoyer contre cet homme? »

Le maréchal se rendit immédiatement chez le ministre de la guerre ; il le pria de lui donner quelques détails, et sur la force des troupes qu'il aurait à commander, et sur l'ensemble des opérations qu'on avait arrêtées. Le ministre ne satisfit à aucune de ses demandes, et lui répondit assez brusquement qu'il trouverait à Besançon des instructions détaillées. Ayant exprimé l'intention d'aller voir le Roi, le ministre fit tout ce qu'il put pour l'en détourner, sous le prétexte que S. M. était souffrante, et qu'elle ne recevait pas. Le 7 mars, de grand matin, le maréchal se présenta chez S. A. R. le duc de Berri. A la suite de l'audience qu'il en reçut, il attendit l'heure où S. M. serait visible, et il fut bientôt admis à prendre congé d'elle.

Introduit dans l'appartement du Roi, il répondit aux paroles obligeantes que S. M. lui adressa par des expressions énergiques, qui peignaient à-la-fois et son dévouement pour la monarchie, et la haine que lui inspirait l'attentat dont Bonaparte venait de se rendre coupable.

Quelques heures après il partit pour Besançon ; arrivé dans cette ville le 10 mars, il y reçut les instructions suivantes, que le ministre de la guerre lui avait adressées la veille.

Le 9 mars 1815.

« Monsieur le maréchal, S. A. R. Mon-
» sieur, frère du Roi, est arrivé à Lyon, et
» a pris le commandement de l'armée qui se
» réunit sur ce point; toutes les mesures sont
» ordonnées pour poursuivre avec vigueur
» et sans relâche le parti à la tête duquel Bo-
» naparte a osé pénétrer sur le territoire
» français, et tout donne lieu d'en espérer
» le plus prompt succès. Le Roi me charge
» de vous recommander de tenir réunies le
» plus de troupes disponibles, afin que vous
» soyez toujours en état de seconder effica-
» cement les opérations de S. A. R. Mon-
» sieur.

» Vous avez en ce moment, dans la 6e di-
» vision militaire, le 6e régiment de hussards
» entier, à Vesoul; les 4es escadrons de dépôt
» du 3e de hussards, à Dôle, du 8e de chas-
» seurs à Gray; les 3es bataillons de dépôt
» du 15e léger, 60e et 77e de ligne, à Besançon;
» ainsi que le 4e escadron de dépôt du 5e de
» dragons; enfin le 3e bataillon de dépôt du
» 76e régiment d'infanterie à Bourg.

» En l'absence de Monseigneur le duc de
» Berri, prenez les ordres de S. A. R. Mon-
» sieur ; correspondez tous les jours avec
» ce prince ; et sur-tout si, contre toute ap-
» parence, l'ennemi faisait des progrès sur
» Lyon, faites vos dispositions pour manœu-
» vrer de manière à l'inquiéter, à déjouer ses
» plans, à lui nuire, et enfin à le détruire, si
» vous en trouvez l'occasion.

» Le Roi multiplie, en cette circonstance,
» les mesures de prévoyance et de précaution;
» j'avais déjà donné l'ordre à M. le duc d'Al-
» bufera de diriger sur Béfort les deux pre-
» miers bataillons du 53ᵉ régiment d'infan-
» terie, et les trois premiers escadrons du
» 14ᵉ régiment de dragons. Je lui donne au-
» jourd'hui l'ordre de réunir de suite dans
» cette ville le plus de forces qu'il pourra re-
» tirer des garnisons de l'Alsace, sans trop
» dégarnir les places ; avec ces troupes, il se
» tiendra prêt à seconder vos opérations, et
» je le préviens même que l'intention du Roi
» est qu'avec ses forces il aille vous joindre,
» si les circonstances vous mettaient dans le
» cas de lui en faire la demande. Alors vous
» concerteriez ensemble vos opérations. Cor-
» respondez fréquemment avec lui.

» J'ai ordonné de former à Metz quatre batteries d'artillerie, et de les diriger sur Besançon ; j'ai ordonné aussi de former quatre autres batteries à Strasbourg. M. le maréchal duc d'Albufera les mènera à Béfort ; et, si vous manquiez de canons, il vous les enverrait sur votre demande. Comme il pourrait se faire que les batteries qui doivent être envoyées de Grenoble à Lyon ne pussent pas arriver dans cette ville, vous disposeriez alors, M. le maréchal, soit des batteries venant de Metz, soit de celles venant de Strasbourg, pour les envoyer à S. A. R. MONSIEUR, à Lyon.

» Instruisez bien S. A. R. de vos dispositions. Je vous prie aussi de m'en donner connaissance, afin que je puisse en rendre compte à S. M.

» Indépendamment du corps que le duc d'Albufera va réunir à Béfort, je donne l'ordre au duc de Reggio de rassembler sur-le-champ le plus de troupes qu'il pourra disposer, sans trop dégarnir les places des troisième et quatrième divisions militaires, de se porter avec ces forces sur Langres et Dijon, et de se mettre de là en commu-

» nication avec vous et avec le duc d'Al-
» bufera. »

M. le lieutenant-général comte Bourmont, commandant la subdivision de Besançon, avait mis en marche sur Lyon, pour y aller joindre S. A. R. MONSIEUR, les troupes qui composaient cette subdivision, ainsi que l'artillerie et les munitions qui se trouvaient dans la place.

Le maréchal écrivit aussitôt à MONSIEUR la lettre suivante :

Besançon, le 10 mars 1815.

« J'ai l'honneur de rendre compte à V. A. R.
» de mon arrivée ici, d'après les ordres du Roi.
» Toutes les troupes du sixième gouvernement,
» à l'exception du régiment de Berri, hus-
» sards, resté à Vesoul, et de quelques batail-
» lons en garnison ici, s'étant dirigées sur
» Lyon, ma présence à Besançon ne me pa-
» raît pas d'une grande utilité. Je prie V. A. R.
» de m'employer près d'elle et à l'avant-garde,
» s'il est possible, désirant, dans cette cir-
» constance, comme dans toutes celles qui
» pourraient intéresser le service du Roi, lui
» donner des preuves de mon zèle et de ma
» fidélité.

» Nous sommes ici sans nouvelles sur les en-

» treprises de Bonaparte. Je pense que c'est le
» dernier acte de sa vie tragique. Je serai re-
» connaissant de ce que V. A. R. voudra bien
» m'apprendre, et surtout si elle daigne m'u-
» tiliser.

» Je suis, etc. »

Le même jour, il écrivit au ministre de la guerre, pour l'informer du départ des troupes. Voici cette lettre, datée de Besançon le 10 mars, à quatre heures du soir :

« Je n'ai trouvé, à mon arrivée ici, aucune
» des lettres que V. Exc. m'avait annoncées.
» Le lieutenant-général comte de Bourmont
» a eu l'honneur de vous rendre compte que
» les troupes de la 6ᵉ division, à l'exception du
» régiment de Berri, hussards, resté à Vesoul,
» et de quelques bataillons en garnison ici,
» ont été dirigées sur Lyon.

» Je n'ai aucune nouvelle positive sur les
» entreprises de Bonaparte. On dit seulement
» qu'il s'est présenté devant Grenoble, et
» qu'il est probable qu'il se jettera en Italie
» par le Simplon.

» Agréez, etc. »

Le lendemain matin, M. le duc de Mailhé, premier gentilhomme de MONSIEUR, vint annoncer au maréchal la désastreuse nouvelle de Grenoble, l'occupation inévitable de Lyon, par Bonaparte; et la retraite projetée de S. A. R. sur Roanne.

Le maréchal forma le projet de partir sur-le-champ avec M. de Mailhé, pour aller joindre Monsieur; mais, changeant bientôt de résolution, il se décida à donner contre-ordre aux troupes qui se rendaient à Lyon par Mâcon; à les concentrer dans cette dernière ville, afin de pouvoir les utiliser dans le cas présupposé d'une résistance dans Lyon; il prit donc le parti d'établir son quartier-général à Lons-le-Saulnier.

Avant de quitter Besançon, le 11 mars à neuf heures du matin, il écrivit au ministre de la guerre, et au maréchal Suchet, à Strasbourg, pour leur faire part des nouvelles que M. le duc de Mailhé lui avait apportées, ainsi que du plan qu'il venait d'adopter.

« Je ferai occuper, leur disait-il, Mâcon
» et Bourg; et, si je trouve l'occasion favo-
» rable, je n'hésiterai pas à attaquer l'ennemi.
» Je me tiendrai en communication avec
» S. A. R. à Roanne, et agirai de concert pour
» le bien du service du Roi. »

Il partit pour Lons-le-Saulnier avec le gé-

néral Bourmont, qu'il avait pris en affection, et qu'il avait prié de ne point se séparer de lui. S'étant arrêté à Poligny, chez le sous-préfet, il répondit aux inquiétudes que lui témoignait ce fonctionnaire : « Rien n'est encore déses-
» péré : Bonaparte a fait un grand pas ; mais
» nous parviendrons à l'atteindre. On a trop
» attendu pour faire avancer les troupes qui
» étaient à Lyon ; il fallait courir sur lui,
» comme sur une bête fauve.... Mais il y a en-
» core du remède, etc. »

Sur la même route, à la poste de Quingey, il rencontra M. de Saint-Amour, officier d'ordonnance, et M. le marquis de Saurans, aide-de-camp de MONSIEUR, avec lesquels il s'entretint pendant quelque tems. Ces deux officiers ayant traversé plusieurs détachemens en marche avaient été effrayés des mauvaises dispositions que montraient les soldats, dont plusieurs faisaient entendre le cri de *vive l'Empereur !* Ils en rendirent compte au maréchal, et lui exprimèrent l'appréhension où ils étaient qu'il ne pût réussir à les faire battre. « Il faudra bien qu'ils se battent, répondit-il ;
» je prendrai moi-même un fusil de la main
» d'un grenadier ; j'engagerai l'action, et je
» passerai mon sabre au travers du corps

» du premier qui refusera de me suivre. »

Il arriva à Lons-le-Saulnier dans la nuit du 11 au 12 mars. Il ne se coucha point ; cette nuit fut employée par lui à écrire diverses lettres et à arrêter toutes les dispositions nécessaires à la concentration de ses forces. Comme il nous paraît extrêmement important de bien déterminer la situation d'esprit dans laquelle était le maréchal quelques heures avant l'arrivée des émissaires de Bonaparte, afin de montrer dans tout son jour la promptitude d'un changement dont l'histoire de l'esprit humain ne nous offre aucun autre exemple, nous croyons utile de rapporter textuellement les lettres qu'il écrivit, et d'entrer ensuite dans quelques détails sur les mesures qu'il crut devoir prendre.

Voici la lettre qu'il expédia à cinq heures du matin, le 12 mars, au ministre de la guerre:

« J'ai reçu votre lettre en forme d'instruc-
» tions, en date du 9 de ce mois. La défection
» des troupes de la 7ᵉ division militaire vous
» engagera sans doute à faire marcher de suite
» le plus de troupes possible sur la Saône,
» vers Dijon. Cette défection, toute funeste
» qu'elle peut être, n'est pas encore, selon

» moi, aussi préjudiciable que la contre-
» marche de Monsieur sur Moulins. C'était
» à Grenoble que S. A. R. aurait dû se rendre
» d'abord pour attaquer Bonaparte, et il est
» plus que probable que nos embarras se-
» raeint déjà à leur fin.

» Le maréchal Macdonald semble manquer
» de confiance dans ses troupes; ce n'est ce-
» pendant pas en se retirant qu'on pourra re-
» connaître si elles sont dans l'intention de
» faire leur devoir : il fallait d'abord les faire
» combattre.

» Je viens d'expédier deux personnes, l'une
» à Lyon et dans les environs, l'autre sur
» l'Isère, pour avoir des nouvelles. J'espère
» être plus instruit dans le courant de la jour-
» née.

» J'écris au duc d'Albufera et au duc de
» Reggio, pour leur faire connaître la situa-
» tion des choses.

» Je forme deux divisions des troupes que
» je rassemble ici : la première sera comman-
» dée par le général Bourmont; et la seconde,
» par le général Mermet.

» Je manque absolument d'artillerie faute
» d'attelages; mais, d'après les ordres que j'ai
» donnés, j'espère en recevoir avant trois jours.

» Je mettrai la plus grande activité à porter
» ma première division à Bourg, afin de pou-
» voir manœuvrer sur la Saône, vers Mâcon,
» et surveiller les entreprises de Bonaparte,
» soit qu'en sortant de Lyon, où l'on pré-
» sume qu'il est entré hier, il se dirige par
» Roanne sur Moulins, soit qu'il se porte sur
» Mâcon.

» Agréez, etc. »

Il dépêcha en effet, à la même heure, deux courriers, l'un au duc d'Albufera, l'autre au duc de Reggio, et leur écrivit les lettres suivantes :

Au duc d'Albufera.

« Le maréchal Macdonald s'est replié sur
» Moulins. Je n'ai pas encore de nouvelles
» positives sur la direction que Bonaparte
» prendra en débouchant de Lyon. Je re-
» garde comme un événement très-fâcheux
» que MONSIEUR ne se soit pas porté sur
» Grenoble, et je pense que, conformément
» aux ordres du ministre, il est très-pressant
» de diriger des troupes, et surtout de l'ar-
» tillerie bien attelée, sur ce point.

» Je forme deux divisions de mes troupes;

» j'occuperai de suite Bourg et Mâcon.
» Donnez-moi, je vous prie, mon cher ma-
» réchal, avis de ce que vous ferez dans cette
» circonstance pressante. »

Au maréchal duc de Reggio.

« Mon cher maréchal, M. le maréchal
» Macdonald s'est replié sur Moulins. Je n'ai
» pas encore de nouvelles positives sur la
» direction que Bonaparte voudra prendre
» en débouchant de Lyon, où l'on dit qu'il a
» dû entrer hier. Il est fâcheux que MONSIEUR
» ne se soit pas porté sur Grenoble pour l'y
» attaquer avec vigueur et le poursuivre sans
» relâche. Quoi qu'il en soit, ce qui est très-
» important en ce moment, c'est que, con-
» formément aux ordres que le ministre m'an-
» nonce vous avoir donnés, vous vouliez
» bien, mon cher maréchal, faire diriger
» sur Dijon et Lons-le-Saulnier les troupes
» dont vous pourrez disposer, et sur-tout
» de l'artillerie bien attelée. Je forme des
» miennes deux divisions avec lesquelles je
» vais occuper Bourg et Mâcon. Je vous
» prie, mon cher maréchal, de vouloir bien
» me prévenir des ordres que vous aurez don-

» nés dans cette circonstance pressante, pour
» me faire seconder.

» Agréez, etc. »

Dans la journée du 12, il donna des ordres pour faire arriver près de lui les corps disséminés.

Il écrivit à Auxonne pour qu'on fît rétrograder sur Lons-le-Saulnier les pièces d'artillerie qui étaient sorties de cet arsenal, et pour qu'on lui envoyât 24 caissons et des cartouches qui lui manquaient.

Il fit passer à Besançon des ordres pour l'envoi de 100,000 autres cartouches.

Il fit écrire par le préfet du Jura au préfet de Saône-et-Loire pour qu'on fît rétrograder les hommes, les canons, les caissons qui auraient dépassé Châlons et se porteraient sur Lyon, et pour qu'on l'informât des événemens, par trois estafettes chaque jour.

Il se mit également en correspondance avec le général Heudelet, qui commandait à Dijon.

Efin, des conférences avec des chefs de corps, des officiers, des administrateurs civils absorbèrent toutes les minutes de cette journée du 12. Le soir, à onze heures, il adressa au ministre de la guerre la lettre suivante :

« J'ai l'honneur d'adresser ci-joint à V. Exc.
» le journal de l'Isère du 9 de ce mois, qui
» renferme les détails de la défection des
» troupes de la 7e division et de l'entrée de
» Bonaparte à Grenoble, ainsi que plusieurs
» proclamations qui méritent l'attention du
» Roi, et nécessitent une réponse énergique
» aux mensonges dont elles sont remplies.

» Le 10, Bonaparte est entré à Lyon avec
» environ cinq mille hommes.

» Le 11, deux faibles détachemens se sont
» dirigés vers Roanne et Villefranche : rien
» ne s'est montré du côté de Pont-d'Ain, ni
» de Bourg.

» J'ai fait contremander hier la marche des
» troupes qui, conformément aux ordres du
» maréchal duc de Tarente, se rendaient par
» Châlons sur Moulins; elles eussent été perdues pour le Roi ; et tout le pays, depuis
» Auxonne jusqu'à Besançon, restait à découvert, et les places exposées à être enlevées.

» Voici aujourd'hui la disposition des troupes :

» Le 3ᵉ régiment de hussards avec le 76ᵉ ré-
» giment de ligne et le général Gauthier, à
» Bourg.

» Le 15ᵉ léger, à Saint-Amour.

» Les 60ᵉ et 77ᵉ de ligne et le 5ᵉ de dra-
» gons, à Lons-le-Saulnier.

» Le 81ᵉ de ligne, à Poligny.

» Le 8ᵉ de chasseurs, en marche de Dôle
» sur Louhans.

» Le 6ᵉ de hussards, en marche de Besan-
» çon sur Auxonne.

» Le 6ᵉ léger et le 4ᵉ de ligne n'arriveront
» ici que du 22 au 24 courant.

» J'attends 100,000 cartouches d'infanterie,
» de Besançon.

» Je n'ai depuis deux jours aucune nouvelle
» de S. A. R. Monsieur.

» Il serait bien essentiel d'adopter un chiffre
» pour la correspondance, afin que si les let-
» tres venaient à se perdre, l'ennemi ne pût
» pas en profiter.

» Agréez, etc. »

Dans la journée du 13 mars, le zèle du maréchal pour la cause du Roi parut prendre une
nouvelle activité.

Il écrivit, dès le matin, au ministre de la
guerre pour lui donner des détails sur le mou-

vement de ses troupes, et lui transmettre les nouvelles qu'il avait reçues. Il lui annonçait, en outre, qu'il venait d'ordonner que les gardes d'honneur des trois départemens de la Haute-Saône, du Jura et de l'Ain, fussent incorporées dans ses divisions. Il enjoignit au maire de Dôle de faire entrer les volontaires de la garde nationale de cette ville dans la place d'Auxonne, pour assurer la défense de cette forteresse.

Il fit venir chez lui M. Vaulchier, préfet du Jura, et le chargea de dépêcher sur Châlons deux hommes sûrs, pour y connaître l'esprit public. Il ordonna en même tems au commandant de la gendarmerie d'envoyer à la découverte deux gendarmes déguisés, qui devaient se rendre à Lyon par deux routes différentes.

Puis il dicta à M. le marquis de Saurans, qui allait partir pour rejoindre Monsieur, une lettre dans laquelle il indiquait à S. A. R. les dispositions qu'il croyait devoir être prises pour mettre Paris à couvert. Il conseillait de faire venir des places du Nord les troupes qui y étaient en garnison, afin d'en former deux camps, l'un à Melun, l'autre à Orléans. « Il » faut, disait-il, que Monsieur sache bien

» qu'il n'y a pas un moment à perdre : il fau-
» drait que les troupes vinssent en poste. »
Enfin il entrait dans tous les détails d'un plan
général de défense, qui prouvait à-la-fois et le
désir qu'il avait de voir déjouer les projets de
Bonaparte, et ses hautes connaissances dans
l'art de la guerre. Il finissait par prier S. A. R.
de lui assigner un rendez-vous.

Il écrivit après aux maréchaux ducs de
Reggio et d'Albufera la lettre suivante, que
nous transcrivons parce qu'elle renferme des
détails précieux, et sur les progrès de Bonaparte, et sur les dispositions où était alors le
maréchal :

« Monsieur le maréchal, je viens d'expédier
» M. le marquis de Saurans auprès de Mon-
» sieur, pour avoir de ses nouvelles et de
» celles de M. le maréchal Macdonald. Je les
» crois toujours à Moulins. Bonaparte a fait
» son entrée le 10 à Lyon, à sept heures du
» soir. Le 11, il a passé en revue les troupes
» provenant de la défection de la 7ᵉ division
» militaire, savoir : les 5ᵉ, 7ᵉ et 11ᵉ régimens
» de ligne (infanterie); le 4ᵉ de hussards, et
» une partie du 13ᵉ de dragons. Deux détache-
» mens sont sortis le même jour de Lyon, pour

» se diriger sur Villefranche et sur Roanne.
» Je ne connais pas la marche de M. le maré-
» chal prince d'Essling, qui cependant a dû
» se diriger de Valence sur Grenoble. Je suis
» en mesure de marcher sur Lyon, aussitôt
» que je saurai d'une manière positive la di-
» rection que prendra Bonaparte. Dans ces
» circonstances, il est bien important de hâter
» l'arrivée des troupes dont me parle le minis-
» tre de la guerre. Nous sommes à la veille
» d'une grande révolution, et ce n'est qu'en
» coupant le mal dans sa racine qu'on pour-
» rait encore espérer de l'éviter. Il faudrait
» faire arriver les troupes en poste, c'est-à-
» dire, inviter les préfets à faire préparer,
» dans tous les lieux d'étapes, des relais de
» voitures de pays, et pouvoir ainsi faire par-
» courir aux troupes quatre ou cinq étapes par
» jour; car ce n'est qu'à la vitesse de la mar-
» che de Bonaparte qu'il faut attribuer ses
» premiers succès. Tout le monde est étourdi
» de cette rapidité; et malheureusement la
» classe du peuple l'a servi en divers lieux de
» son passage. La contagion est à craindre
» parmi le soldat; les officiers se conduisent
» généralement bien, et les autorités civiles
» montrent du dévouement au Roi. J'espère,

» mon cher maréchal, que nous verrons bien-
» tôt la fin de cette folle entreprise, surtout
» si nous mettons beaucoup de célérité et
» d'ensemble dans la marche des troupes. »

Il expédia ensuite, au général Heudelet, qui commandait à Dijon, une lettre dont voici le contenu :

« Je reçois votre lettre du 12, par laquelle
» vous m'apprenez que les 23ᵉ et 36ᵉ de ligne
» sont en marche sur Moulins. Dans les cir-
» constances où nous nous trouvons, mon
» cher général, il faut éviter de faire de petits
» détachemens. Réunissez à Châlons toutes
» les troupes sous vos ordres ; il serait bien
» que vous vous y rendissiez de votre per-
» sonne, ou qu'au moins vous vous y fissiez
» remplacer par un maréchal de camp ferme
» et intelligent. Envoyez à Auxonne les dé-
» pôts, magasins et effets inutiles ; je dirige
» le 6ᵉ de hussards sur cette place, où il serait
» également à désirer que vous puissiez pa-
» raître un instant, afin de rassurer les es-
» prits, et de vous convaincre, d'accord avec
» le général Pellegrin, si tous les moyens de
» défense sont sagement combinés. Faites-moi
» connaître ce que je puis tirer d'artillerie et

» de munitions de cette place, afin que rien
» ne puisse me manquer lorsque je serai en
» mesure de prendre l'offensive. Surveillez
» bien le cours de la Saône jusqu'à Ville-
» franche. Ecrivez à M. Germain, préfet,
» pour l'inviter à me tenir exactement in-
» formé de tout ce qui peut intéresser le bien
» du service du Roi.

» Informez-vous près du maréchal de camp
» Boudin, à Auxerre, si le régiment de lan-
» ciers qui est à Joigny n'a point reçu d'ordre
» de marche, et prévenez-le qu'il doit se tenir
» prêt à partir pour se porter probablement
» sur Dijon. »

Dans la même journée du 13, M. de Bourmont lui ayant rendu compte qu'un officier paraissait disposé à l'insurrection, il lui ordonna de faire arrêter cet officier, et de l'envoyer sous escorte à Besançon pour y être détenu jusqu'à nouvel ordre.

Il fit, le soir, assembler tous les officiers et sous-officiers des corps qui se trouvaient dans la ville ; il leur retraça les devoirs qu'ils avaient à remplir, exigea d'eux le serment d'être fidèles au Roi, et notifia qu'il ferait fusiller la première vedette qui oserait se mettre en communication avec l'ennemi.

Il termina cette journée en écrivant une seconde lettre au ministre de la guerre.

Il paraît donc constaté que, dans la soirée du 13 mars, le maréchal Ney était encore digne de l'estime des Français, et qu'il s'était acquis des droits à leur reconnaissance. Son dévouement pour le prince n'éclata pas seulement par de vaines expressions : on voit qu'il ne négligea rien de ce qui pouvait servir les intérêts du Roi et de la patrie, en détournant le fléau qui les menaçait ; et les mesures qu'il avait prises lui auraient fait d'autant plus d'honneur, qu'elles étaient le résultat de ses propres combinaisons.

Ce fut bien avant dans la nuit du 13 au 14 que des émissaires de Bonaparte furent introduits auprès de lui.

Il y a tout lieu de présumer qu'il ignorait, quand il les reçut, la mission qu'ils étaient chargés de remplir ; peut-être aussi le désir de se faire éclairer par eux sur la véritable situation des forces de Bonaparte, sur ses progrès, sur la direction qu'il avait prise, le porta-t-il à entrer en pourparler avec ses envoyés, et à feindre des dispositions qui pouvaient les engager à s'ouvrir à lui. On serait d'autant plus fondé à adopter cette conjecture, que les lettres qu'il avait écrites la veille prouvent qu'il attendait ces renseignemens pour prendre l'offensive.

Quoi qu'il en soit, il résulte des dépositions mêmes du maréchal que ces émissaires s'attachèrent à le persuader que le débarquement de Bonaparte s'était effectué du consentement de l'Angleterre et de l'Autriche; qu'avant de quitter l'île d'Elbe, il avait dîné à bord d'un vaisseau anglais avec plusieurs de ses officiers; que de nombreuses intelligences dans le gouvernement assuraient le succès de son entreprise; que dans tout le royaume les troupes avaient été échelonnées par petits détachemens, afin qu'il ne trouvât par-tout que des forces inférieures aux siennes; que la population entière de la France se portait au-devant de lui; que son retour était une marche triomphale à travers un peuple ivre d'amour et de joie; que la famille royale, entièrement abandonnée, avait renoncé à toute opposition; qu'elle ne songeait qu'à quitter la France; et que la résistance que lui, maréchal Ney, pourrait tenter, outre qu'elle serait maintenant sans objet, le mettrait en contradiction avec le vœu bien prononcé de la nation, allumerait la guerre civile, et le rendrait responsable de tout le sang qui serait inutilement versé; que d'ailleurs ses soldats étaient déjà gagnés, et qu'il ferait de vains efforts pour les faire battre contre leurs compagnons d'armes.

Ils s'étendirent ensuite sur les prétendus changemens qui s'étaient opérés dans le caractère de leur maître, sur les promesses qu'il avait faites de ne vivre que pour le bonheur de son peuple, d'abandonner toute idée de conquête, et d'accorder à la France une constitution libérale. Enfin, ils n'oublièrent sans doute pas la longue énumération des griefs inventés pour dépopulariser un prince dont on ne put jamais calomnier que les intentions, et ils tâchèrent d'éveiller dans le cœur du maréchal tout ce qui l'intéressait personnellement à un ordre de choses dont le rétablissement rendait aux compagnons d'armes du souverain une importance dans l'état qu'ils ne pouvaient obtenir sous un gouvernement ami de l'ordre et des principes, qu'en s'en montrant dignes par des vertus civiques, dont, sous Bonaparte, ils avaient été dispensés de faire preuve. Ces considérations, ennoblies par les expressions sophistiques qu'une faction exercée à changer le sens des mots avait mises en vogue depuis quelque tems, durent produire un grand effet sur l'esprit du maréchal Ney. Ce fut dans ce moment, sans doute, qu'on lui remit plusieurs dépêches de Bertrand et une lettre de Bonaparte, dans laquelle, en lui rappelant les combats où ils s'étaient trouvés ensemble, il lui donnait des ordres, comme si leur position respective n'avait jamais changé. Dès-lors une année d'existence disparut entièrement de sa pensée ; il se crut encore à la tête du 3ᵉ corps, combattant pour la prépondérance du grand empire, qui lui apparut avec ses anciennes destinées ; il se retrouva dans le cercle de ses idées, au milieu de ses habitudes. Les obligations récentes que la force des choses lui avait en quelque sorte imposées, et qu'il avait à peine eu le tems d'apprendre, s'évanouirent devant les souvenirs de sa vie, et il est douteux qu'au moment où il se rendait coupable de la trahison la plus funeste, le cri de l'honneur outragé se fît entendre à sa conscience.

Le peu de lumière que les débats de la procédure ont jeté sur les circonstances de cette fatale entrevue, ne nous a point fait connaître si les agens de Bonaparte obtinrent du maréchal Ney une déclaration qui l'engageât dans leur parti ; mais il est probable qu'ils ne lui laissèrent, en le quittant, que des scrupules de délicatesses qu'il n'eut point de peine à concilier. D'ailleurs, en ne faisant point arrêter les émissaires de l'ennemi, il avait déjà trahi une partie importante de ses devoirs. Il avait fait le premier pas dans le précipice, et il lui était plus facile d'en suivre la pente rapide, que d'essayer à en gravir les bords. *

Cependant, comme si assez d'assauts n'avaient pas été livrés à sa faiblesse, un événement imprévu concourut dans la même nuit à consommer sa perte.

Le baron Capelle, préfet de l'Ain, forcé de quitter Bourg le 13 au soir, arrive à quatre heures du matin chez le maréchal, après avoir voyagé toute la nuit.

Il lui apprend que les troupes qui étaient à Bourg, et qui formaient l'avant-garde du maréchal, ont passé à l'ennemi ; qu'à Châlons-sur-Saône, le peuple insurgé s'est em-

---

* La pureté civique ressemble à la pureté virginale. Quand Clarisse a posé le pied hors de la porte du jardin de son père, le verrou se ferme et le tombeau s'ouvre.

(*Manuel Révolutionnaire*, page 133.)

paré d'un train d'artillerie que le maréchal avait tiré d'Auxonne.

M. le baron Capelle ajoute à ces nouvelles des détails effrayans sur le mauvais esprit qui s'est manifesté dans tous les lieux de son passage.

Le récit de ces désastres, qui ne confirmait que trop tout ce qu'avaient dit les agens de Bonaparte, parut jeter le plus grand trouble dans l'âme du maréchal Ney. Sans doute ce trouble était occasionné par la révolution qui achevait de se passer en lui, et par l'embarras où il se trouvait, vis-à-vis des personnes qui étaient présentes, de faire concilier dans ses paroles les anciens sentimens qu'il avait affichés, et les résolutions nouvelles qu'il venait de prendre.

Dans cette situation forcée, il laissa échapper ce mot qui faisait déjà une espèce de transition dans sa conduite : « Au surplus, je ne » puis pas arrêter l'eau de la mer avec ma » main. »

Parmi les dépêches qui lui avaient été remises par les agens de Bonaparte, était une lettre de Bertrand, par laquelle ce général lui envoyait une proclamation qu'il lui ordonnait de signer et de lire aux troupes sous ses ordres.

Dans la matinée du 14, Ney, qui était déterminé à exécuter cet ordre, fit venir chez lui les lieutenans-généraux Lecourbe et de Bourmont. Là, soit qu'il voulût avoir leur avis sur la démarche à laquelle il allait se porter, soit qu'il n'eût d'autre intention que celle de les associer à sa faute, il leur répéta tout ce qui lui avait été dit dans la nuit par les émissaires de Bonaparte ; leur communiqua la proclamation qu'ils lui avaient remise, et leur dit qu'il allait la publier. Comme les dépositions du maréchal et celles de MM. Lecourbe et de Bourmont sont entièrement opposées au sujet de cette entrevue, il ne nous est pas possible de dire quelle fut la conduite qu'ils y tinrent, et quels sentimens ils y manifestèrent. Mais s'ils n'approuvèrent pas ouvertement la résolution du maréchal, il paraît constant qu'ils ne firent pas de grands efforts pour l'en détourner ; peut-être approcherait-on beaucoup de la vérité en disant qu'ils évitèrent de se prononcer, et qu'ils crurent devoir se tenir dans une réserve qui leur permît d'agir séparément, suivant leurs propres idées.

Quoi qu'il en soit, le maréchal Ney ordonna à M. de Bourmont d'aller faire ranger les troupes en bataille ; M. de Bourmont ayant exécuté cet ordre, revint quelques heures après chercher le maréchal qui, avec lui et le général Lecourbe, se rendit sur la grande place, où il lut aux troupes assemblées la proclamation suivante :

ORDRE DU JOUR.

Le maréchal prince de la Moskowa aux troupes de son gouvernement.

« Officiers, sous-officiers et soldats!

» La cause des Bourbons est à jamais per-
» due! La dynastie légitime que la nation
» française a adoptée va remonter sur le
» trône : c'est à l'empereur Napoléon, notre
» souverain, qu'il appartient seul de régner
» sur notre beau pays! Que la noblesse des
» Bourbons prenne le parti de s'expatrier
» encore, ou qu'elle consente à vivre au mi-
» lieu de nous, que nous importe? La cause
» sacrée de la liberté et de notre indépen-
» dance ne souffrira plus de leur funeste in-
» fluence. Ils ont voulu avilir notre gloire
» militaire ; mais ils se sont trompés : cette
» gloire est le fruit de trop nobles travaux,

» pour que nous puissions jamais en perdre
» le souvenir.

» Soldats! les tems ne sont plus où l'on
» gouvernait les peuples en étouffant tous
» leurs droits ; la liberté triomphe enfin, et
» Napoléon, notre auguste empereur, va
» l'affermir à jamais. Que désormais cette
» cause si belle soit la nôtre et celle de tous
» les Français! Que tous les braves que j'ai
» l'honneur de commander se pénètrent de
» cette grande vérité !

» Soldats! je vous ai souvent menés à la
» victoire, maintenant je veux vous conduire
» à cette phalange immortelle que l'empereur
» Napoléon conduit à Paris, et qui y sera sous
» peu de jours ; et là, notre espérance et
» notre bonheur seront à jamais réalisés.

» *Vive l'empereur!*

» Lons-le-Saulnier, le 14 mars 1815.

» *Le maréchal d'empire,*

» *Signé* prince DE LA MOSKOWA. »

FIN DU DEUXIEME LIVRE.

LIVRE TROISIÈME.

La plus belle partie de l'histoire que nous écrivons est terminée. Cette estime de soi-même, qui fait trouver tant de charmes dans la gloire, est éteinte dans l'ame du maréchal. Il n'a rien perdu de son intrépidité; nous le retrouverons encore aux champs de Waterloo, ce qu'il a toujours été dans les combats; mais la paix de sa conscience est troublée, et le tems du bonheur est passé pour lui. Il est encore sans peur, mais il n'est plus sans reproche; le souvenir d'une seule action empoisonne sa vie. Il s'avance au-devant de l'homme qui lui coûte tant de sacrifices; mais il y va sans joie, sans empressement, et comme pour s'acquitter d'une tâche douloureuse que sa conduite lui imposait.

A peine eut-il lu la proclamation aux troupes, que les soldats se répandirent dans la ville. Encore ivres des acclamations qu'ils venaient de faire éclater en présence de leur général, ils se livrèrent à des transports que tous les officiers étaient loin de partager, mais qu'ils n'osaient réprimer. Quelques désordres furent commis à Lons-le-Saulnier.

Cependant le maréchal, accompagné des généraux Lecourbe et de Bourmont, rentra chez lui; il invita son état-major à dîner. Le repas fut court, et les convives, mornes et pensifs, laissaient échapper des signes d'une inquiétude sombre. Ils se séparèrent promptement et allèrent réfléchir sur le parti qu'ils prendraient, les uns suivant leur intérêt, les autres suivant leur conscience.

Dès le même soir, le maréchal dicta et signa un itinéraire pour diriger vers Bonaparte les troupes qu'il commandait. Cet ordre prescrivait de remplacer les signes de la royauté par les emblêmes impériaux. Dans la nuit il partit pour se rendre à Dole, où il arriva le 15 au matin.

Le 14 au soir, plusieurs officiers supérieurs voulant rester fidèles à leurs sermens avaient annoncé au maréchal qu'ils abandonnaient le service. Il ne chercha point à contraindre leurs intentions, et il a exprimé depuis l'estime que cette conduite lui avait inspirée. Un de ses aides-de-camp, le baron Clouet, qu'une longue maladie avait retenu à Tours, en était parti le 9 mars pour aller retrouver son général. Arrivé à Dole le 15, c'est chez lui qu'il apprend les événemens de la veille. Inébranlable dans son devoir, il lui écrit que sa santé ne permet pas qu'il continue son service, et il part le lendemain avec M. de Bourmont pour Paris. *

Pendant son séjour à Dole, le maréchal exhorta tous les fonctionnaires publics de cette ville à se rallier à une cause qui allait bientôt, disait-il, devenir celle de la France. Le 17, il arriva à Dijon, avec les troupes sous son commandement : il croyait y trouver Napoléon ; mais on lui apprit que déjà il s'avançait sur la route d'Auxerre. Ney se porta de suite sur cette ville, et y entra le 18 mars à midi. Bonaparte y était depuis la veille. Ney, que sa conscience commençait peut-être à tourmenter, crut qu'il apaiserait une partie de ces

---

* M. Clouet est venu déposer de ces faits devant la chambre des pairs, et le ton de candeur et de décence qui ont distingué sa déclaration n'ont laissé aucun doute sur la sincérité des sentimens de fidélité que le maréchal portait à la famille royale avant la fatale journée du 14 mars.

scrupules en adressant à Bonaparte la lettre suivante :

« Je ne suis pas venu vous joindre par con-
» sidération ni par attachement pour votre
» personne. Vous avez été le tyran de ma pa-
» trie ; vous avez porté le deuil dans toutes
» les familles, et le désespoir dans plusieurs ;
» vous avez troublé la paix du monde entier.
» Jurez-moi, puisque le sort vous ramène,
» que vous ne vous occuperez plus à l'avenir
» qu'à réparer les maux que vous avez causés
» à la France ; jurez-moi que vous ferez le
» bonheur du peuple. Je vous somme de ne
» plus prendre les armes que pour maintenir
» nos limites ; de ne plus les dépasser pour
» aller au loin tenter d'inutiles conquêtes. A
» ces conditions je me rends, pour préserver
» mon pays des déchiremens dont il est me-
» nacé. »

Cette lettre hardie était le résultat des promesses que le maréchal avait souvent répétées
aux généraux sous ses ordres, lorsqu'il les
engageait à partager sa défection. *

---

* M. de Faverney, un des témoins, a déposé que Ney avait dit au général Lecourbe qu'en abordant Bonaparte il se fai- sait fort de lui déclarer que *s'il continuait à faire le tyran et à tourmenter ses généraux, ils sauraient bien le faire disparaître.*

Peu d'instans après avoir écrit cette lettre, Ney se fit annoncer chez Bonaparte, qui le reçut à bras ouverts. Ils passèrent la revue des troupes que chacun d'eux avait amenées. Le même jour, le maréchal, d'après l'ordre qu'il en avait reçu du général Bertrand, écrivit aux chefs de la gendarmerie pour faire arrêter plusieurs officiers généraux, parmi lesquels étaient le comte de Bourmont, le comte de Lort, son aide-de-camp Clouet, et quelques magistrats de la Franche-Comté dont les opinions avaient donné de l'ombrage. Cette mesure, du reste, ne reçut aucune exécution. Le comte de Bourmont accepta plus tard, de Bonaparte, un commandement militaire. Quelques jours avant la bataille de Waterloo il s'échappa des avant-postes de l'armée française, et alla rejoindre le Roi.

L'armée réunie de Bonaparte et du maréchal Ney partit d'Auxerre le 19 au matin, et prit la route de Paris. Quoiqu'ils parussent vivre dans une grande intimité, le maréchal cependant avait conservé un fond d'inquiétude qui perçait dans toutes ses actions, et jusque dans ses regards.

Dès que le bruit de sa défection parvint à Paris, il donna lieu à des discours d'autant plus défavorables au maréchal, que chacun avait encore présent à la mémoire ces expressions qu'on lui attribuait : *Je ramènerai l'usurpateur dans une cage de fer*. L'impression qu'un changement aussi subit avait faite sur les esprits, y était encore tout entière, lorsque le maréchal arriva avec Napoléon dans la capitale. Ni le succès momentané de la nouvelle cause qu'il avait servie, ni le malheur dans lequel il tomba plus tard, ne purent imposer silence à l'esprit public, justement révolté d'une inconstance qui parut scandaleuse, même dans la démoralisation du siècle.

Dès le 23 mars, Ney reçut de Bonaparte l'ordre de se rendre à Lille pour inspecter les troupes dont les dispositions n'étaient pas encore bien connues. Il reçut dans cette ville un second ordre, qui lui prescrivit de parcourir toute la ligne des frontières, depuis Condé jusqu'à Landau. Dans cette tournée, il visita assez rapidement toutes les places confiées à son inspection. Par-tout il rassembla les corps, entretint les officiers, et les décida, autant qu'il était en lui, à se rallier franchement à la cause de Bonaparte, leur retraçant tous les motifs qu'ils pouvaient avoir de préférer son gouvernement à tout autre ; et employant même, dans ses exhortations, des expressions qui pouvaient passer pour des outrages contre le Roi et les princes de sa famille.

Cette mission eut, dans le sens du parti de Bonaparte, le résultat de mettre de l'ensemble dans les opinions de l'armée, et d'imprimer un mouvement uniforme à l'esprit des troupes et à celui des provinces dans lesquelles il avait passé.

Le maréchal vint rendre compte à Paris des détails de sa tournée. Il indiqua au ministère de la guerre les mesures militaires qui restaient à prendre, les officiers qu'il était utile d'éloigner, ceux dont il croyait devoir récompenser le dévouement.

Il partit ensuite pour sa terre des Coudreaux, seul, et laissant sa famille à Paris.

Les causes qui réduisaient le maréchal à un état complet de repos, dans le moment où tout s'agitait en France, ne sont point sans intérêt pour l'histoire. Lorsqu'il eut conçu le dessein de se déclarer pour l'usurpateur, il ne l'exécuta que sous des espérances qui ne se réalisèrent pas. Il dut voir avec la plus grande peine que toutes les promesses qui lui avaient été faites, et par les émissaires de Bonaparte à Lons-le-Saulnier, et par Bonaparte lui-même à Auxerre, sur l'accession des puissances, sur le retour de Marie-Louise, et sur la paix que cet événement devait assurer à la France, avaient été autant d'impostures que les événemens démentaient chaque jour. Bonaparte, établi aux Tuileries, investi d'un pouvoir absolu, et soutenu par la complicité qui attachait à son parti un si grand nombre d'hommes, ne s'empressa point de remplir envers la nation les engagemens que l'incertitude de son sort avait seule pu lui arracher. Les représentations que le maréchal Ney lui faisait à ce sujet, d'abord reçues avec une apparence d'assentiment, furent bientôt écoutées avec froideur, et le maréchal, mécontent d'une conduite qui agravait de plus en plus les reproches qu'il avait à se faire, demanda et obtint la permission d'aller passer quelques tems loin de Paris. Au chagrin d'avoir trahi ses sermens, étaient venus se joindre quelques mécontentemens de cour. Des officiers-généraux, qui lors de sa défection avaient paru la désapprouver, prompts à imiter sa conduite dès qu'ils purent le faire sans danger, s'étaient présentés au dictateur, et obtenaient de lui, par leurs adulations, un accueil qu'il refusait aux brusqueries du maréchal.

Toutefois le séjour de Ney à la campagne ne devait point être de longue durée. Bonaparte, pressé de toutes parts de faire connaître enfin les bases du pacte qui devait l'unir au peuple, et de réaliser les promesses *libérales* qu'il avait faites, sentit qu'il ne pouvait pas reculer plus long-tems à donner la constitution qu'on lui demandait; et, pour concilier les intérêts de son despotisme avec la situation dans laquelle il s'était placé vis-à-vis de son parti, il conçut cet acte additionnel aux constitutions, regardé, par ceux-là mêmes dont il recevait l'adhésion, comme le fruit de l'incapacité et le résultat des plus fausses combinaisons politiques. Un champ-de-mai fut convoqué ; les premiers dignitaires y furent appelés, et le maréchal Ney fut mandé à Paris pour cette solennité. Il y arriva le 28 mai ; le lendemain il se rendit chez Bonaparte. Celui-ci, en le voyant, feignit d'ignorer qu'il lui avait permis d'aller prendre quelque repos : « Je croyais que vous aviez émigré, » lui dit-il. « J'aurais dû le faire beaucoup plus tôt, » répondit le maréchal ; « maintenant il est trop tard. »

En même tems que le gouvernement appelait une partie de la nation à soutenir des intérêts qui n'étaient point les siens, il songeait également à composer une chambre des pairs, dont l'institution faisait partie de l'acte additionnel. La résistance que le sénat avait opposée à Bonaparte en avril 1814, l'acte par lequel ce corps avait prononcé sa déchéance à l'instant où il avait reconnu qu'il n'y avait plus aucun profit pour lui à s'avilir, firent penser, en mai 1815, que le sénat, avec son ancienne dénomination et ses vieilles attributions, ne serait qu'un objet de mépris; et, sans détruire l'institution, sans vouloir se priver des secours qu'on pouvait en attendre, on lui donna cependant des formes nouvelles : elle fut appelée Chambre des Pairs. Pour lui laisser aux yeux du peuple une grande indépendance, on déclara dans l'acte additionnel que ses membres seraient inamovibles, et que le titre et les honneurs de la pairie seraient héréditaires.

Mais les révolutionnaires avaient encore trop d'empire sur Bonaparte pour souffrir une corporation dont le nom et les priviléges étaient opposés à toutes leurs idées; et peut-être le mécontentement qu'elle excita parmi eux aurait-il eu des conséquences dangereuses, sans les événemens qui se pressaient et s'accumulaient en France avec une effrayante rapidité.

Toutefois, en même tems que le dictateur se préparait à résister au nouvel effort de la coalition, il organisait la pairie, et y admettait un grand nombre de militaires. Le maréchal Ney fut un de ceux qu'il appela à ce vain et dangereux avantage et qui ne le refusèrent point.

Le 4 juin, les chambres tinrent leur première séance au milieu de l'appareil d'une guerre qui devait avoir des résultats si terribles pour la France. Le maréchal Ney siégea dans l'assemblée des pairs sans s'y faire remarquer. Ses connaissances politiques ne le mettant point au niveau des questions qui y étaient agitées, la nouvelle dignité dont il était revêtu lui était à-peu-près indifférente.

Tout-à-coup, et au milieu de négociations diplomatiques qui, pour être sans succès, ne semblaient pas encore dénuées de toute espérance, des armées anglaises et prussiennes s'accumulèrent sur les limites que le traité de 1814 avait assignées à la France. De son côté, Bonaparte se disposait à une défense que ses victoires, s'il en eût remporté, auraient bientôt changée en attaque. Le 11 juin, le maréchal Ney reçut l'ordre d'aller inspecter les nombreux corps de troupes qui se rassemblaient dans les environs de Lille. Il partit, et, se retrouvant au milieu de ces légions françaises qu'il avait tant de fois commandées, il éprouva un sentiment de joie que le ciel refusait depuis long-tems à son ame, partagée entre tant de sentimens divers. Il osa se flatter alors d'apaiser la voix intérieure qui l'accusait d'un parjure; peut-être aussi l'idée d'une mort trouvée au milieu des dangers de la guerre était-elle pour lui une sorte de consolation aux tourmens dont il était déchiré. Il est certain que, du moment où il fut arrivé à l'armée, on ne remarqua plus en lui cette inégalité d'humeur qui avait frappé tout ceux qui l'approchaient depuis les événemens de Lons-le-Saulnier.

Le maréchal était arrivé au camp français, le 15 juin, en avant de Charleroy, où Bonaparte était depuis la veille. Dès le même jour Ney mena les troupes dont il prenait le commandement au combat et à la victoire. L'ennemi fut poussé sur toute la ligne, et se replia avec précipitation.

Le maréchal ne se reposa pas. Le 16, à la pointe du jour, il était à cheval, parcourant le front de son corps d'armée, et disposant la bataille qui devait avoir lieu dans la journée.

Il avait sous ses ordres deux corps d'infanterie et un corps de cavalerie composé de quatre divisions. Des généraux dont la valeur et l'expérience étaient attestées par de nombreuses campagnes et d'éclatantes victoires, servaient sous lui à la tête de ces divisions, dont la réunion formait l'aile gauche de l'armée française. Le maréchal avait les Anglais en face, et l'on remarqua que, dans les exhortations qu'il fit à ses troupes, cette considération ne lui échappa point. Il la fit valoir pour redoubler l'ardeur et l'intrépidité dont il donnait l'exemple.

A dix heures du matin, l'affaire s'engagea par une tentative que fit l'ennemi pour reprendre la ferme de Ligny, dont l'occupation semblait être indispensable au développement de ses forces. Cet engagement partiel, et qui dura près de trois heures, fut bientôt suivi d'une affaire générale. Les charges de la cavalerie française furent couronnées des plus brillans succès. Par-tout où le maréchal se montra les Anglais furent écrasés. Un corps de cuirassiers, après s'être ouvert un chemin à travers les carrés ennemis, pénétra jusqu'à la ferme des Quatre-Bras où le lord Wellington avait établi son quartier-général. Cette tentative audacieuse fut admirée des deux armées; et la stupeur qu'elle jeta dans les lignes anglaises fut telle, que les cuirassiers rentrèrent dans leurs positions sans avoir éprouvé une perte proportionnée à celle qu'ils avaient fait essuyer à l'ennemi.

Mais tandis que ces événemens se passaient à la gauche, d'autres non moins importans avaient lieu au centre et à l'aile droite. Le maréchal Blucher s'était imprudemment avancé avant de recevoir le corps du général Bulow qui devait le seconder. Napoléon s'aperçut de la faute et en profita. Il ordonna des attaques dont le succès fut complet. Quinze mille Prussiens restèrent sur le champ de bataille. Le reste se retira sur la Sambre.

De son côté, le maréchal Ney avait habilement profité des dispositions savantes qu'il avait faites; déjà il poussait l'armée anglaise devant lui, et allait établir son quartier-général dans le même village où le lord Wellington avait le sien la nuit précédente; mais des divisions qu'il attendait, et que Bonaparte lui avait enlevées, n'ayant pu arriver à tems pour le soutenir, il fut contraint de garder ses positions.

Le 17, au matin, l'armée anglaise fit un léger mouvement rétrograde. Les troupes du maréchal Ney qui étaient placées devant elle en observation suivirent sa marche, l'inquiétèrent et harcelèrent son arrière-garde. Vers midi, la cavalerie du maréchal étant arrivée, il y eut un engagement très-sérieux entr'elle et divers corps de l'armée du lord Wellington. Elle les accula au pont de Genappe, et sans la difficulté du terrain, la destruction de la plus grande partie de ces corps eût été le résultat de cette journée, où le maréchal Ney se montra non moins grand capitaine que soldat intrépide. Ce ne fut qu'à cinq heures du soir que l'armée anglaise trouva son salut dans la position de Waterloo, où elle alla chercher un abri sous la protection de batteries formidables et appuyées à la forêt de Soignes.

Dans la nuit du 17 au 18, les deux armées restèrent en présence, et Bonaparte prépara une bataille générale. Pendant toute la matinée du 18 le ciel sembla s'opposer à ce choc épouvantable qui allait une seconde fois décider des destins de la France. Des torrens de pluie avaient tombé toute la nuit. Les chemins étaient impraticables ; cependant vers une heure après midi, le tems s'étant éclairci, Bonaparte engagea la bataille en faisant avancer ses colonnes du centre. Bientôt après le maréchal combina ses mouvemens avec ceux des autres corps d'armée, et la mêlée devint générale.

Là, comme dans toutes les autres affaires, on admira le sang-froid, l'intrépidité raisonnée, la promptitude du coup-d'œil et la netteté des vues et des ordres du maréchal. Presque par-tout dans le même instant, dirigeant lui-même des charges de cavalerie, ou marchant à la tête des colonnes d'infanterie, son exemple animait les soldats et en faisait des héros. Sept fois démonté, couvert de contusions et de boue, il combattait encore à la tête des régimens de la garde, lorsque les autres corps, épuisés, détruits, ou manquant de munitions, étaient réduits à l'inaction.

A sept heures du soir la victoire semblait vouloir couronner de si prodigieux efforts ; Ney arriva à pied, et l'épée à la main, vers le 2ᵉ régiment d'infanterie légère, qui, ayant combattu tous les jours précédens, ne comptait plus qu'un petit nombre d'hommes. « Mes

» camarades, s'écria-t-il, la victoire dépend
» de vous ; souvenez-vous que ce sont des
» Anglais qui sont devant vous! » Les munitions de ce corps étant épuisées, les officiers d'un régiment de cavalerie qui se trouvait placé en arrière et dans l'impossibilité de faire aucun mouvement, apportèrent eux-mêmes dans leurs casques des cartouches de pistolets qui servaient à charger les fusils.

Vers huit heures, l'armée française occupait toutes les positions de l'ennemi ; des drapeaux et des canons enlevés à la baïonnette attestaient ses succès et sa valeur, lorsqu'un de ces événemens qui changent en un instant le sort des batailles se déclara contre elle. Par suite d'ordres mal donnés ou mal entendus, Bonaparte, qui comptait sur le secours du maréchal Grouchy, ne le reçut point. Cependant, voyant déboucher de nombreux corps de troupes qui s'approchaient de l'aile droite, il s'obstina pendant long-tems à vouloir les prendre pour l'armée de son lieutenant. Il fut cruellement détrompé par les premières décharges de l'artillerie prussienne, et reconnut trop tard qu'il avait à résister à l'effort des troupes fraîches que commandait le général Bulow. En vain voulut-il alors ramener à de nouveaux combats des Français qui, depuis dix heures, s'étaient épuisés par des efforts surnaturels, et qui allaient être victimes de son imprévoyance : les premiers rangs se replièrent sur les seconds, et les entraînèrent dans leur fuite. L'armée tout entière se mit dans une déroute complète. Ce mouvement si imprévu et si rapide entraîna en un instant soldats, officiers, généraux, et jusqu'à Napoléon lui-même. Ney fut le dernier à quitter le champ de bataille : excédé de lassitude, et couvert de contusions, il allait trouver sur les lieux témoins de ses victoires une mort qui eût encore été glorieuse ; mais la Providence le réservait à d'autres destins ; elle le remit sous la protection d'un caporal de la garde, qui défendit et soutint sa retraite. Ney arriva à Saint-Quentin, et bientôt à Paris.

Bonaparte lui-même s'était hâté de se rendre dans la capitale ; et tandis que ses partisans se demandaient avec une morne inquiétude ce qu'il avait fait de l'armée nationale, il arrivait, précédant l'épouvantable bulletin qu'il avait fait rédiger pour annoncer ses désastres. Le premier cri qui s'éleva de toutes parts fut un cri de réprobation contre l'usurpateur ; et pendant qu'il préparait de nouveaux moyens de séduire les chambres qu'il avait créées, elles envoyaient auprès de lui pour en obtenir ou en arracher une seconde abdication.

On ne pouvait plus dissimuler les malheurs dont la patrie avait à l'accuser ; et cependant il ne voulut céder le trône qu'à son fils.

Le 22 juin, M. Carnot, au nom du ministre de la guerre, donna lecture à la chambre des pairs d'une lettre, par laquelle on annonçait que, divers corps s'étant ralliés, on pouvait espérer de réunir 60,000 hommes, auxquels on allait joindre 10,000 hommes pris dans l'intérieur, en leur envoyant 200 pièces d'artillerie.

A peine cette communication eut-elle été faite, que le maréchal Ney se leva pour la réfuter :

« Il est impossible, dit-il, que l'on ait pu
» réunir 60,000 hommes, comme on l'an-
» nonce ; cette lettre est fausse..... Il n'y a
» personne sur la frontière du nord. L'enne-
» mi peut entrer quand il voudra. »

A ces mots, un mouvement tumultueux s'éleva dans l'assemblée. « C'est tout au plus,
» continua le maréchal, si le maréchal Grou-
» chy et le duc de Dalmatie ont pu réunir de

»20 à 25,000 hommes. Je commandais toute
» la retraite sous les ordres de l'Empereur,
» et je suis certain de ce que j'avance. Si
» l'Empereur eût pensé que Grouchy avait
» des forces suffisantes pour former une ré-
» serve, il serait allé le joindre ; mais comme
» il était persuadé du contraire, l'Empereur
» n'a pas dû y songer : c'est ce qui l'a déter-
» miné à revenir à Paris. Ce qu'on dit de la
» garde n'est pas conforme à la vérité : j'ai
» donné des ordres, et l'on n'a pu rallier un
» seul homme de la garde. L'ennemi avait
» toujours l'attaque, et c'est tout au plus si
» Grouchy a pu réunir 7 à 8000 hommes. Il
» n'y a plus de moyen de salut pour la patrie,
» qu'en faisant des propositions à l'ennemi.
» S'il le veut, il sera à Paris dans six à sept
» jours. »

L'agitation la plus vive se manifesta dans la Chambre, et plusieurs membres élevèrent des débats sur le plus ou moins de foi à donner à la lettre du ministre de la guerre ou aux assertions du maréchal Ney. Alors le général Flahaut prit la parole pour confirmer les détails donnés par le ministre.

Le maréchal Ney se leva encore une fois pour repousser l'idée que le général Grouchy

pût avoir 40,000 hommes. « Je le répète,
» dit-il, si l'on a pu réunir 16,000 hommes
» d'infanterie et 4,000 hommes de cavale-
» rie, c'est tout..... On ne peut pas suppo-
» ser que l'ennemi ait fui devant une telle
» armée..... S'il y a 25,000 hommes, c'est
» beaucoup. »

L'énergie avec laquelle le maréchal avait prononcé ces paroles, l'assurance qu'il avait montrée, avaient imposé à la chambre une sorte de stupeur qui tint un moment les esprits en suspens. Après un court intervalle, il ajouta à demi-voix, mais avec un reste de véhémence, et de manière à être entendu des pairs qui l'environnaient : « Oui, je le répète, il
» ne vous reste plus qu'à entamer des négo-
» ciations..... Messieurs, il faut rappeler les
» Bourbons, et moi je vais prendre le chemin
» des États-Unis. »

Ainsi le maréchal commençait l'expiation de sa faute.

Tous ceux qui avaient entendu ces dernières paroles, l'entourèrent en lui adressant les reproches les plus amers ; de ce nombre étaient MM. Carnot et Lavalette. Ce dernier, qui n'osait se risquer à la tribune, excitait par des discours particuliers l'improbation de l'assemblée contre le maréchal, qu'il fixait avec des yeux enflammés et le front rouge de colère.

Au sortir de la séance, un grand nombre de pairs se pressèrent autour du maréchal et blâmèrent la vivacité de ses attaques contre les ministres de la guerre et de l'intérieur : « Eh! Messieurs, répondit Ney, je ne suis » pas de ceux qui mettent leur intérêt par- » tout, et avant tout. Que gagnerai-je à tout » cela? Si Louis XVIII revient, il me fera » fusiller; mais j'ai dû parler en faveur de » mon pays. »

Cependant cette sortie, peu mesurée vis-à-vis d'un parti qui était encore dépositaire de la puissance, excita l'indignation d'une grande partie de l'assemblée; des groupes se formèrent tout-à-coup, et parmi les imprécations qu'ils murmuraient, l'épithète de *traître* fut entendue.

Dès le lendemain le lieutenant-général Drouot, dans un discours préparé avec beaucoup d'art, releva le courage de la chambre, en lui montrant des ressources dont elle ne soupçonnait pas l'existence.

Le maréchal Ney s'apprêtait à lui répondre, mais les acclamations qui s'élevèrent lorsque

M. Drouot eut cessé de parler, interdirent toute réplique.

Sur ces entrefaites, l'abdication de Napoléon avait été reçue, et la condition qu'il y avait attachée de faire succéder son fils au trône paraissait plutôt devoir être éludée que refusée. Dans la chambre des pairs, on passa à l'ordre du jour ; dans celle des représentans, un jeune orateur, qui ne s'était pas moins fait remarquer par son talent que par son assiduité chez un des ministres, émit une proposition qui renversait toutes les espérances de Bonaparte, en laissant aux députés la liberté d'agir suivant les circonstances : c'était s'assurer de leur assentiment (1).

Le gouvernement provisoire fut institué. Composé des élémens de tous les partis qui s'étaient succédés en France, il présentait l'image de l'anarchie et du chaos. La présidence en fut dévolue à un homme exercé dès long-

* M. Manuel montra dans toute la session un talent très-remarquable. Client de M. Fouché, c'est auprès de lui qu'il puisait le texte de ses discours. De tous les députés que ce ministre avait à sa dévotion, nul autre que M. Manuel n'était capable de revêtir des couleurs de l'éloquence les idées qu'il avait besoin de faire admettre par la chambre de Bonaparte.

tems dans l'art d'extraire des malheurs publics tous les avantages personnels qu'il pouvait y trouver. Habile à flatter tous les partis, il était presque parvenu à faire oublier les missions qu'il avait remplies à Nantes, à la convention, sous le consulat, et l'immense fortune qu'il devait à d'obscures intrigues. Long-tems ministre de Bonaparte, il avait cherché sa disgrace, lorsque la faveur ne présentait plus d'attraits à son ambition. Il s'attacha de nouveau à son gouvernement après le 20 mars, pour tenir encore les rênes de l'opinion et diriger les mouvemens politiques suivant son système d'égoïsme. Un moment successeur de son maître, il parut avoir devancé les vœux que la nation faisait pour revoir son Roi, et préparé un ordre de choses qui n'était ni dans ses affections ni dans l'intérêt de sa vie passée.

Le 25 juin, dans un club de fédérés, le maréchal fut dénoncé comme trahissant la patrie. Le gouvernement provisoire ne mit aucun empressement à étouffer cette dénonciation. Ney, qui en fut informé, crut devoir, pour se justifier, publier les détails de ce qu'il avait fait à Waterloo. Il écrivit au président du gouvernement une lettre qui fut ensuite répandue avec profusion dans la capitale. Cette lettre est ainsi conçue :

Monsieur le duc,

Les bruits les plus diffamans et les plus mensongers se répandent, depuis quelques jours, dans le public, sur la conduite que j'ai tenue dans cette courte et malheureuse campagne; les journaux les répètent et semblent accréditer la plus odieuse calomnie. Après avoir combattu pendant vingt-cinq ans, et versé mon sang pour la gloire et l'indépendance de ma patrie, c'est moi que l'on ose accuser de trahison; c'est moi que l'on signale au peuple, à l'armée même, comme l'auteur du désastre qu'elle vient d'essuyer!

Forcé de rompre le silence, car s'il est toujours pénible de parler de soi, c'est surtout lorsque l'on a à repousser la calomnie, je m'adresse à vous, M. le duc, comme président du gouvernement provisoire, pour vous tracer un exposé fidèle de ce dont j'ai été témoin.

Le 11 juin, je reçus l'ordre du ministre de la guerre de me rendre au quartier impérial : je n'avais aucun commandement, ni aucunes données sur la composition et la force de l'armée; l'empereur ni le ministre ne m'avaient jamais rien dit précédemment qui pût même me faire pressentir que je dusse être employé dans cette campagne; j'étais conséquemment pris au dépourvu, sans chevaux, sans équipages, sans argent, et je fus obligé d'en emprunter pour me rendre à ma destination. Arrivé le 12 à Laon, le 13 à Avesnes, et le 14 à Beaumont, j'achetai, dans cette dernière ville, de M. le maréchal duc de Trévise, deux chevaux, avec lesquels je me rendis, le 15, à Charleroi, accompagné de mon premier aide-de-camp, le seul officier que j'eusse auprès de moi; j'y arrivai au moment où l'ennemi, attaqué par nos troupes légères, se repliait sur *Fleurus* et *Gosselies*.

L'empereur m'ordonna aussitôt d'aller me mettre à la tête des 1er et 2e corps d'infanterie, commandés par les lieutenans-généraux d'Erlon et Reille, de la division de cavalerie légère du lieutenant-général Piré, d'une division de cavalerie légère de la garde, sous les ordres des lieutenans-généraux Lefebvre-Desnouettes et Colbert, et de deux divisions de cavalerie du comte de Valmy, ce qui formait huit divisions d'infanterie et quatre de cavalerie. Avec ces troupes, dont cependant je n'avais encore qu'une partie sous la main, je poussai l'ennemi, et l'obligeai d'évacuer Gosselies, Frasnes, Mellet et Heppignies : là, elles prirent position le soir, à l'exception du 1er corps, qui était encore à Marchiennes, et qui ne me rejoignit que le lendemain.

Le 16, je reçus l'ordre d'attaquer les Anglais dans leur position des Quatre-Bras; nous marchâmes à l'ennemi, avec un enthousiasme difficile à dépeindre; rien ne résistait à notre impétuosité; la bataille devenait générale, et la victoire n'était pas douteuse, lorsqu'au moment où j'allais faire avancer le 1er corps d'infanterie, qui, jusque-là, avait été laissé par moi en réserve à Frasnes, j'appris que l'empereur en avait disposé, sans m'en prévenir, ainsi que de la division Girard, du 2ᵉ corps, pour les diriger sur Saint-Amand, et appuyer son aile gauche, qui était fortement engagée contre les Prussiens : le coup que me porta cette nouvelle fut terrible; n'ayant plus sous mes ordres que trois divisions, au lieu de huit sur lesquelles je comptais, je fus obligé de laisser échapper la victoire; et, malgré tous mes efforts, malgré la bravoure et le dévouement de mes troupes, je ne pus parvenir dès-lors qu'à me maintenir dans ma position jusqu'à la fin de la journée. Vers neuf heures du soir, le 1ᵉʳ corps me fut renvoyé par l'empereur, auquel il n'avait été d'aucune utilité : ainsi, vingt-cinq à trente mille hommes ont été pour ainsi dire paralysés, et se sont promenés pendant toute la bataille, l'arme au bras, de la gauche à la droite, et de la droite à la gauche, sans tirer un seul coup de fusil.

Il m'est impossible de ne pas suspendre un instant ces détails, pour vous faire remarquer, M. le duc, toutes les conséquences de ce faux mouvement, et, en général, des mauvaises dispositions prises pendant cette journée.

Par quelle fatalité, par exemple, l'empereur, au lieu de porter toutes ses forces contre lord Wellington, qui aurait été attaqué à l'improviste, et ne se trouvait point en mesure, a-t-il regardé cette attaque comme secondaire? Comment l'empereur, après le passage de la Sambre, a-t-il pu concevoir la possibilité de donner deux batailles le même jour? C'est cependant ce qui vient de se passer contre des forces doubles des nôtres; et c'est ce que les militaires qui l'ont vu ont encore peine à comprendre.

Au lieu de cela, s'il avait laissé un corps d'observation pour contenir les Prussiens, et marché avec ses plus fortes masses, pour m'appuyer, l'armée anglaise était indubitablement détruite entre les Quatre-Bras et Genappes; et cette position, qui séparait les deux armées alliées, une fois en notre pouvoir, donnait à l'empereur la facilité de déborder la droite des Prussiens, et de les écraser à leur tour. L'opinion générale, en France, et surtout dans l'armée, était que l'empereur ne voulait s'attacher qu'à détruire d'abord l'armée anglaise, et les circonstances étaient bien favorables pour cela; mais les destins en ont ordonné autrement.

Le 17, l'armée marcha dans la direction de Mont-Saint-Jean.

Le 18, la bataille commença vers une heure, et quoique le bulletin qui en donne le récit ne fasse aucune mention de moi, je n'ai pas besoin d'affirmer que j'y étais présent.

M. le lieutenant-général comte Drouot a déjà parlé de cette bataille, dans la chambre des Pairs; sa narration est exacte, à l'exception toutefois de quelques faits importans qu'il a tus ou qu'il a ignorés, et que je dois faire connaître. Vers sept heures du soir, après le plus affreux carnage que j'aie jamais vu, le général Labédoyère vint me dire, de la part de l'empereur, que M. le maréchal Grouchy arrivait à notre droite, et attaquait la gauche des Anglais et Prussiens réunis; cet officier général, en parcourant la ligne, répandit cette nouvelle parmi les soldats, dont le courage et le dévouement étaient toujours les mêmes, et qui en donnèrent de nouvelles preuves en ce moment, malgré la fatigue dont ils étaient exténués; cependant, quel fut mon étonnement, je dois dire mon indignation, quand j'appris, quelques instans après, que non-seulement M. le maréchal Grouchy n'était point arrivé à notre appui, comme on venait de l'assurer à toute l'armée, mais que quarante à cinquante mille Prussiens attaquaient notre extrême droite, et la forçaient de se replier? Soit que l'empereur se fût trompé sur le moment où M. le maréchal Grouchy pouvait le soutenir, soit que la marche de ce maréchal eût été plus retardée qu'on l'avait présumé par les efforts de l'ennemi, le fait est qu'au moment où l'on nous annonçait son arrivée, il n'était encore que vers Wavres sur la Dyle : c'était pour nous comme s'il se fût trouvé à cent lieues de notre champ de bataille.

Peu de tems après, je vis arriver quatre régimens de la moyenne garde, conduits par l'empereur en personne, qui voulait, avec ces troupes, renouveler l'attaque, et enfoncer le centre de l'ennemi; il m'ordonna de marcher à leur tête avec le général Friant: généraux, officiers, soldats, tous montrèrent la plus grande intrépidité; mais ce corps de troupes était trop faible pour pouvoir résister long-tems aux forces que l'ennemi lui opposait; et il fallut bientôt renoncer à l'espoir que cette attaque avait donné pendant quelques instans. Le général Friant a été frappé d'une balle, à côté de moi; moi-même j'ai eu mon cheval tué, et j'ai été renversé sous lui. Les braves qui reviendront de cette terrible affaire me rendront, j'espère, la justice de dire qu'ils m'ont vu à pied, l'épée à la main, pendant toute la soirée, et que je n'ai quitté cette scène de carnage que l'un des derniers, et au moment où la retraite a été forcée.

Cependant les Prussiens continuaient leur mouvement offensif, et notre droite pliait sensiblement; les Anglais marchèrent, à leur tour, en avant. Il nous restait encore quatre carrés de la vieille garde, placés avantageusement pour protéger la retraite; ces braves grenadiers, l'élite de l'armée, forcés de se replier successivement, n'ont cédé le terrain que pied à pied, jusqu'à ce qu'enfin, accablés par le nombre, ils ont été presqu'entièrement détruits. Dès-lors, le mouvement rétrograde fut prononcé, et l'armée ne forma plus qu'une colonne confuse; il n'y a cependant jamais eu de déroute, ni de cri *sauve qui peut*, ainsi qu'on en a osé calomnier l'armée dans le bulletin. Pour moi, constamment à l'arrière-garde, que je suivis à pied, ayant eu tous mes chevaux tués, exténué de fatigue, couvert de contusions, et ne me sentant plus la force de marcher, je dois la vie à un caporal de la garde, qui me soutint dans ma marche, et ne m'abandonna point pendant cette retraite. Vers onze heures du soir, je trouvai le lieutenant-général Lefebvre-Desnouettes;

et l'un de ses officiers, le major Schmidt, eut la générosité de me donner le seul cheval qui lui restât. C'est ainsi que j'arrivai à Marchiennes-au-Pont à quatre heures du matin, seul, sans officiers, ignorant ce qu'était devenu l'empereur, que, quelque tems avant la fin de la bataille, j'avais entièrement perdu de vue, et que je pouvais croire pris ou tué. Le général Pamphile Lacroix, chef de l'état-major du 2e corps, que je trouvai dans cette ville, m'ayant dit que l'empereur était à Charleroi, je dus supposer que Sa Majesté allait se mettre à la tête du corps de M. le maréchal Grouchy, pour couvrir la Sambre, et faciliter aux troupes les moyens de se rallier vers Avesnes; et, dans cette persuasion, je me rendis à Beaumont; mais des partis de cavalerie nous suivant de très-près, et ayant déjà intercepté les routes de Maubeuge et de Philippeville, je reconnus qu'il était de toute impossibilité d'arrêter un seul soldat sur ce point, et de s'opposer aux progrès d'un ennemi victorieux. Je continuai ma marche sur Avesnes, où je ne pus obtenir aucuns renseignemens sur ce qu'était devenu l'empereur.

Dans cet état de choses, n'ayant de nouvelles ni de Sa Majesté, ni du major-général, le désordre croissant à chaque instant, et, à l'exception des débris de quelques régimens de la garde et de la ligne, chacun s'en allant de son côté, je pris la détermination de me rendre sur-le-champ à Paris, par Saint-Quentin, pour faire connaître le plus promptement possible au ministre de la guerre la véritable situation des affaires, afin qu'il pût au moins envoyer au-devant de l'armée quelques troupes nouvelles, et prendre rapidement les mesures que nécessitaient les circonstances. A mon arrivée au Bourget, à trois lieues de Paris, j'appris que l'empereur y avait passé le matin, à neuf heures.

Voilà, monsieur le duc, le récit exact de cette funeste campagne.

Maintenant, je le demande à ceux qui ont survécu à cette belle et nombreuse armée : de quelle manière pourrait-on m'accuser du désastre dont elle vient d'être victime, et dont nos fastes militaires n'offrent point d'exemple? J'ai, dit-on, trahi la patrie, moi qui, pour la servir, ai toujours montré un zèle que, peut-être, j'ai poussé trop loin, et qui a pu m'égarer; mais cette calomnie n'est et ne peut être appuyée d'aucun fait, d'aucune circonstance, d'aucune présomption. D'où peuvent cependant provenir ces bruits odieux qui se sont répandus tout-à-coup avec une effrayante rapidité ? Si, dans les recherches que je pourrais faire à cet égard, je ne craignais presqu'autant de découvrir que d'ignorer la vérité, je dirais que tout me porte à croire que j'ai été indignement trompé, et qu'on cherche à envelopper du voile de la trahison les fautes et les extravagances de cette campagne; fautes qu'on s'est bien gardé d'avouer dans les bulletins qui ont paru, et contre lesquelles je me suis inutilement élevé avec cet accent de la vérité que je viens encore de faire entendre dans la chambre des Pairs.

J'attends de la justice de V. Exc., et de son obligeance pour moi, qu'elle voudra bien faire insérer cette lettre dans les journaux, et lui donner la plus grande publicité.

Je renouvelle à V. Exc. l'assurance de ma haute considération.

Le Maréchal Prince de la Moskowa,
Signé NEY.

Paris, le 26 juin 1815.

Quoi qu'il en fût des explications contenues dans la lettre de Ney, le gouvernement provisoire jugea convenable de lui refuser toute espèce de commandement dans l'armée qui s'organisait autour de Paris.

Depuis le moment où le maréchal eut écrit jusqu'à la capitulation de Paris, il sembla se montrer à la chambre des pairs, moins pour prendre part aux discussions orageuses qui l'agitaient que pour être prêt à répondre à toutes les accusations qui seraient dirigées contre lui. A l'une de ses séances, la chambre ayant décidé qu'elle contribuerait aux secours à donner aux victimes de Waterloo, le maréchal s'empressa d'aller porter son offrande. Il vida sa bourse devant l'employé chargé de recevoir ces cotisations volontaires, et en tira neuf pièces de vingt francs qu'il offrit, en disant: « C'est bien peu de chose, sans doute,

» pour tant de malheureux ; mais nous som-
» mes tous ruinés. »

La capitulation de Paris fut conclue le 3 juillet. L'article 12 portait que personne ne pourrait être recherché pour le fait de sa conduite politique et pour raison des opinions qu'on aurait manifestées.

Cet article, qui avait été vivement sollicité, fut celui de tous que les alliés observèrent le plus scrupuleusement. Depuis leur entrée à Paris, qui eut lieu le 5 et le 6 juillet, aucunes recherches n'eurent lieu de leur part.

Mais déjà la majeure partie de la population de Paris, libre des entraves que la police mettait à l'expression de ses sentimens, faisait entendre des vœux pour le retour du Roi. Les journaux ne déguisaient pas sa marche, et l'on apprit par eux, le 6 juillet, que le monarque était à peu de distance de la capitale.

Dès-lors, le maréchal jugea à propos de s'éloigner. Il partit de Paris dans cette journée, avec le dessein de se rendre en Suisse, et l'arrière-pensée de chercher un asile aux Etats-Unis. Pour n'être point inquiété dans son voyage, il s'était muni de plusieurs papiers. Il avait reçu du prince d'Eckmühl, alors ministre de la guerre, un congé illimité, et une feuille de route, sous le nom supposé de *Reiset*, et avec le faux titre de major du 3ᵉ régiment de hussards. De deux passeports que le ministre de la police générale lui avait délivrés, l'un le désignait sous les noms de *Michel-Théodore Neubourg*. Il arriva à Lyon le 9 juillet. Avant d'entrer dans cette ville, on lui avait appris que Lucien Bonaparte y avait passé; qu'il avait dîné chez le comte Bubna, général autrichien, et que c'était sans doute sur les indications de ce général que Lucien avait été arrêté à Turin. Le maréchal reçut, à Lyon, la visite du commissaire général de police, qui était prévenu de son passage. Ce fut de lui qu'il sut que les routes de la Suisse étaient gardées par les Autrichiens, et qu'il n'y aurait pas de sécurité pour lui à prendre cette direction. Le commissaire général lui conseilla de demander des passeports aux agens de l'Autriche, ou d'aller aux eaux minérales de Saint-Alban, près Roanne, jusqu'à ce qu'il reçût des nouvelles de Paris. Le maréchal parut préférer de rentrer dans la capitale; et l'un de ses passeports fut visé pour cette destination; mais alors ses résolutions étaient de peu de durée. Il prit néanmoins le parti de se rendre à Saint-Alban. Il y resta jusqu'au 25 juillet. Pendant son séjour dans cet endroit, il correspondait avec son épouse et un banquier (M. Pontalba), qui voulait lui ouvrir un crédit sur une ville des Etats-Unis. Cependant les lettres de Mme la maréchale affaiblissaient les inquiétudes de son mari. Mal informée, sans doute, des mesures de sévérité que le gouvernement se décidait à prendre, sa tendresse pour le père de ses enfans semblait l'aveugler. Elle l'exhortait à retarder sa sortie de France.

Alors fut rendue l'ordonnance du 24 juillet, qui contenait de terribles accusations contre le maréchal. Il était désigné le premier dans une liste de dix-neuf individus auxquels on imputait *d'avoir trahi le Roi avant le 23 mars, d'avoir attaqué la France et le gouvernement à main armée, ou de s'être emparé du pouvoir par violence.* Tous devaient être traduits devant des conseils de guerre dans leurs divisions respectives.

Lorsque Mme Ney eut eu connaissance de cette ordonnance, elle en fut accablée. C'était elle qui avait reculé le départ de son époux. Il n'avait cédé qu'à ses conseils; et si les recherches qu'on ne manquerait pas de faire parvenaient à l'atteindre, quels reproches n'aurait-elle point mérités ? Ces motifs la décidèrent à prendre un parti prompt et qui lui parut le seul praticable. Un homme de confiance fut dépêché au maréchal à Saint-Alban ; il lui apprit les dangers qu'il courait, et le conduisit près d'Aurillac, au château de Bessonis, habité par des parens de Mme la maréchale. Ils y arrivèrent le 29 juillet dans la soirée.

Pendant quelques jours, Ney vécut dans cet asile sans être inquiété ; mais une circonstance indifférente, en apparence, fit découvrir sa retraite et causa son arrestation.

On se rappelle qu'il avait reçu de Bonaparte un sabre que celui-ci avait rapporté d'Egypte. Cette arme était remarquable par la richesse de la monture. Il n'en existait qu'une semblable en France, qui avait appartenu à Murat. Par un oubli qui ne frappa qu'au moment où l'on en sut les conséquences, le sabre de Ney, qu'il avait avec lui au château de Bessonis, avait été laissé sur le canapé d'un salon. Comme la vie des habitans de la maison n'avait changé en rien par l'arrivée de Ney, on recevait du monde. Le maréchal se bornait à la seule précaution de manger dans sa chambre.

Une personne qui vint faire visite aperçut le sabre, le regarda et l'admira. On fit là-dessus une histoire qui lui parut satisfaisante; mais le lendemain cette personne se trouvant dans une maison à Aurillac, fit la description de l'arme qu'elle avait vue à Bessonis, et quelqu'un de la société assura que cette arme ne pouvait appartenir qu'à Murat ou au maréchal Ney.

Cette découverte parvint jusqu'à l'autorité locale, qui ne la négligea pas. Le préfet du Cantal, après quelques autres informations, envoya quatorze gendarmes et quelques agens de police pour arrêter le maréchal.

FIN DU TROISIÈME LIVRE.

LIVRE QUATRIÈME.

Un bruit, dont la fausseté ne fut avérée qu'à la cour des pairs, tourmentait depuis longtems l'ame du maréchal. On avait supposé qu'au moment de son départ pour aller commander les troupes de la 6ᵉ division militaire, il avait confié au ministre de la guerre l'embarras de sa fortune, et que le Roi, ayant reçu la même confidence, avait ordonné au ministre de lui faire compter 500,000 francs. Cette calomnie excitait dans le maréchal un besoin secret de se justifier qui le portait involontairement au-devant des recherches qu'on faisait de sa personne ; mais une foule de motifs sensés combattaient ce sentiment.

S'il existe dans la vie d'un homme des circonstances où il soit forcé de se montrer tel qu'il est, ce sont assurément celles qui, venant le frapper d'un coup inattendu, renversent toutes ses combinaisons. Alors, de quelque force d'ame qu'il soit doué, la puissance du moment l'emporte, et le soumet à des émotions qui excluent toute idée de dissimulation ou de déguisement.

Tel dut être pour le maréchal l'instant où il apprit que des gendarmes et des agens de la police investissaient le château de Bessonis, et avaient déjà prononcé son nom.

Ce redoutable avis ne parut point l'émouvoir. Il ouvrit une croisée d'où il apercevait les gendarmes, et demanda à ceux qui avaient pénétré dans la cour ce qu'ils cherchaient. Un d'eux répondit qu'ils avaient la mission d'arrêter le maréchal Ney. « Vous pouvez » monter, dit-il, je vais vous le faire voir. » En effet, il se remit entre les mains des premiers qui, sur sa réponse, étaient entrés dans les appartemens. Bientôt après, il livra ses papiers comme il s'était livré lui-même, avec tout l'abandon que son caractère comportait.

Dès la même journée, il fut conduit à Aurillac, et déposé à la préfecture où il resta dix jours. Il y était arrivé le 5 août.

Il était loin alors de prévoir la funeste issue de son procès. La faute dont il s'était rendu coupable ne lui paraissait pouvoir exciter que des soupçons, dont la franchise de ses explications allait dissiper les nuages. Dans les entretiens qu'il eut avec le préfet, il s'attacha sur-tout à justifier sa présence à l'armée de la Loire, et le projet qu'il avait eu de s'éloigner de la France, projet dont ses papiers offraient seuls la preuve.

Cependant le préfet d'Aurillac avait écrit au ministère pour annoncer l'arrestation du maréchal, et demander des instructions. Il reçut l'ordre de le faire transférer à Paris avec les précautions convenables. Deux officiers de gendarmerie furent chargés de l'accompagner. L'un d'eux, qui avait servi sous ses ordres, crut devoir donner à son ancien général une dernière marque de déférence; il lui demanda sa parole d'honneur de ne faire aucune tentative pour s'échapper. Le maréchal répondit à cette preuve de confiance par des assurances dont le fait suivant attestera la sincérité.

Dans un village entre Aurillac et Moulins, le maréchal et ses conducteurs s'arrêtèrent quelques instans; un habitant vint prévenir les officiers de gendarmerie qu'on avait remarqué à quelque distance de là, sur la route, des individus apostés, qui peut-être avaient le dessein d'enlever le maréchal. Cette confidence avait lieu assez près de lui pour qu'il pût l'entendre ; il s'approcha et dit à l'officier : « Vous avez reçu ma parole » d'honneur, elle doit vous suffire pour moi : » si, contre mon attente, on cherchait à » m'enlever, je vous demanderais des ar- » mes ; vous verriez alors si je sais remplir » les promesses que je fais. »

Les craintes qu'on avait conçues étaient vaines, et le maréchal continua sa route sans obstacles.

A quatre lieues de Paris, Mme la maréchale attendait dans une auberge son mari, dont les journaux avaient annoncé l'arrestation et la prochaine arrivée. Ils se rencontrèrent, et les officiers de gendarmerie crurent devoir respecter l'entretien du maréchal avec son épouse. Il fut long, et peut-être Mme Ney crut-elle devoir déplorer les efforts qu'elle avait faits pour retarder la fuite du maréchal hors du royaume. A la suite de cette conversation, le maréchal dit à l'un des officiers de gendarmerie qu'il était prêt à remonter en voiture. Quelques larmes s'échappaient de ses yeux ; et comme l'officier en paraissait ému : « Vous » vous étonnez, lui dit le maréchal, de me

» voir pleurer ; ce n'est point pour moi ,
» mais sur le sort de mes enfans que je m'at-
» tendris. » Mme Ney ne voulant point quitter son mari, ce fut dans sa voiture qu'ils arrivèrent à Paris, le 19 août dans la soirée. Les ordres donnés à l'officier de gendarmerie portaient que le maréchal devait être conduit à la prison militaire de l'Abbaye. Sa femme le quitta à quelques pas de là, et l'officier l'y ayant fait écrouer, alla rendre compte de sa mission.

L'affaire du maréchal, qui d'abord avait paru prendre une direction purement militaire, ayant depuis été considérée sous toutes ses faces, on prévit qu'elle serait peut-être renvoyée devant les premiers magistrats civils du royaume. La police devant d'ailleurs s'occuper de la première instruction, il parut peu convenable de tenir le maréchal dans un lieu de détention éloigné et incommode. Il fut donc, peu de jours après, transféré dans les prisons de la Conciergerie. * Cette mesure

---

* Le maréchal fut déposé dans une chambre située au fond de la prison à gauche ; il y était gardé par les troupes de service ordinaire dans ce lieu. Un gendarme couchait dans sa chambre ; des rondes avaient lieu de deux en deux heures, et un guichet, pratiqué à la porte de sa prison, laissait voir dans l'intérieur,

parut influer un moment sur la fermeté de son caractère, et jeter quelques inquiétudes dans son esprit. Quand on lui annonça qu'il allait être interrogé par le préfet de police, il montra de l'épouvante, et son émotion était remarquable lorsqu'il approcha de ce magistrat. Mais bientôt reprenant de l'assurance, il refusa de reconnaître sa qualité : néanmoins, il consentit à lui répondre.

Il nia formellement qu'il eût offert au Roi ses services, et qu'il lui eût fait des protestations de fidélité ; il repoussa surtout avec force l'accusation d'avoir reçu de l'argent de S. M. Il déclara que le ministre lui avait seulement délivré, sur le payeur de Besançon, un bon de 15,000 fr., à valoir sur 40,000 fr.

à chaque moment du jour et de la nuit. Il se levait ordinairement à six heures; aussitôt qu'il était habillé, on lui laissait la liberté de se promener deux heures sur le préau : alors tous les autres prisonniers étaient encore renfermés. Le maréchal passait le tems de sa promenade à fumer des cigares. Rentré chez lui, il déjeûnait, il travaillait ensuite, ou il lisait jusqu'à l'heure du dîner. Assez souvent il recevait des visites, soit de Mme Ney, de ses parens ou de ses avocats. Après son dîner, on faisait rentrer les prisonniers, et il se promenait encore deux heures. En général, il se couchait d'assez bonne heure, vivait sobrement, et paraissait étranger à tous les excès et à toutes les infirmités qui sont comme inséparables de la vie des camps et des fatigues de la guerre.

d'arrérages qui lui étaient dus. Donnant des détails sur l'entretien qu'il avait eu de S. M., en prenant congé d'elle, « Je dis au Roi, ajou-
» ta-t-il, que son ministre de la guerre m'avait
» donné l'ordre de me rendre dans mon gou-
» vernement, et je lui demandai ses der-
» nières instructions. S. M. me répondit que
» Bonaparte était débarqué, et me recom-
» manda de prendre les mesures nécessaires
» pour m'opposer à ses progrès. Je crois que
» je lui répondis que cette démarche, de la
» part de Bonaparte, était insensée, et qu'il
» méritait, s'il était pris, d'être conduit à
» Paris dans une cage de fer : on a prétendu
» que j'avais dit que je le conduirais moi-
» même, si je le prenais, dans une cage de
» fer. Je ne me rappelle pas bien ce que j'ai
» dit; je sais que j'ai prononcé ces mots:
» *cage de fer*. Il y avait en ce moment plu-
» sieurs personnes auprès du Roi; entr'autres,
» autant que je puis me le rappeler, M. le
» prince de Poix, le duc de Grammont, le
» prince de Neuchâtel, et quatre ou cinq autres.
» Je dis aussi que Bonaparte me paraissait
» bien coupable d'avoir rompu son ban. Je
» lui ai dit, au reste, tout cela à lui-même,
» quand je l'ai vu depuis, et il en a ri.

» On a répandu dans le public, continua le
» maréchal Ney, que j'avais baisé la main
» du Roi : cela est faux. Je n'avais pas besoin
» de lui faire des protestations de fidélité, car
» mon intention était de le bien servir ; et je
» l'aurais fait, si j'avais vu que cela eût été
» possible. »

Bientôt, rappelant des souvenirs plus fidèles, il dit : « J'ai en effet baisé la main du Roi,
» S. M. me l'ayant présentée en me souhaitant
» un bon voyage. Le débarquement de Bo-
» naparte me paraissait si extravagant, que
» j'en parlais avec indignation, et que je me
» servis en effet de cette expression de *cage*
» *de fer.* »

Le maréchal Ney donna quelques détails sur les dispositions qu'il avait prises pour s'opposer à Bonaparte ; il protesta de sa fidélité et de son dévouement au Roi jusqu'à l'époque du 13 mars. Il avoua qu'à deux heures du matin il avait reçu la proclamation qu'il a signée et fait publier. « Je dis *la* proclama-
» tion, ajouta-t-il, et non *ma* proclamation ;
» car elle me fut envoyée toute faite par
» Bonaparte, et apportée par un agent par-
» ticulier et un officier de la garde. Avant de
» lire la proclamation aux troupes, je la com-

» muniquai aux généraux de Bourmont et Le-
» courbe, et les consultai sur ce que je de-
» vais faire. De Bourmont me répondit qu'il
» fallait se joindre à Bonaparte ; que les
» Bourbons avaient fait trop de sottises, et
» qu'il fallait les abandonner. C'était le 14,
» à midi ou une heure, que je fis cette lecture
» sur l'esplanade de Lons-le-Saulnier ; mais
» la proclamation était déjà connue : des
» agens, venus du quartier-général de Bona-
» parte, l'avaient répandue dans la ville ; je
» crois même qu'ils avaient aussi apporté des
» aigles. »

Le maréchal persista à soutenir qu'il n'avait ni écrit ni dépêché personne à Bonaparte avant le 15, époque à laquelle il lui envoya son aide-de-camp Devaur, le colonel Passingues, et un maréchal-de-camp dont il ne se rappelait pas le nom. Il s'étendit sur les preuves de zèle qu'il avait précédemment données pour le service du Roi.*

Ces allégations du maréchal ont amené les questions suivantes :

Comment pouvez-vous donc expliquer le changement qui s'est opéré en vous, et comment justifierez-

---

* Voyez le deuxième livre.

vous votre conduite du 14 mars? Vos devoirs n'étaient-ils pas toujours les mêmes?

Le maréchal : Cela est vrai; j'ai été entraîné; j'ai eu tort : il n'y a pas le moindre doute.

Demande. Qui est-ce qui a pu vous entraîner; et n'est-ce pas vous-même qui avez entraîné, par vos discours et par votre exemple, les officiers et les troupes qui étaient sous vos ordres?

Réponse. Je n'ai entraîné personne. Le colonel Dubalen (du 64ᵉ) fut le seul qui protesta; il vint me dire qu'ayant prêté serment de fidélité au Roi, il voulait se retirer. Je l'autorisai à le faire; et j'ai empêché depuis qu'il ne fût arrêté. Mon aide-de-camp, Clouet, me dit qu'il n'approuvait pas ma conduite, et me demanda de retourner à Paris : si je l'engageai de différer de quelques jours, ce ne fut que pour sa sûreté. Ce qui m'a déterminé personnellement, c'est la crainte de la guere civile, et l'assurance que les agens de Bonaparte m'avaient donnée que les puissances alliées étaient d'accord avec lui; que le baron Kohler, général autrichien, était venu le trouver à l'île d'Elbe, et lui dire, de leur part, que les Bourbons ne pouvaient plus régner; qu'on l'engageait à débarquer en France, sous la condition de ne jamais faire la guerre hors des limites; que le roi de Rome et sa mère resteraient en otage à Vienne, jusqu'à ce qu'il eût donné à la France une constitution libérale : toutes choses que lui-même m'a répétées ensuite, quand je l'ai vu à Auxerre. Les généraux Bourmont et Lecourbe ne m'ont fait ni objection ni observation. De Bourmont a vu Bonaparte, et a été de suite employé par lui. Je fais observer que la proclamation qui m'est attribuée, et que je n'ai publiée que le 14, était connue dès le 13 en Suisse; qu'elle émanait de Bonaparte, qui l'avait envoyée à Joseph, à Prangin. Cette tactique était celle de Bonaparte, qui déjà, dans le commencement de la campagne de Russie, avait fait insérer dans le *Moniteur* une lettre dans laquelle il me faisait parler d'une manière fort inconvenante sur les Russes et sur les affaires politiques. Je n'en eus connaissance que parce qu'il me dit le lendemein, en plaisantant, « qu'il m'avait fait faire de l'esprit! » Je lui fis les représentations les plus fortes ; mais la chose était faite. Il en avait fait autant à l'égard du prince Eugène et de Davoust. Je me rappelle aussi qu'il m'avait fait dire, pour me persuader, que les Anglais le protégeaient; que, huit jours avant son départ de l'île d'Elbe, il avait dîné sur un vaisseau de guerre de cette nation ; que le colonel ou général Campbel, qui était commissaire anglais dans cette île, en était parti le lendemain, et que, par suite, il avait pu faire ses préparatifs et s'embarquer.

D. Les troupes avaient-elles manifesté, avant votre proclamation, de mauvaises dispositions contre le Roi ?

R. Il y avait une rumeur sourde; mais les mauvaises dispositions des troupes étaient connues. J'avais cru pouvoir les changer, en faisant arrêter, le 13 au matin, un officier que le général Bourmont doit connaître, et qui avait manifesté l'intention de passer à Bonaparte. Je donnai l'ordre au général Bourmont de l'envoyer à la citadelle de Besançon.

Depuis l'arrivée de Bonaparte, je l'ai très-peu vu. Depuis cette malheureuse proclamation du 14, je ne vivais plus; je ne désirais que la mort, et j'ai tout fait pour la trouver à Waterloo. Lorsque je suis venu de ma terre pour le Champ-de-Mai, Bonaparte me dit : « Je vous croyais émigré? — J'aurais dû le faire plus tôt, » lui répondis-je, « maintenant, il est trop tard. »

Je dois dire aussi que j'avais des désagrémens intérieurs. Ma femme croyait bien que je marchais contre Bonaparte, et cela l'affligeait. J'ai été fort maltraité par lui, et ma femme aussi : j'étais regardé chez lui comme « la bête noire. » Il ne voulait pas voir ma femme : je lui en demandai la raison; il lui reprocha d'avoir tenu des propos. J'ai eu bien des fois envie de me brûler la cervelle; je ne l'ai pas fait, parce que je désirais me justifier. Je sais que les honnêtes gens me blâmeront; je me blâme moi-même : j'ai eu tort, je me le reproche; mais je ne suis pas un traître : j'ai été entraîné et trompé.

D. Le jour de votre arrivée à Paris, le maréchal Soult, ministre de la guerre, ne vous engagea-t-il pas à ne point voir le Roi?

R. Lorsque j'arrivai auprès du ministre, il me dit : « Bonaparte est débarqué. » Je lui répondis : « Je viens de l'apprendre; c'est une folie : que faut-il que je fasse? » Il repartit que je devais aller à Besançon;

qu'il m'y avait envoyé mes instructions. « Mais que ferai-je, quand je serai arrivé? Faudra-t-il réunir les troupes? Sur quel point les dirigerai-je? — Vous le saurez, me répondit-il brusquement, en lisant vos instructions. » Je lui parlai de mon désir de voir le Roi. « N'y allez pas, me dit-il sur le même ton : S. M. est souffrante; elle ne reçoit pas. » Je le quittai, en lui disant : « Vous ne m'empêcherez pas de voir le Roi. »

D. Vous expliquez-vous quel pouvait être le motif du maréchal Soult, en vous détournant de voir Sa Majesté?

R. Non; je ne peux le deviner. Je l'ai poussé à bout de toute manière pour le savoir, et pour connaître aussi la quantité de troupes que j'avais dans mon gouvernement : je n'en pus rien obtenir. Le fait est que, si j'avais suivi ses instructions, je n'aurais fait faire aucun mouvement à ces troupes; je serais resté seul à Besançon. Comment se fait-il que l'aide-de-camp de Soult soit venu disséminer ces troupes, au lieu de les réunir? Si j'avais voulu trahir, j'aurais donné de faux avis à Suchet et à Oudinot, et je ne les aurais pas pressés de marcher en avant. Suchet m'écrivait que ses troupes étaient déjà en fermentation; Gérard, qui se défiait de Suchet, avait envie de reprendre le commandement. Le général Bertrand avait envoyé partout des lettres et des proclamations. Bonaparte, ne voyant pas arriver de Bourmont, Lecourbe, Lagenetière, Dubalen et quelques autres officiers, ordonna de les faire arrêter, et de faire afficher leurs noms dans les villes : mais il révoqua son ordre à mon arrivée à Paris; et il envoya le général Mermet pour prendre le commandement de Besançon.

Le second interrogatoire, fait par M. le préfet de police, contient ce qui suit:

D. Affirmez-vous que, jusqu'au moment de votre arrivée à Lons-le-Saulnier, vous n'avez pas eu la pensée, et n'avez pas formé le complot de déserter la cause du Roi ?

R. Non, bien certainement. Je n'avais aucune connaissance de ce que le comte d'Erlon, Lefèvre-Desnouettes et les autres ont pu faire. On peut demander à Colbert, à Ségur, à Lefèvre-Desnouettes lui-même, ce que je leur ai dit avant de partir de Paris, et si je ne les ai pas engagés à rester fidèles au Roi.

D. Si vous n'aviez pas formé, avant votre arrivée à Lons-le-Saulnier, le projet de joindre Bonaparte avec vos troupes et de reconnaître ses ordres, comment avez-vous pu vous déterminer si promptement à changer de conduite et de sentiment?

R. On peut dire que c'est une digue renversée..... Je conviens que cela est difficile à expliquer..... C'est l'effet de toutes les assertions des agens de Bonaparte. Le préfet de Bourg m'avait manifesté une grande terreur; tout paraissait perdu..... Mais je n'ai changé cependant qu'au moment où j'ai lu la proclamation aux troupes. Je n'avais reçu aucune dépêche, ni aucun émissaire de Bonaparte avant la nuit du 13 au 14 mars : je n'étais en relation avec qui que ce fût ; je n'ai rien su de ce qui s'était passé auparavant. J'ai eu tort sans doute de lire la proclamation ; mais j'ai été entraîné par les événemens. La preuve que, le 13 même, j'étais encore fidèle au Roi, résulte des lettres que j'ai écrites ce jour là aux maréchaux Suchet et Oudinot. Celle qui s'adressait à ce dernier a été écrite le soir, et elle doit en faire mention. Je crois bien que d'autres généraux ont reçu des lettres de Bertrand, mais qu'ils n'ont pas osé les montrer.

D. N'en avez-vous pas reçu vous-même, ou ne vous a-t-on pas communiqué celles reçues par les généraux ? ne vous en a-t-on pas dit du moins le contenu ?

R. Non. On ne m'a communiqué aucune lettre. J'ai reçu des lettres de Bertrand dans la nuit du 13 au 14 avec des proclamations. Je crois que d'autres en ont reçu aussi, mais je ne les ai pas vues. De Bourmont en a reçu lui-même une, par laquelle on lui ordonnait de se porter sur Mâcon. Je crois qu'elles étaient écrites de Tournus, sous la date du 13 ou du 14.

D. Que contenait la lettre que vous avez reçue de Bertrand ?

R. L'envoi pur et simple de la proclamation, l'invitation de la répandre et de diriger mes troupes sur Dijon.

D. N'avez-vous pas reçu aussi, avant le 13, une lettre de Bonaparte ?

R. Je n'ai reçu de lettre de lui que dans la nuit du

13 au 14. Elle doit être dans mes papiers. Il m'y donnait l'ordre de marcher sur Mâcon ou Dijon, et de faire suivre beaucoup d'artillerie. Il m'y disait : « Ainsi vous devez avoir cent pièces de canon. Si vous en manquez, j'en ai trouvé cinq cents à Grenoble. » Il ne me parlait aucunement du Roi, il me donnait des ordres comme il aurait fait un an auparavant, et comme si notre position respective n'avait jamais changé. Ses agens m'avaient dit qu'il aurait pu faire arrêter à Paris, s'il l'avait voulu, le Roi et la famille royale, d'après ce que lui mandaient ses partisans; lui-même me l'a répété à notre première entrevue. Il m'a même chargé, à Dijon, d'écrire à Maret qu'il était inutile de rien faire à Paris, que son succès était inévitable; et j'ai envoyé à cet effet, à Maret, duc de Bassano, un de ses parens, habitant de Dijon, qui était dans la garde nationale, autant que je puis me le rappeler, et inspecteur des droits réunis ou de l'enregistrement; c'est la seule lettre que j'aie écrite à Maret, et c'est par ordre.

D. N'en avez-vous pas reçu vous-même une de cet ancien ministre ?

R. Non. Je n'écrivis à Maret que sur l'ordre que m'en a donné l'empereur, dans une lettre qu'il m'adressa lui-même à Dijon. Il était déjà en avant, et même, je crois, à Fontainebleau.

D. Comment se fait-il qu'étant beaucoup plus près de Paris que vous, il vous ait chargé d'écrire à Maret? Votre lettre n'a dû arriver qu'après lui ?

R. Je présume qu'il lui a écrit de son côté; il ne m'en chargeait que pour plus de sûreté. Ma lettre a dû arriver avant lui : il n'avait qu'une marche devant moi.

D. Savez-vous où il a reçu les premières dépêches qui lui sont parvenues de Paris?

R. Non.

D. Savary n'était-il pas déjà auprès de lui lorsque vous l'avez rejoint?

R. Non : d'après ce que j'ai ouï dire, Savary était resté aux environs de Paris, et courait dans les campagnes. Je crois qu'il n'a rejoint Bonaparte qu'à Paris.

D. Bonaparte ne vous a-t-il pas fait part des complots qui avaient préparé et facilité son retour?

R. Il m'a parlé de son entrevue avec le général Kohler, et de son dîner à bord d'un vaisseau anglais. Nous étions une quinzaine à table. Il annonça que son affaire était une affaire de longue combinaison : Cambrone, Labédoyère, Bertrand, Drouot, Brayer, un colonel d'artillerie, qui commandait celle de la garde; Alix, je crois, et un colonel polonais, étaient de ce dîner. Il nous parla avec détail de ce qui s'était passé pendant son absence, et s'entretint des plus grandes choses comme des plus petites. Il savait, par exemple, ce qui s'était passé au dîner du roi à l'Hôtel-de-ville, me faisant remarquer que les maréchaux n'y avaient pas eu de place; il me dit même que ma femme n'y avait pas été invitée; ce qui est inexact : il est vrai seulement qu'elle n'y était pas allée, parce que l'invitation du roi lui était parvenue à la campagne. Il me demanda des nouvelles de plusieurs personnes : je crois que ce fut lui qui me fit connaître la disgrâce de Soult, et la remise de son épée au roi. Il était extrêmement bien informé de tout ce qui se passait et de tout ce qui s'était passé à Paris; il cite plusieurs femmes de maréchaux comme n'ayant pas été invitées au dîner de l'Hôtel-de-ville.

Il parla de la cérémonie funèbre du 21 janvier. Il me demanda ce que faisait Soult, et pourquoi ce ministre avait coupé les divisions militaires en deux, en envoyant deux lieutenans-généraux pour chaque division, de manière que chacun d'eux correspondait directement avec le ministre. Cette disposition parut singulière à beaucoup de monde. Soult avait placé des généraux à lui dans ces divisions; ils correspondaient directement avec le ministre, qui, de cette manière, avait des gens qui étaient à lui, et d'autres qui étaient au Roi. Aussi, en arrivant à Besançon, je trouvai le général Mermet qui partageait, à mon insu, depuis vingt jours, le commandement de la division avec Bourmont. Mermet était placé à Lons-le-Saulnier, Bourmont à Besançon.

D. Bonaparte ne vous rappelait-il pas, dans sa lettre du 13, vos anciennes liaisons, et ne vous tutoyait-il pas?

R. Non : jamais je n'ai été tutoyé par lui. Il me parlait seulement de mes campagnes, il me disait qu'il se rappelait toujours avec plaisir mes actions : je crois qu'il m'y appelait *le brave des braves*, ainsi qu'il le faisait quelquefois.

D. D'après ce que vous m'avez déclaré dans votre premier interrogatoire, il paraîtrait que vous avez conservé, jusqu'au 13 au soir, l'espérance de faire marcher vos troupes contre Bonaparte, et que vous n'avez eu à punir aucune rébellion de leur part?

R. Je n'ai eu à punir qu'un officier, ainsi que je vous l'ai raconté. Le bouleversement n'a eu lieu que le 14 au matin. Auparavant il n'y avait que de la fermentation. Le préfet vint me déclarer, après la publication de la proclamation, qu'ayant prêté serment au Roi, il voulait rester fidèle et qu'il se retirait. Je l'autorisai à se retirer à la campagne. On peut lui demander si je cherchai à le détourner de cette résolution. Il fut le seul, avec le colonel Dubalen, qui me fit des observations et me montra de l'opposition.

Le maréchal termine en disant :

Je voudrais que vous pussiez annuler ce que j'ai dit dans mon dernier interrogatoire à l'égard de Gérard, de Bourmont et d'autres généraux.

Je ne veux dénoncer personne. Je ne désire que prouver au Roi que je n'ai pas eu l'intention de le trahir; lorsque je l'ai quitté, je suis parti avec l'intention de sacrifier ma vie pour lui. Ce que j'ai fait est un grand malheur; j'ai perdu la tête; je n'ai jamais formé le complot de trahir le Roi. J'aurais pu passer aux États-Unis, je ne suis resté que pour sauver l'honneur de mes enfans; j'avais annoncé, en partant de Paris, que j'étais prêt à me mettre à la disposition du Roi. Je ne tiens pas à la vie, je ne tiens qu'à l'honneur de mes enfans.

Tel fut le premier interrogatoire du maréchal Ney. On put juger, par ses réponses et par le ton qu'il prenait en les donnant, que la crainte était loin de l'avoir abattu.

Cependant on remarquait, à l'inégalité de son humeur, que sa position se présentait parfois à sa pensée sous des couleurs tristes et fatigantes.

Tantôt, à la suite d'un calme qui avait duré plusieurs heures, il montrait de l'impatience et quelquefois de la colère; tantôt, après de longs intervalles d'un silence absolu, il s'approchait de ceux qu'il avait comme repoussés, et mettait une sorte d'affectation à les entretenir des inquiétudes qui l'agitaient, ou des motifs de sécurité qu'il croyait trouver dans sa défense.

Un second, puis un troisième interrogatoire complétèrent la portion d'informations qui ressortissaient de la préfecture de police. On était déjà d'accord sur un point; c'était de resserrer toute l'accusation dirigée contre le maréchal dans la lecture faite à Lons-le-

Saulnier de la proclamation qui avait entraîné ses troupes sous les drapeaux de l'usurpateur.

Ses réponses et les recherches particulières de la police avaient aussi fait connaître les noms de tous ceux qui étaient présens à cette action et qui pouvaient en retracer tous les détails.

Lorsque la première instruction eut amené le développement des preuves qu'on voulait employer, la police se dessaisit de l'affaire, et une ordonnance royale institua un conseil de guerre qui devait achever les informations et prononcer ensuite sur le sort du maréchal.

Cette décision suprême était la conséquence de l'ordonnance du 24 juillet, par laquelle on renvoyait devant ces tribunaux d'exception les généraux *qui avaient trahi le Roi avant le 23 mars, attaqué la France et le gouvernement à main armée, ou qui, par violence, s'étaient emparés du pouvoir.*

Un ordre du ministre de la guerre avait désigné les maréchaux de France et les lieutenans-généraux qui devaient siéger comme juges dans ce tribunal solennel.

Parmi eux se trouvait le maréchal Moncey, duc de Conegliano.

Il refusa cette commission embarrassante

sur des motifs que le Gouvernement ne crut pas devoir admettre.

Son titre de maréchal de France ne put le garantir de l'application d'une loi rendue sous le régime républicain ; il fut déclaré, par une ordonnance, déchu de ses dignités, et condamné à trois mois d'emprisonnement.

C'est ainsi que ce maréchal, dont l'apparente énergie étonna tous ceux qui avaient été témoins de son asservissement sous Bonaparte, se vit replongé dans l'oubli d'où cet incident l'avait tiré.

Ce premier acte de sévérité, dans un gouvernement qui avait donné tant de preuves de modération et de patience, annonça que le tems de la faiblesse était passé, et que les lois ne seraient plus de vains oracles.

Le maréchal Jourdan fut nommé président du conseil de guerre : les maréchaux Masséna, prince d'Essling ; Mortier, duc de Trévise ; Augereau, duc de Castiglione, étaient juges. On leur avait adjoint les généraux Gazan, Claparède et Villate ; le général Grundler était rapporteur, et fut, en cette qualité, chargé de recueillir les réponses de l'accusé et les dépositions des témoins.

A peine le choix de ces officiers-généraux

eut-il été connu, qu'il devint le sujet de commentaires et de conjectures, selon la différence des opinions politiques : les uns, en scrutant les actions qui soumettaient le maréchal Ney à un jugement public, semblaient s'étonner des noms de quelques-uns de ses juges ; d'autres souriaient d'avance en pensant qu'il ne pouvait manquer d'être justifié devant des hommes dont la gloire était le moindre trait de ressemblance qu'ils eussent avec l'accusé.

Toutefois cette nouvelle désignation n'éprouva plus d'obstacles. Le rapporteur reçut les papiers et les renseignemens relatifs à l'instruction dont il était chargé. Il commença par entendre les témoins qui lui avaient été indiqués, et ensuite il fit subir au maréchal trois nouveaux interrogatoires, qui n'ajoutèrent aucun détail remarquable à ceux qui avaient eu lieu devant le préfet de police; mais alors, contre l'attente universelle, contre les espérances et peut-être aussi contre les vœux d'un grand nombre de personnes, le maréchal déclina la compétence du conseil de guerre par la déclaration suivante :

« Je déclare, par ces présentes, décliner
» la compétence de tout conseil de guerre,

» pour être jugé en conformité de l'ordon-
» nance du Roi du 24 juillet dernier. Cepen-
» dant, par déférence pour MM. les maré-
» chaux de France et lieutenans-généraux
» qui composent le conseil de guerre, je suis
» prêt à répondre aux questions qu'il plaira
» à M. le maréchal-de-camp, comte Grundler
» (remplissant les fonctions de rapporteur),
» de m'adresser.

» A la Conciergerie, le 14 septembre 1815.

» Le maréchal prince de la Moskowa,

» *Signé* NEY. »

Le maréchal répondit donc à toutes les questions qui lui furent faites.

Le désir que le lecteur doit éprouver de voir cette histoire débarrassée des répétions que pourraient présenter deux procédures uniformes, nous a engagés à réserver pour les séances de la chambre des pairs les allégations de l'accusé et les dépositions des témoins, qui, resserrées dans un même cadre, formeront le nœud de cette longue tragédie dont la mort du maréchal fut le dénouement.

Mais ce que nous ne devons pas omettre, ce qui fait, pour ainsi dire, un des incidens les plus curieux de cette affaire, est l'ouverture de ce conseil dont la composition était l'objet de tant de réflexions.

Le 9 novembre fut le jour choisi pour la tenue de la première séance. La salle du conseil de guerre ordinaire avait paru mal située et trop peu vaste pour l'assemblée nombreuse et distinguée qui depuis long-tems aspirait à jouir de ce singulier spectacle. On s'arrêta au choix de la grande salle destinée à la tenue des assises criminelles, dans le Palais de Justice. Des dispositions intérieures furent faites à l'avance ; la police de la salle fut confiée à cette garde nationale de Paris qui semblait n'avoir été créée que pour assister aux plus étonnantes révolutions. A dix heures du matin, les juges militaires étaient réunis et la séance allait s'ouvrir, lorsque le maréchal Masséna proposa sa récusation. Il la fondait sur les discussions qui s'étaient élevées entre le maréchal Ney et lui, lors de la retraite du Portugal. Les autres juges, à la décision desquels il soumettait ses moyens, refusèrent de les admettre en donnant des éloges à sa délicatesse. Cette discussion fut de peu de durée; elle se passa dans la chambre du conseil. Bientôt après l'audience publique fut ouverte.

Le spectacle qu'elle offrait était aussi imposant qu'il était nouveau pour la capitale. Sur ces fauteuils où siégeaient la veille des magistrats en robe, étaient des militaires que couvraient les marques brillantes des plus hautes dignités. Une foule d'aides-de-camp et d'officiers se tenaient derrière les siéges des juges ; et cet appareil solennel, qui produisait parmi les nombreux spectateurs des sentimens bien différens, excitait cependant au plus haut point le recueillement et l'intérêt de tous.

La première séance fut consacrée tout entière à la lecture des pièces qui composaient les instructions préparatoires. La seconde séance eut lieu le lendemain 10 novembre ; elle commença à neuf heures du matin, et jusqu'à midi on continua la lecture des pièces. Lorsqu'elle fut terminée, le maréchal-président du conseil ordonna à la force armée de *prier* le maréchal accusé de comparaître. Il s'adressa alors à l'auditoire, et dit :

« M. le maréchal Ney va être amené devant le conseil. Je rappelle au public qu'il ne doit se permettre aucun signe d'approbation ni d'improbation, et je donne l'ordre au commandant de la garde de faire sortir sur-le-champ quiconque s'écarterait du respect dû au tribunal... et au malheur. »

Toute l'assemblée avait les yeux tournés vers la porte par laquelle étaient passés tant de criminels obscurs, et où devait paraître un maréchal de France qui pendant 25 années avait fait la gloire de l'armée et l'orgueil des Français. Après un court intervalle le maréchal entra, conduit par deux officiers de gendarmerie. Il traversa une partie de la salle pour arriver au pied du tribunal, et sur son passage la garde lui présenta les armes. Il était vêtu d'un habit militaire sans broderie ; il portait les cordons et la plaque de différens ordres ; un crêpe qu'il avait au bras gauche rappelait la perte qu'il venait de faire de son beau-père, mort du chagrin des événemens dont il est menacé. Un fauteuil était préparé pour lui sur une estrade, vis-à-vis du tribunal. Le maréchal-président lui fit une question. Au lieu d'y répondre, l'accusé tira un papier et lut ce qui suit :

« Par déférence pour MM. les maréchaux
» de France et MM. les lieutenans-généraux,
» j'ai consenti à répondre aux questions que
» M. le rapporteur m'a adressées en leur nom,
» n'ayant pas voulu entraver l'instruction pré-

» paratoire de cette procédure ; mais aujour-
» d'hui qu'elle est achevée, et que je me trouve
» conduit dans l'enceinte d'un tribunal, je dois
» renouveler mes réserves et les convertir en
» même tems en un déclinatoire formel de la
» compétence de tout conseil de guerre. Je dé-
» clare donc à MM. les maréchaux de France
» et lieutenans-généraux que, sans m'écarter
» du respect dû à l'autorité, sans vouloir ré-
» cuser les suffrages d'aucun d'eux, je refuse
» de répondre à tout conseil de guerre, comme
» à tout tribunal, autre que celui auquel la
» loi attribue le pouvoir de me juger. Etranger
» aux matières de jurisprudence, je les prie
» de me permettre de développer les motifs
» de mon déclinatoire par l'organe de mon
» avocat, et de l'écouter avec une bienveil-
» lante indulgence. »

On n'aura pas remarqué sans surprise que, depuis le commencement du procès qui lui était intenté, le maréchal s'était épuisé en récusations. Cette conduite semblerait étrange si l'on n'en trouvait l'explication dans son cractère connu. Cet homme si grand sur un champ de bataille, étonné de l'appareil, nouveau pour lui, d'une procédure crimi- nelle, avait abandonné sa vie dans les conseils de ses avocats, et se trouva ainsi l'organe des argumentations captieuses qu'ils ne cessèrent de présenter.

En effet, le choix de ces défenseurs semblait annoncer que des discussions minutieuses remplaceraient l'abandon et les aveux sincères qu'on devait attendre de la franchise militaire de l'accusé. On pensait généralement que ses déclarations ajouteraient à sa réputation de droiture; et ses amis les plus intimes croyaient que le meilleur moyen d'écarter l'idée de préméditation, qui s'attachait alors à sa faute, était d'accepter de suite les juges que le Roi lui donnait : ce ne fut donc pas sans une extrême surprise qu'on le vit tenir une conduite différente ; mais peut-être aussi que ses avocats, peu habitués à défendre d'aussi grands intérêts, s'étaient fait une fausse idée de leur mission, et que, dans les scrupules de leur zèle, les plus frivoles argumens leur paraissaient ne pas pouvoir être oubliés. Quoi qu'il en soit, le plaidoyer qui suivit la récusation du maréchal prouva de quelle source cette récusation émanait. Dans un discours où le faux goût du siècle de Patru s'alliait au néologisme moderne, M. Berryer s'attacha à prouver :

1°. Que c'était un usage consacré depuis les premiers âges de la monarchie française, que chaque homme, à quelque condition qu'il appartînt, fût jugé par ses pairs.

2°. Que depuis l'établissement de la pairie en France, tous les membres de ce corps, frappés de prévention pour quelque crime que ce fût, avaient été jugés devant la cour des pairs.

3°. Que si pendant la révolution, les citoyens étant rentrés dans le droit commun, on avait été obligé d'adopter de nouvelles classifications pour tous les genres de délits, un tel ordre de choses ne pouvait avoir d'effet sous un régime qui rendait à la pairie ses priviléges et ses honneurs.

4°. Que les autorités tirées des anciens usages de la monarchie s'appliquaient exactement à la procédure du maréchal, puisqu'il était pair de France dans le moment où il avait commis l'action pour laquelle il était recherché.

5°. Qu'ainsi la chambre des pairs pouvait seule prononcer d'une manière légale dans cette affaire.

Après le plaidoyer de M. Berryer, le général Grundler prit la parole, et, rappelant quelques-uns des moyens qu'avait employés cet avocat, il les fit servir de base à ses conclusions. Mais autant le premier avait fatigué les juges et l'auditoire, autant le second parut captiver l'attention générale par une érudition concise et mesurée, par un goût sûr, et par un choix d'exemples qui faisait de son plaidoyer une dissertation historique du plus grand intérêt.

Les fonctions de commissaire du Roi étaient remplies par un employé supérieur de l'armée, le commissaire-ordonnateur Joinville. Il essaya de s'élever contre les principes développés par le rapporteur, et conclut à ce qu'on procédât au jugement sans désemparer.

Le conseil se retira pour délibérer. Revenu après une demi-heure, le jugement suivant fut prononcé :

« Le conseil, après avoir délibéré sur la question de savoir s'il était compétent pour juger M. le maréchal Ney, a déclaré, *à la majorité de cinq contre deux*, qu'il n'était pas compétent.

» Le conseil charge M. le général comte Grundler, rapporteur, de donner connaissance du présent jugement à M. le maréchal Ney. »

Et ont signé au procès-verbal,

S. Ex. le maréchal Jourdan; S. Ex. le maréchal Masséna, prince d'Essling; S. Ex. le maréchal Augereau, duc de Castiglione; S. Ex. le maréchal Mortier, duc de Trévise; M. le lieutenant-général comte Gazan; M. le lieutenant-général Claparède; M. le lieutenant-général comte Villate, seuls lieutenans-généraux employés dans la première division militaire; M. le comte Grundler, rapporteur; M. Joinville, ordonnateur en chef, procureur du Roi; M. Boudin, greffier.

Le lendemain, 11 novembre, le commissaire-ordonnateur, procureur du Roi près le conseil de guerre, déclara se pourvoir en révision contre le jugement d'incompétence rendu par ce conseil.

Le maréchal avait obtenu ce qu'il désirait, ou peut-être ce qu'on avait désiré pour lui; cependant sa situation particulière sembla, dès ce moment, s'embarrasser de plus en plus. Engagé dans des discussions dont il n'apercevait ni les motifs, ni l'issue, le souvenir de sa gloire, qui semblait s'obscurcir dans les ténèbres de la chicane, paraissait l'inquiéter, et ne se réveiller en lui que pour ajouter un tourment de plus au malheur de sa position.

Sa conduite était l'objet de l'étonnement général : cette défiance qu'il avait montrée envers ses anciens camarades confondait tous les esprits ; plus on croyait avoir de raisons pour leur supposer une indulgence extrême, plus les récusations du maréchal semblaient partir d'un caractère ombrageux que rien ne pouvait rassurer.

Toutefois, l'espèce de précipitation que le conseil avait mise dans sa décision fit croire que les militaires qui le composaient s'estimaient heureux de ne plus être placés entre des devoirs difficiles et des sentimens qui peut-être se réfléchissaient sur eux-mêmes. Dans un tems qui touche encore de si près aux incertitudes politiques, la conscience des juges n'est pas toujours pour eux une règle sûre et tranquillisante. Quelquefois le souvenir de ce qui n'est plus, l'idée de ce qui aurait pu être, viennent combattre les vérités les plus positives, et la raison indécise reste suspendue entre le passé et le présent.

FIN DU QUATRIÈME LIVRE.

LIVRE CINQUIEME.

—

A peine le jugement qui dessaisissait le conseil de guerre de l'affaire du maréchal Ney fut-il connu, qu'il fit naître les sensations les plus vives et les plus opposées. Le ministère pensa que la justice ne pouvait pas être retardée plus long-tems, et qu'il était indispensable d'adopter de suite des mesures qui fixassent l'indécision des esprits.

C'était le 10 novembre qu'avait été rendu le jugement d'incompétence; dès le 11 parut une ordonnance que nous croyons devoir transcrire textuellement.

« Louis, par la grâce de Dieu, Roi de France et de Navarre;

» Vu l'art. 33 de la Charte constitutionnelle; nos ministres entendus, nous avons ordonné et ordonnons ce qui suit :

» La chambre des pairs procédera, sans délai, au jugement du maréchal Ney, accusé de haute trahison et d'attentat contre la sûreté de l'Etat. Elle conservera, pour ce jugement, les mêmes formes que pour les propositions de lois, sans néanmoins se diviser en bureaux.

» Le président de la chambre interrogera l'accusé pendant l'audience, entendra les témoins et dirigera les débats. Les opinions seront prises suivant les formes usitées dans les tribunaux.

» La présente ordonnance sera portée à la chambre des pairs par nos ministres secrétaires-d'Etat et par notre procureur-général près notre cour royale de Paris, que nous chargeons de soutenir l'accusation et la discussion. »

Signé LOUIS.

Le même jour, les ministres du Roi se présentèrent à la chambre des pairs, où M. le duc de Richelieu, président du conseil, prononça le discours suivant :

« Le conseil de guerre extraordinaire établi pour juger le maréchal Ney, s'est déclaré incompétent. Nous ne vous dirons pas toutes les raisons sur lesquelles il s'est fondé ; il suffit de savoir que l'un des motifs est que ce maréchal est accusé de haute trahison.

» Aux termes de la Charte, c'est à vous qu'il appartient de juger ces sortes de crimes. Il n'est pas nécessaire, pour exercer cette haute juridiction, que la chambre soit organisée comme un tribunal ordinaire. Les formes que vous suivez dans les propositions de lois, et pour juger en quelque sorte celles qui vous sont présentées, sont sans doute assez solennelles et assez rassurantes pour juger un homme, qu'elle qu'ait été sa dignité, quel que soit son grade.

» La chambre est donc suffisamment constituée pour juger le crime de haute trahison dont le maréchal Ney est depuis si long-tems accusé.

» Personne ne peut vouloir que le jugement soit retardé par le motif qu'il n'existe pas auprès de la chambre des pairs un magistrat qui exerce l'office de procureur-général. La Charte n'en a pas établi ; elle n'a pas voulu en établir ; peut-être ne l'a-t-elle pas dû. Pour certains crimes de haute trahison, l'accusateur s'élèvera de la chambre des députés ; pour d'autres, c'est le Gouvernement lui-même qui doit l'être. Les ministres sont les organes naturels de l'accusation, et nous croyons bien plutôt remplir un devoir, qu'exercer un droit en nous acquittant devant vous du ministère public.

» Ce n'est pas seulement, Messieurs, au nom du Roi que nous remplissons cet office ; c'est au nom de la France, depuis longtems indignée, et maintenant stupéfaite. C'est même au nom de l'Europe que nous venons vous conjurer et vous requérir à la fois de juger le maréchal Ney. Il est inutile, Messieurs, de suivre la méthode des magistrats, qui accusent en énumérant avec détail toutes les charges qui s'élèvent contre l'accusé; elles jaillissent de la procédure qui sera mise sous vos yeux. Cette procédure subsiste dans son intégrité, malgré l'incompétence et à cause même de l'incompétence prononcée. La lecture des pièces que nous faisons déposer dans vos bureaux vous fera connaître les charges. Il n'est donc pas besoin de définir les différens crimes dont le maréchal Ney est accusé; ils se confondent tous dans les mots tracés par cette Charte, qui, après l'ébranlement de la société en France, en est devenue la base la plus sûre.

» Nous accusons devant vous le maréchal

Ney de haute trahison et d'attentat contre la sûreté de l'Etat.

» Nous osons dire que la chambre des pairs doit au monde une éclatante réparation ; elle doit être prompte, car il importe de retenir l'indignation qui de toutes parts se soulève. Vous ne souffrirez pas qu'une plus longue impunité engendre de nouveaux fléaux, plus grands peut-être que ceux auxquels nous essayons d'échapper. Les ministres du Roi sont obligés de vous dire que cette décision du conseil de guerre devient un triomphe pour les factieux. Il importe que leur joie soit courte, pour qu'elle ne leur soit pas funeste. Nous vous conjurons donc, et, au nom du Roi, nous vous requérons de procéder immédiatement au jugement du maréchal Ney, en suivant, pour cette procédure, les formes que vous observez pour la délibération des lois, sauf les modifications portées par l'ordonnance de Sa Majesté, dont il va vous être donné lecture.

» D'après cette ordonnance, vos fonctions judiciaires commencent dès cet instant. Vous vous devez à vous-mêmes, Messieurs, de ne faire entendre aucun discours qui puisse découvrir votre sentiment pour ou contre l'accusé. Il comparaîtra devant vous aux jour et heure que la chambre fixera. »

Lorsque le premier ministre eut cessé de parler, le procureur-général donna lecture à la chambre des pairs du jugement d'incompétence du conseil de guerre, et de l'ordonnance que nous venons de transcrire.

La chambre déclara, par l'organe du chancelier de France, son président, qu'elle recevait avec respect la communication qui venait de lui être faite, au nom du Roi; qu'elle reconnaissait les attributions que lui donnait l'article 33 de la Charte, et qu'elle était prête à remplir ses devoirs, en se conformant à l'ordonnance. Elle s'ajourna au 13 novembre pour prendre connaissance de la procédure instruite contre le maréchal.

La chambre des pairs se réunit en effet le jour qu'elle avait indiqué. Les ministres s'y présentèrent, et le duc de Richelieu donna connaissance d'une ordonnance royale du 12, additionnelle à celle de la veille, et qui réglait définitivement les formes à suivre dans le jugement du maréchal Ney. Cette ordonnance est ainsi conçue :

« Louis, par la grâce de Dieu, Roi de France et de Navarre, etc.

» Par notre ordonnance du 11 de ce mois, nous avons déterminé que la chambre des pairs, dans l'exercice des fonctions judiciaires qui lui sont attribuées, conservât son organisation habituelle, et nous avons déjà prescrit les principales formes de l'instruction et du jugement.

» Voulant donner à notre ordonnance tous les développemens nécessaires,

» Voulant aussi donner aux débats qui doivent précéder le jugement la publicité prescrite par l'article 64 de la Charte constitutionnelle,

» Nous avons ordonné et ordonnons ce qui suit :

» Art. 1er. La procédure sera instruite sur le réquisitoire de notre procureur de la cour royale de Paris, l'un de nos commissaires délégués par notre ordonnance susdite.

» 2. Les témoins seront entendus, et le prévenu sera interrogé par notre chancelier, président de la chambre des pairs, ou par celui des pairs qu'il aura commis. Procès-verbal sera dressé de tous les actes d'instruction, dans les formes établies par le Code d'instruction criminelle.

» 3. Les fonctions attribuées par les lois aux

greffiers des cours et tribunaux, dans les affaires criminelles, seront exercées par le secrétaire-archiviste de la chambre des pairs, lequel pourra s'adjoindre un commis assermenté.

» 4. L'instruction étant terminée, sera communiquée à nos commissaires qui dresseront l'acte d'accusation.

» 5. Cet acte d'accusation sera présenté à la chambre des pairs, qui décernera, s'il y a lieu, l'ordonnance de prise de corps, et fixera le jour de l'ouverture des débats.

» 6. L'acte d'accusation, l'ordonnance de prise de corps et la liste des témoins, seront notifiés à l'accusé par un huissier de la chambre des pairs. Il lui sera donné également copie de la procédure.

» 7. Les débats seront publics. Au jour fixé par la chambre des pairs, l'accusé paraîtra assisté de son conseil; l'un de nos commissaires remplira les fonctions du ministère public.

» 8. Il sera procédé à l'audition des témoins, à l'examen, aux débats, à l'arrêt et à l'exécution dudit arrêt, suivant les formes prescrites pour les cours spéciales, par le Code d'instruction criminelle. Néanmoins, si la chambre des pairs le décide, l'arrêt sera prononcé hors la présence de l'accusé, mais publiquement et en présence de ses conseils. En ce cas, il lui sera lu et notifié par le greffier, qui en dressera procès-verbal.

» Donné à notre château des Tuileries, le 12 novembre. »

Signé LOUIS.

Dans le même tems on faisait des dispositions dans l'intérieur de la salle qui devait bientôt être transformée en un tribunal.

On avait annoncé que les séances seraient publiques, et on distribua un assez grand nombre de billets d'entrée. Les inconvéniens qu'on trouva à amener le maréchal tous les jours de la Conciergerie où il était détenu au Luxembourg où il devait être jugé, déterminèrent les pairs à lui faire disposer une pièce dans l'intérieur de leur palais: il l'occupa pendant la durée de la première instruction. Sur ces entrefaites le maréchal, ses conseils et quelques-uns de ses amis répandaient des mémoires imprimés, dans lesquels on posait des questions qui toutes tendaient à l'écarter d'une forme de jugement que lui-même avait sollicitée. Dans un de ces mémoires, intitulé *Quel-*

ques Questions sur le procès du maréchal Ney, une plume, qui paraissait exercée, présentait un tableau hardi de l'abandon général que le Roi avait éprouvé dans les derniers jours de mars. Ce mémoire reposait presqu'entièrement sur cette question : *Etait-ce le moment de commencer la guerre civile le 14 mars, à Lons-le-Saulnier, avec quatre régimens, plutôt que le 19 à Melun, avec une armée de volontaires royaux et des troupes choisies ?* En s'adressant à ceux que le Roi devait compter parmi ses serviteurs les plus fidèles, on mettait en doute s'ils avaient fait quelque chose pour lui dans cette circonstance, et on leur demandait *s'il était généreux de faire peser sur un seul homme la responsabilité d'un événement que chacun d'eux devait entreprendre de détourner.* En même tems on répandait la lettre écrite par le maréchal, à Fouché, dans le mois de juin, presque immédiatement après la bataille de Waterloo.

Toujours guidé par la même hésitation, le maréchal faisait publier ou souffrait qu'on publiât en son nom des articles de la capitulation de Paris dans lesquels il semblait chercher un asile. Par d'autres écrits, on rappelait quelques circonstances glorieuses de sa vie; mais des souvenirs que la France conservait encore perdaient de leur prix dans le moment où le maréchal les retraçait. On voyait avec peine un guerrier fameux sollicitant en quelque sorte l'intérêt du public par des moyens indignes de sa gloire. Nous le verrons plus tard, rendu à lui-même, n'écoutant que ses propres pensées, effacer par une conduite pleine de grandeur les impressions défavorables qu'avaient fait naître les moyens timides et tortueux de ses défenseurs.

Cependant une instruction préparatoire se faisait dans le sein de la chambre des pairs. M. Séguier, long-tems premier président de la cour impériale de Paris, élevé par le roi à la dignité de la pairie, fut chargé de recevoir les déclarations des témoins et de faire subir de nouveaux interrogatoires au maréchal. Le zèle que ce magistrat déploya dans sa mission avança de plusieurs jours l'ouverture des débats publics.

Le 21 novembre, jour indiqué pour la première séance, arriva. Dès le point du jour, de nombreux détachemens de la garde nationale et des troupes de la garnison étaient placés autour du palais. Un grand nombre d'étrangers de marque occupait les tribunes;

dans les places réservées au public, on remarquait plusieurs membres de la chambre des députés revêtus de leur costume.

A onze heures la séance s'ouvrit. Le chancelier de France occupait le fauteuil; à ses côtés étaient les secrétaires de la chambre, MM. Pastoret, de Choiseul, de Sèze, et de Chateaubriant. Trois ministres étaient présens. M. Bellart, procureur-général, commissaire du Roi, représentant le ministère public, avait un bureau au-dessous et à la droite du président. Le secrétaire-rédacteur de la chambre faisant les fonctions de greffier, était assis à la gauche; entre eux étaient placés les témoins, au nombre de vingt, dont seize mandés pour soutenir l'acte d'accusation, et les autres pour déposer sur divers faits que le maréchal avait allégués à sa justification.

Les avenues de la salle étaient gardées par des postes de la garde nationale parisienne, chargée du service d'honneur.

Le chancelier ouvrit la séance en ces termes :

« Messieurs, le maréchal Ney, accusé de haute trahison et d'attentat contre la sûreté de l'Etat, va être amené devant la chambre des pairs : je fais observer au public, pour la première fois témoin de nos séances, qu'il ne doit se permettre aucun signe d'approbation ou d'improbation. Les témoins doivent être écoutés, les réponses de l'accusé religieusement entendues ; j'ordonne à la force publique d'arrêter quiconque violerait le silence qui doit être observé dans cette enceinte, quiconque s'écarterait du respect dû à cette auguste assemblée, et des égards que réclame le malheur.

» Les témoins vont être introduits ; on fera comparaître ensuite l'accusé. »

Les seize témoins à charge se présentent. A la gauche du président, et dans le parquet, on avait disposé deux tables et trois siéges pour le maréchal et ses deux avocats, MM. Berryer et Dupin.

Le chancelier ordonna de faire entrer l'accusé. Il parut escorté par quatre grenadiers royaux, qui, à ce qu'on assure, étaient des officiers de confiance pris dans la maison du Roi. Le maréchal avait un habit bleu militaire sans broderie ; il portait les épaulettes de son grade, la plaque de la Légion-d'Honneur ; le grand-cordon de cet ordre, passé sous l'habit, n'avait que le nœud d'apparent. On remarquait à sa boutonnière le ruban sans croix de l'ordre de Saint-Louis. Après avoir salué l'assemblée, il s'assit entre ses deux défenseurs.

On commença par l'appel nominal de tous les pairs, suivant l'ordre du chancelier.

Le chancelier demanda ensuite au maréchal ses noms, prénoms, etc., et après que celui-ci eut répondu, le chancelier lui adressa ces paroles :

« Accusé, prêtez à ce qui va vous être lu la plus grande attention. Je recommande à votre conseil la plus stricte modération dans les débats qui vont s'ouvrir; je l'invite à ne parler ni contre sa conscience, ni contre l'honneur, et à se renfermer dans tout le respect qui est dû aux lois. »

Le greffier donne alors lecture de l'acte d'accusation. Pour mettre le lecteur à même de suivre les débats, nous croyons devoir rapporter textuellement cette pièce, qui est la base de toute la procédure.

Les commissaires du Roi, chargés par ordonnance de S. M. des 11 et 12 de ce mois de soutenir devant la chambre des pairs l'accusation de haute trahison et attentat contre la sûreté de l'Etat, intentée au maréchal Ney, et sa discussion,

Déclarent que des pièces et de l'instruction qui leur

ont été communiquées par suite de l'ordonnance qu'a rendue, en date du 15 du présent, M. le baron Séguier, pair de France, conseiller d'Etat, premier président de la cour royale de Paris, commissaire délégué par M. le chancelier, président de la chambre, pour faire ladite instruction, résultent les faits suivans :

En apprenant le débarquement effectué à Cannes, le 1er mars dernier, par Bonaparte, à la tête d'une bande de brigands de plusieurs nations, il paraît que le maréchal Soult, alors ministre de la guerre, envoya, par un de ses aides-de-camp, au maréchal Ney, qui était dans sa terre des Coudreaux, près Châteaudun, l'ordre de se rendre dans son gouvernement de Besançon, où il trouverait des instructions.

Le maréchal Ney vint à Paris le 6 ou le 7 (car le jour est resté incertain; et, au surplus, cette circonstance est peu importante), au lieu de se rendre directement dans son gouvernement.

La raison qu'il en a donnée est qu'il n'avait pas ses uniformes.

Elle est plausible.

Ce qui l'est moins, c'est que, suivant le maréchal, il ignorait encore, lorsqu'il est arrivé à Paris, et l'évènement du débarquement de Bonaparte à Cannes, et la vraie cause de l'ordre qu'on lui donnait de se rendre dans son gouvernement de Besançon. Il est bien invraisemblable que l'aide-de-camp du ministre de la guerre ait fait au maréchal, à qui il portait l'ordre de partir subitement, un secret si bizarre de cette nouvelle, devenue l'objet de l'attention et des conversations générales, secret dont on ne peut même soupçonner le motif, comme il ne l'est pas moins que le maréchal ait manqué de curiosité sur les causes qui lui faisaient ordonner de partir soudain pour son gouvernement, et n'ait pas interrogé l'aide-de-camp, qui n'eût pu alors se défendre de répondre.

Le maréchal veut pourtant qu'on admette cette supposition; et il soutient qu'il n'a appris cette grande nouvelle qu'à Paris, par hasard, et chez son notaire, Batardi.

Le maréchal a-t-il cru qu'en affectant cette ignorance prolongée du débarquement de Bonaparte, il ferait plus facilement croire qu'il n'était pour rien dans les mesures qui l'ont préparé, puisqu'en effet il n'eût pas dû rester indifférent à ce point sur le résultat du complot? On n'en sait rien. Ce qu'on sait, c'est que cette ignorance n'est pas naturelle, et qu'elle est plus propre à accroître qu'à dissiper les soupçons sur la possibilité que le maréchal ait trempé dans les manœuvres dont ce débarquement a été le funeste résultat.

Ces soupçons sur la participation que le maréchal a pu prendre à ces manœuvres se sont considérablement augmentés par les dépositions d'un assez grand nombre de témoins, qui ont rapporté divers propos attribués au maréchal, dont la conséquence serait que le maréchal était prévenu de cette arrivée.

C'est ainsi que le sieur Beausire dépose que, peu de tems après sa défection, le maréchal lui disait que quand lui Beausire avait traité d'une fourniture avec le gouvernement du Roi, il avait dû prévoir qu'il traitait pour le souverain légitime (Bonaparte).

Le comte de La Genetière dépose qu'après avoir fait lecture de la proclamation, dont il va bientôt être question, le maréchal dit aux personnes qui l'entouraient que le retour de Bonaparte était arrangé depuis trois mois.

Le comte de Favernay assure aussi qu'au dire du général Lecourbe, le maréchal lui avait dit qu'il avait pris toutes les mesures pour rendre plus nécessaire et plus inévitable la défection de ses troupes, qu'il sut ensuite déterminer par la lecture de la proclamation.

D'autres témoins encore, comme les sieurs Magin, Perrache et Pantin, affirment qu'on leur a dit que le maréchal avait positivement déclaré, dans une auberge de Montereau, que le retour de Bonaparte avait été concerté dès long-tems. A ces témoignages, on en eût pu ajouter plusieurs encore, comme ceux du baron Capelle, du marquis de Vaulchier, du sieur Beauregard, et du sieur Garnier, maire de Dole, qui ont été entendus sur commissions rogatoires, dans la procédure tenue devant le conseil de guerre où fut d'abord traduit le maréchal Ney. Mais ces témoins n'étant plus sur les lieux, on a cru pouvoir négligèr de les faire entendre de nouveau. Leurs dépositions, déjà recueillies par des officiers publics, restent du moins comme renseignemens.

La justice toutefois exige que l'on dise que plusieurs

autres témoins, qui ont vu agir le maréchal dans les jours qui ont précédé la lecture de la proclamation, paraissent croire que jusque-là il fut de bonne foi, et déposent des faits qui annonceraient qu'à moins d'une profonde dissimulation, le maréchal était alors dans la disposition d'être fidèle au Roi.

Quoi qu'il en soit, au reste, de cette disposition réelle ou feinte, et, si elle fut réelle, de sa durée, le maréchal, avant de quitter Paris, eut l'honneur de voir le Roi, qui lui parla avec la bonté la plus touchante, comme avec la plus grande confiance. Le maréchal parut pénétré de l'opinion que son souverain conservait de sa loyauté, et, dans un transport vrai ou simulé, il protesta de ramener Bonaparte dans une cage de fer, et scella ses protestations de dévouement en baisant la main que le Roi lui tendit. Le maréchal avait d'abord voulu nier et cette expression de l'enthousiasme apparent de son zèle, et la liberté que le Roi lui avait permis de prendre. Il a fini par en convenir.

C'est le 8 ou le 9 que le maréchal partit de Paris. Il n'a pas su fixer le jour avec exactitude.

Il trouva à Besançon les instructions du ministre de la guerre. Ces ordres portaient en substance : « Qu'il » réunirait le plus de forces disponibles, afin de pouvoir » seconder efficacement les opérations de S. A. R. » Monsieur, et de manœuvrer de manière à inquiéter » ou détruire l'ennemi. »

On a vu que, d'après les récits opposés de certains témoins, dont les uns rapportent des discours du ma-

réchal qui sembleraient supposer qu'il savait dès long-
tems ce que méditait l'ennemi de la France, et dont
les autres assurent n'avoir remarqué dans ses mesures
et dans ses discours que de la droiture, il est au
moins permis de conserver beaucoup de doutes à cet
égard.

Mais ce sur quoi toutes les opinions se réunissent,
c'est sur la conduite que le maréchal tint à Lons-le-
Saulnier le 14 mars.

Le maréchal avait dirigé sur cette ville toutes les
forces qui étaient éparses dans son commandement.

Quelques officiers, bons observateurs, et même des
administrateurs locaux, qui avaient conçu de justes inquiétudes sur les dispositions de plusieurs militaires de
divers grades, et sur des insinuations perfides faites aux
soldats, avaient indiqué au maréchal, comme un moyen
probable d'affaiblir ces mauvaises inspirations, le mélange qu'il pourrait faire de bons et fidèles serviteurs
du Roi, qu'on choisirait dans les gardes nationales,
avec la troupe que par leur exemple et leurs conseils
ils maintiendraient dans le devoir. Le maréchal, de
premier mouvement, rejeta ces propositions, même
avec une sorte de dédain, en disant : *Qu'il ne voulait
ni pleurnicheurs ni pleurnicheuses:* et quoiqu'il fléchît
un peu ensuite sur cette idée, ce fut avec tant de lenteur et de répugnance, que la mesure ne put malheureusement ni être réalisée, ni empêcher le mal que le
maréchal semblait prévoir sans beaucoup d'inquiétude.

Cet aveuglement, ou cette mauvaise disposition secrète du maréchal eut bientôt les graves conséquences qu'avec d'autres intentions le maréchal eût dû redouter.

Quelques témoins pensent que, jusqu'au 13 mars au soir, le maréchal fut fidèle.

En admettant leur favorable opinion, l'effort n'était pas considérable. Le maréchal était parti de Paris le 8 ou le 9. C'était le 8 ou le 9 qu'il avait juré au Roi une fidélité à toute épreuve, et un dévouement tel qu'il lui ramènerait, selon son expression, dans une cage, son ancien compagnon de guerre. Depuis lors, quatre ou cinq jours seulement s'étaient écoulés. Quatre à cinq jours suffisaient-ils à éteindre ce grand enthousiasme? Quatre à cinq jours, durant lesquels le maréchal n'avait encore ni rencontré d'obstacle, ni vu l'ennemi, n'avaient pas dû consommer, à ce qu'il semble, l'oubli de sa foi.

Il est triste pour la loyauté humaine d'être obligé de dire qu'il en fut autrement.

Cinq jours seulement, après de telles promesses faites à son maître, qui l'avait comblé d'affection et de confiance, et qu'il avait trompé par l'expression démesurée peut-être d'un sentiment dont le monarque ne lui demandait pas l'espèce de preuves qu'il en offrait, le maréchal Ney trahit sa gloire passée, non moins que son Roi, sa patrie et l'Europe, par la désertion la plus criminelle, si l'on songe au gouffre de maux dans lequel elle a plongé la France, dont le maréchal, autant qu'il était en lui, risquait de consommer la per en même tems que, sans nulle incertitude, il consommait celle de sa propre gloire. Ajoutons même qu'il trahit sa propre armée, restée fidèle jusque-là; sa propre armée, dans laquelle le gros des soldats savait résister encore aux brouillons et aux mauvais esprits, s'il en était qui cherchassent à l'agiter; sa propre armée, qu'il est apparent qu'on aurait vue persister dans cette loyale conduite, si elle eût été assez heureuse pour s'y voir confirmée par l'exemple d'un chef dont le nom et les faits militaires commandaient la confiance aux soldats; sa propre armée enfin, qu'il contraignit en quelque sorte, par les provocations dont il va être rendu compte, à quitter de meilleures résolutions pour suivre son chef dans la route du parjure, où il l'entraînait après lui.

On vient de dire que le maréchal Ney n'avait pas vu l'ennemi.

On s'est trompé. Il ne l'avait vu que trop : non pas, il est vrai, comme il convient aux braves, en plein jour et au champ d'honneur, pour le combattre et le détruire, mais, comme c'est le propre des traîtres, au fond de sa maison, et dans le secret de la nuit, pour contracter avec lui une alliance honteuse, et pour lui livrer son Roi, sa patrie, et jusqu'à son honneur.

Un émissaire de cet artisan des maux de l'Europe, encore plus habile à tramer des fraudes et des intrigues qu'à remporter des victoires, était parvenu jusqu'au maréchal dans la nuit du 13 au 14 mars dernier. Il lui apportait une lettre de Bertrand, écrite au nom de son maître, dans laquelle celui-ci appelait le maréchal le *brave des braves*, et lui demandait de revenir à lui.

S'il est vrai que le maréchal jusque-là ne fût encore entré dans nul complot, il n'en fallut pas davantage du moins pour qu'il consentît à trahir ses sermens. Sa vanité fut flattée. Son ambition se réveilla. Le crime fut accepté : et ce ne fut pas plus tard qu'au lendemain matin qu'en fut renvoyée l'exécution.

Le lendemain matin 14 mars 1815, il révéla cette disposition, nouvelle en apparence ou en réalité, aux généraux de Bourmont et Lecourbe.

Ceux-ci ont affirmé qu'ils firent leurs efforts pour lui donner de l'horreur d'une telle résolution; tout ce qu'ils purent lui dire pour l'en pénétrer fut inutile.

Il les entraîna sur le terrain, où il avait ordonné à ses troupes de se former en carré; et là, il lut lui-même aux soldats la proclamation suivante :

ORDRE DU JOUR.

Le maréchal prince de la Moskowa aux troupes de son gouvernement.

» Officiers, sous-officiers et soldats,

» La cause des Bourbons est à jamais perdue ! La dynastie légitime que la nation française a adoptée va remonter sur le trône : c'est à l'empereur Napoléon, notre souverain, qu'il appartient seul de régner sur notre beau pays ! Que la noblesse des Bourbons prenne le parti de s'expatrier encore, ou qu'elle consente à vivre au milieu de nous, que nous importe ? La cause sacrée de la liberté et de notre indépendance ne souffrira plus de leur funeste influence. Ils ont voulu avilir notre gloire militaire ; mais ils se sont trompés : cette gloire est le fruit de trop nobles travaux pour que nous puissions jamais en perdre le souvenir.

« Soldats, les tems ne sont plus où l'on gouvernait les peuples en étouffant tous leurs droits : la liberté triomphe enfin ; et Napoléon, notre auguste empereur, va l'affermir à jamais. Que désormais cette cause si belle soit la nôtre et celle de tous les Français ! Que tous les braves que j'ai l'honneur de commander se pénètrent de cette grande vérité.

» Soldats, je vous ai souvent menés à la victoire : maintenant je veux vous conduire à cette phalange immortelle que l'empereur Napoléon conduit à Paris, et qui y sera sous peu de jours ; et là notre espérance et notre bonheur seront à jamais réalisés. *Vive l'empereur!*

» Lons-le-Saulnier, le 13 mars 1815.

» *Le maréchal d'empire*,

» *Signé* prince DE LA MOSKOWA. »

On peut juger de l'effet que durent produire sur la masse des soldats cette conduite et ces ordres d'un chef révéré.

La surprise d'ailleurs eût pu opérer les mauvais effets

qu'il est hors de doute qu'on avait déjà préparés par d'autres moyens. Ces moyens, toutefois, avaient si peu obtenu un plein succès, et les troupes auraient été si faciles à maintenir dans un devoir, qu'en effet le cœur des Français n'est pas fait pour trahir quand la perfidie ne cherche pas à les égarer; qu'au dire d'un témoin entendu dans la procédure d'un conseil de guerre (le chef d'escadron Beauregard), tandis que les soldats qui étaient plus près de leur général, entraînés par les séductions de l'obéissance, répétaient le cri de rébellion qu'il avait jeté, *vive l'empereur!* les soldats plus éloignés, fidèles au mouvement de leur cœur et à l'honneur français, et qui étaient loin de supposer l'exécrable action du maréchal Ney, criaient *vive le roi!*

L'égarement même, dans ces premiers momens, fut si loin d'être universel, que, selon le même témoin, beaucoup d'officiers et de soldats indignés sortirent des rangs.

Pendant que la consternation, selon que l'ont attesté aussi trois autres témoins, les comtes de Bourmont, de la Genetière et de Grigel, était dans l'ame des généraux et d'un grand nombre d'officiers et soldats, on s'empressa, pour achever l'erreur des troupes, de leur offrir l'appât le plus séduisant pour les hommes privés d'éducation, celui de la licence, du pillage et de l'ivresse. Sous prétexte de détruire les signes de la royauté, dont le maréchal Ney venait de proclamer l'anéantissement, on leur permit de se répandre dans la ville, et de s'y livrer aux excès qui devaient achever de perdre leur raison et de les fixer dans leurs torts, par la mauvaise honte d'en revenir après s'y être trop enfoncés.

Cette mauvaise honte, malgré l'influence d'un tel chef, ne retint pas pourtant quelques ames élevées et quelques cœurs droits; tant il est permis de croire que, si le maréchal eût été fidèle lui-même, une armée, dans laquelle tout le pouvoir de son exemple trouvait pourtant de si grandes résistances, fût elle-même, sans ses perfides provocations, devenue, par son dévouement au Roi, l'honneur de la France; en sorte que toute la honte de sa conduite retombe véritablement sur le chef parjure qui fourvoyait la raison et la loyauté instinctive de ses soldats.

Un grand nombre d'officiers, stupéfaits de n'avoir plus de chef, se retirèrent, comme le lieutenant-général Delort, le général Jarry, le colonel Dubalen, etc. MM. de Bourmont et de la Genetière se séparèrent avec une sorte de désespoir d'un général qui ne jouait plus, auprès de ses subordonnés, que le rôle d'un corrupteur; le comte de la Genetière lui écrivit même avec amertume la lettre suivante, qu'il faut recueillir comme une circonstance propre à diminuer l'espèce de flétrissure imprimée sur les troupes par une défection dont il est facile de juger que la surprise ne fut pas une des causes des moins agissantes.

« Ne sachant pas transiger avec l'honneur, et ne me
» croyant pas dégagé des promesses solennelles que j'ai
» faites au Roi, entre les mains de S. A. R. Monsieur,

» lorsqu'il me reçut chevalier de Saint-Louis ; ne pou-
» vant, d'après mes principes, continuer plus long-
» tems des fonctions préjudiciables à l'intérêt de mon
» prince, je quitte l'état-major et me rends à Besançon.
» J'ai eu long-tems l'honneur de servir sous vos or-
» dres, monsieur le maréchal; aujourd'hui je n'ai qu'un
» regret, c'est celui de les avoir exécutés pendant
» vingt-quatre heures. Mon existence pût-elle être
» compromise, je la sacrifie à mon devoir. »

Voilà le cri de l'honneur français !

Voilà la conduite qui console, et des erreurs d'autres officiers, ou même des erreurs commises par ceux-là mêmes qui savent les réparer si noblement et si vîte !

Voilà aussi les sentimens qui révèlent les intentions qu'au milieu de nos aberrations politiques conservèrent les braves dont le courage ne vit que la patrie dans les guerres où ils furent engagés, et dont la gloire en effet, lorsqu'elle fut accompagnée d'une telle droiture, dut être adoptée par le monarque, quoiqu'elle ne fût pas toujours acquise en défendant sa cause !

Sur-le-champ M. de la Genetière passa sous les ordres de M. Gaëtan de la Rochefoucauld, dont il suffit de prononcer le nom pour réveiller le souvenir de son dévouement.

D'autres officiers sortirent aussi de sous les ordres du maréchal. MM. de Bourmont et Lecourbe revinrent à Paris.

Le baron Clouet, son propre aide-de-camp, lui demanda de le quitter, et le quitta en effet.

Leçons bien amères données au chef par ses inférieurs, et dont il eût dû profiter pour réparer ses fautes par un prompt retour aux conseils de l'honneur!

C'est ce que ne fit pas le maréchal Ney! Il s'enfonça de plus en plus dans la trahison.

Le jour même où il lut sa proclamation à ses troupes, il donna l'ordre écrit de faire marcher toutes celles qui se trouvèrent sous ses ordres, pour les réunir à celles de Bonaparte.

La nuit qui suivit il envoya M. Passinges, baron de Préchamp, à Bonaparte, pour lui apprendre ce qu'il avait fait.

Le jour d'après, pour achever de séduire M. de la Genetière, il lui montra la lettre de Bertrand, qui lui disait contenir l'assurance que tout était convenu avec le cabinet de Vienne.

Le même jour il fit imprimer et mettre à l'ordre de l'armée la proclamation qu'il avait lue la veille, pour que le poison pût s'en propager avec plus de facilité, et qu'il arrivât jusqu'à ceux qui avaient été assez heureux pour ne pas en entendre la lecture.

Dès le 14 le maréchal avait voulu séduire le marquis de Vaulchier, préfet du Jura, et l'engager à gouverner pour Bonaparte. Sur l'horreur que ce magistrat fidèle lui manifesta, il lui dit même que cette horreur *était une bêtise.* Dans la nuit du 14 au 15 il lui en donna l'ordre écrit, que ce préfet montra même à M. de Grivel.

Les jours suivans il s'occupa d'insurger tous les pays

où il passait, et d'y faire imprimer sa proclamation : il y en eut une édition à Dole.

Le 19 mars il décerna un ordre d'arrestation contre ceux des officiers généraux et magistrats dont la résistance avait été la plus marquante, et à qui il ne pardonnait pas, soit de l'avoir abandonné, soit d'avoir résisté à ses ordres ; savoir :

MM. de Bourmont, Lecourbe, Delort, Jarry, la Genetière, Durand, Dubalen, son propre aide-de-camp Clouet, le comte de Scey, et le commandant d'Auxonne.

Il écrivit au duc de Bassano, par ordre de Bonaparte, de suspendre toutes mesures à Paris ; ce qui s'entend sans doute de quelques mesures qui avaient été méditées par cet usurpateur, s'il eût éprouvé quelque résistance.

Il osa même bien écrire aux maréchaux ducs de Reggio et d'Albufera, pour leur transmettre des ordres de Bertrand.

Il donna l'ordre au commandant d'Auxonne de rendre sa ville aux troupes de Bonaparte ; et ce fut même pour punir l'indocilité honorable de cet officier que peu de jours après il inscrivit son nom dans la liste de ceux qu'il ordonnait de priver de leur liberté.

Toute la France, toute l'Europe a su que, depuis, le maréchal Ney a persisté avec éclat dans sa rébellion ; mais tous les faits qui se rattachent à sa conduite ultérieure n'étant que la conséquence de sa première trahison, méritent à peine d'être remarqués auprès de ce grand acte d'infidélité, l'une des sources des malheurs qu'une fatale usurpation attira sur la France.

Ces malheurs aussi ne doivent pas être retracés, tout propre que serait le tableau fidèle que l'on en pourrait faire à soulever l'indignation universelle contre l'un des hommes qui en furent les principaux artisans.

Il faut en détourner la vue, parce que le spectacle en est intolérable; il faut en détourner la vue, sans pouvoir comprimer pourtant la cruelle réflexion que tous les maux dont la patrie est désolée sont dus à une poignée d'hommes qui, parce qu'ils se distinguèrent par quelques beaux faits militaires, ont cru qu'ils avaient le droit de se mettre au-dessus des lois, de se jouer des sentimens les plus sacrés, de la fidélité elle-même à leur Roi et à leur pays, et d'y faire impunément toutes les révolutions dont peut s'aviser leur ambition souvent irréfléchie; persuadés qu'ils sont que, parce qu'ils furent de braves militaires, il leur est permis d'être, à la face de la nation et de l'Europe, des sujets déloyaux et de mauvais citoyens : doctrine déplorable qui n'est heureusement que la doctrine exclusive de cette poignée d'ambitieux pervers; doctrine désavouée par le véritable honneur militaire, et par cette foule de braves dont les yeux enfin dessillés ne peuvent plus reconnaître la gloire dans ceux que jadis ils virent aux champs de l'honneur, s'ils ne les retrouvent pas dans les routes de la fidélité à leur Roi et à leur patrie; et s'ils ne les voient pas se montrer à la fois grands citoyens autant que grands capitaines, et hommes de bien non moins que guerriers pleins de valeur.

En conséquence de tous ces différens faits, Michel Ney, maréchal de France, duc d'Elchingen, prince de la Moskowa, ex-pair de France, est accusé devant la chambre des pairs de France, par les ministres du Roi et par le procureur-général près la cour royale de Paris, commissaires de S. M.;

D'avoir entretenu avec Bonaparte des intelligences à l'effet de faciliter, à lui et à ses bandes, leur entrée sur le territoire français, et de lui livrer des villes, forteresses, magasins et arsenaux, de lui fournir des secours en soldats et en hommes, et de seconder le progrès de ses armes sur les possessions françaises, notamment en ébranlant la fidélité des officiers et soldats;

De s'être mis à la tête de bandes et troupes armées, d'y avoir exercé un commandement pour envahir des villes dans l'intérêt de Bonaparte, et pour faire résistance à la force publique agissant contre lui;

D'avoir passé à l'ennemi avec une partie des troupes sous ses ordres;

D'avoir, par discours tenus en lieux publics, placards affichés, et écrits imprimés, excité directement les citoyens à s'armer les uns contre les autres;

D'avoir excité ses camarades à passer à l'ennemi;

Enfin, d'avoir commis une trahison envers le Roi et l'Etat, et d'avoir pris part à un complot dont le but était de détruire et changer le gouvernement et l'ordre de successibilité au trône; comme aussi d'exciter la guerre civile en armant ou portant les citoyens et habitans à s'armer les uns contre les autres;

Tous crimes prévus par les articles 77, 87, 88, 89, 91, 92, 93, 94, 96 et 102 du Code pénal, et par les articles 1er et 5 du titre Ier, et par l'article 1er du titre III de la loi du 21 brumaire an V.

Fait et arrêté en notre cabinet, au palais de la chambre des pairs, le 16 novembre 1815, à midi.

Signé Richelieu, Barbé-Marbois, le comte du Bouchage, le duc de Feltre, Vaublanc, Corvetto, de Cazes, Bellart.

La lecture de l'acte d'accusation étant terminée, le chancelier s'adressant à l'accusé, lui dit :

« M. le maréchal, vous venez d'entendre la totalité des charges qui vous accusent, et les hautes inculpations qui s'élèvent contre vous; vous êtes prévenu d'avoir eu des intelligences avec l'ennemi, d'avoir excité, provoqué, ordonné la défection; d'avoir lu vous-même, à l'armée, une proclamation séditieuse; enfin, d'avoir donné l'ordre d'arrêter les officiers qui n'ont point partagé la trahison. Bien que le seul exposé de ces faits révolte les esprits, que tous les bons Français détestent ce crime, ce n'est point devant la chambre des pairs que vous devez craindre d'être précédé d'une prévention funeste, poursuivi par la mailveillance ou la partialité; elle a bien plutôt à se défendre d'anciens souvenirs et de l'intérêt que lui inspire un guerrier long-tems la gloire de son pays, et qu'elle aimait à compter au nombre de ses membres. Vous pouvez parler sans crainte; je dois vous demander si, avant que l'instruction commence, vous n'avez point à présenter quelques moyens préjudiciels. »

Le maréchal se leva et répondit en ces termes :

« Monseigneur le chancelier et Messieurs,
» la chambre des pairs ayant décidé qu'il
» me serait permis de présenter des moyens
» préjudiciels, je demande qu'on veuille bien
» en entendre le développement avant de
» passer outre à aucune partie de l'instruc-
» tion. »

Dans cet instant, le procureur général demanda que le maréchal fût tenu de présenter ses moyens à la fois, pour mettre fin à une affaire qui intéressait si essentiellement la sûreté de l'État.

L'avocat Berryer, ayant ensuite obtenu la parole, s'appuya sur l'article 33 de la Charte,

portant que la chambre des pairs ne connaîtra des crimes de haute trahison qu'autant qu'ils seraient définis par une loi, pour conclure à ce qu'on cessât toute espèce de poursuite contre le maréchal Ney, jusqu'à ce que la marche à suivre eût été déterminée par une loi organique.

Le procureur-général répondit sur-le-champ à ce plaidoyer. Il persista à demander que tous les moyens qui ne tenaient point au fond de l'affaire fussent présentés à l'heure même et collectivement.

M. Dupin, second avocat du maréchal, crut devoir répliquer. Il allégua que les pièces dont la loi ordonnait la communication aux accusés, n'avaient été remises au maréchal que depuis deux jours; qu'ainsi ses conseils n'avaient pas eu le tems de les méditer, et qu'ils ne demandaient d'ailleurs qu'un délai strictement nécessaire pour préparer la défense.

La chambre des pairs se retira pour délibérer sur ce moyen, et ordonna que le commissaire du Roi s'expliquerait sur l'absence de la loi organique, objet des argumentations de l'accusé.

Cette explication ne se fit point attendre.

Le procureur-général trouva dans son talent, et surtout dans son zèle, les moyens de réfuter la proposition émise par ses adversaires.

M. Dupin prétendit alors que la Charte constitutionnelle exigeait qu'une loi particulière définît la nature des crimes qui seraient portés au jugement de la cour des pairs, et que cette loi n'ayant pas été rendue, on ne pouvait dès-lors juger le maréchal Ney. La chambre crut devoir encore délibérer sur cette nouvelle prétention ; elle rendit l'arrêt suivant :

« La chambre, faisant droit sur les conclusions du commissaire du Roi, sans s'arrêter ni avoir égard aux moyens présentés dans l'intérêt du prévenu, s'ajourne à jeudi prochain, 23 novembre ; maintient les assignations des témoins ; ordonne que l'accusé sera tenu de présenter cumulativement ses autres moyens de défense, s'il en a, sur la question préjudicielle ; sinon elle passera outre, pour continuer les débats sur la question de fond et rendre le jugement. »

Cependant les intentions des avocats du maréchal ne pouvant être satisfaites par le délai qui était accordé, M. Berryer essaya de nouvelles représentations ; mais le chancelier les écarta par la force de la chose jugée. Tel fut le résultat de la première séance tenue par la chambre des pairs.

Les audiences furent reprises le 23 novembre.

Le chancelier dit aux avocats de l'accusé : « La chambre vous a accordé la faculté de présenter vos moyens préjudiciels, vous avez la parole. »

Ce fut M. Berryer qui, à la suite d'un discours où l'on retrouve une partie des idées qu'il avait déjà plusieurs fois présentées, déposa sur le bureau de la chambre les conclusions suivantes :

« Il plaira à la chambre des pairs,

» Attendu qu'il n'existe contre M. le maréchal Ney aucun arrêt de mise en accusation;

» Que l'ordonnance du 11 novembre, présentée en même tems que la plainte et avant l'addition de plainte, ne peut avoir ce caractère ;

» Que cette ordonnance d'ailleurs supposait valable et probante la procédure tenue devant le conseil de guerre, tandis que cette procédure, nulle comme faite par juges incompétens, était désormais réputée non-avenue ;

» Que cela est si vrai, que l'ordonnance du 12 et l'arrêt du 13 novembre ont ordonné une nouvelle instruction ;

» Qu'il n'existe pas d'arrêt qui, depuis cette nouvelle instruction, ait prononcé la mise en accusation ;

» Que l'arrêt du 17 novembre ne contient qu'une simple ordonnance de prise de corps, qui suppose la mise en accusation, mais qui ne saurait la suppléer ;

» Qu'ainsi, il y a irrégularité sous ce premier rapport ;

» Attendu que l'acte d'accusation dressé le 10 novembre, et relaté dans l'arrêt du 17, est nul, en ce qu'il n'a été précédé d'aucune mise en accusation légalement prononcée ;

» Que d'ailleurs cet acte d'accusation aurait dû être notifié à l'accusé dans les trois jours, et que l'exploit de signification étant ensuite ne porte aucune date ni du jour ni du mois, de sorte que cette signification, nulle par elle-même, n'a pu avoir l'effet, ni de remplir le but de l'article 242 du Code d'instruction criminelle, ni de faire courir aucun délai contre l'accusé ;

» Attendu d'ailleurs qu'il n'a pas été accordé de délai suffisant, soit pour la proposition des nullités, soit pour faire donner assignation aux témoins *à décharge ;*

» Et par tous autres motifs qui seront déduits à l'audience, ou qu'il plaira à la cour suppléer de droit et d'équité :

» Déclarer la procédure tenue, à partir de l'arrêt du 13 novembre dernier, nulle et de nul effet ; en conséquence, ordonner qu'elle sera recommencée en la forme voulue par la loi.

» Tous autres moyens réservés. »

Paris, ce 22 novembre 1815.

Le maréchal prince de la Moskowa, NEY.

Le procureur-général réfuta les objections présentées au nom de l'accusé, et demanda que les débats du procès fussent commencés à l'instant même.

Pour épargner à nos lecteurs les détails presque toujours stériles dans lesquels s'embarrassent les procédures qui tendent à obtenir des délais, nous nous contenterons de faire connaître la seule proposition qui fut prise en considération par la cour des pairs, et qui renfermait en effet un axiôme de droit universellement reconnu, celui de laisser à l'accusé toute la latitude nécessaire à sa défense.

M. Dupin demanda au nom du maréchal qu'on lui accordât un délai suffisant pour faire venir les personnes dont le témoignage devait lui être favorable.

La chambre, après une courte délibération, prit la décision suivante :

« La chambre des pairs, faisant droit à la demande de l'accusé pour obtenir un délai qui lui donne le tems de faire entendre les témoins dont il a signifié la liste au commissaire du Roi, par exploit du 19 de ce mois ; après avoir entendu les conclusions du procureur du Roi, ajourne au 4 décembre prochain, dix heures du matin, pour tout délai, l'examen des pièces, l'ouverture des débats et le jugement, toute assignation donnée, tenant. »

Après ce jugement, le maréchal fut reconduit à la Conciergerie.

Le 4 décembre suivant, jour fixé pour la reprise de la procédure, la séance ayant été ouverte, le procureur-général prit la parole, et dit :

« La lecture donnée à la chambre de l'acte d'accusation, expose tous les griefs contre le maréchal Ney. Les retracer en détail, après qu'ils ont été déjà mis sous les yeux, ce serait et faire un double emploi et perpétuer les sentimens de douleur qu'ils ont déjà excités en vous : je crois devoir faire, à la rapidité de la marche de l'affaire, et pour l'intérêt de la justification et de l'accusation, le sacrifice du développement que je pourrais donner à ces imputations. Je vais donc me borner à faire donner, par le secrétaire-archiviste, lecture de la liste des témoins. »

Le greffier en chef a donné lecture de la liste des témoins appelés à la requête du ministère public et de l'accusé.

Les premiers étaient au nombre de 37 ; voici leurs noms :

MM. le duc de Duras, Magin, Pantin, Perrache, le chevalier de Richemont, de Beausire, le duc de Reggio, le baron Clouet, le comte de Faverney, le prince de Poix, le comte de Scey, le comte de la Genetière, le comte de Grivel, le comte de Bourmont, de Balliencourt, Charmoille de Fresnoy, le chevalier Grison, Tumeril de Lecourt, Batardy, le duc de Mailhé, le baron Passinges de Préchamp, le baron Mermet, le baron Gauthier, le marquis de Sauran, Régnault de Saint-Amour, Cayrol, le duc d'Albufera, de Langue de Bourcin, le baron de Montgenet, Boulouze, le baron Capelle, le marquis de Vaulchier, Bessières, Guy, le chevalier Durand, le comte Heudelet, Mad. Maury.

Les témoins assignés à la requête du maréchal étaient au nombre de quatre, savoir :

MM. le prince d'Eckmuhl, le comte de Bondy, le général Guilleminot, Bignon.

Après la lecture de cette liste, le maréchal prit la parole : « Je vais répondre, dit-il, à toutes les inculpations, sauf la réserve de faire valoir, par mes défenseurs, les moyens tirés de l'art. 12 de la convention du 3 juillet, et des dispositions de celle du 20 novembre 1815. »

Le chancelier fit ensuite subir au maréchal l'interrogatoire suivant :

D. Où étiez-vous à l'époque du débarquement de Bonaparte ?
R. A ma terre des Coudreaux.
D. Pourquoi l'avez-vous quittée ?
R. Pour me rendre à mon gouvernement, d'après un ordre du ministre de la guerre, qui est ici dans mes papiers ou qui a été remis à V. Exc.
D. Quel est l'officier qui vous l'a transmis ?
R. Je ne me le rappelle pas ; il doit être ici.
D. Ne vous a-t-il rien appris du débarquement de Bonaparte ?
R. Non : Il m'a remis la lettre, et ne m'a rien dit autre chose. Il était parti de Paris le 5 mars en sortant d'un bal. Je lui ai proposé à dîner chez moi ; il a dîné, il a fait ses préparatifs et est parti.

D. Il ne vous a donc rien dit du débarquement de Bonaparte ?

R. Rien. Il ne le savait pas. Demandez-le à M. le duc de Montmorenci : personne ne le savait, pas même à Paris.

D. Quand êtes-vous arrivé à Paris ?

R. Le 7 au soir. J'étais parti dans la nuit du 6. Il y a treize heures de poste.

D. Comment l'avez-vous appris à Paris ?

R. Je l'ai su par mon notaire ; étant chez lui pour mes affaires particulières, il me dit : « Savez-vous la grande nouvelle ? — Quelle nouvelle ? — Celle du débarquement de Bonaparte. »

D. Avez-vous vu le ministre de la guerre ?

R. Oui, après avoir fait ma visite au duc de Berri.

D. Que vous a dit le ministre ?

R. Il n'a pas voulu s'expliquer sur ma mission. Il m'a dit : « Vous trouverez à Besançon des ordres. D'ailleurs Bourmont est instruit. »

D. Avez-vous vu le Roi ?

R. Je l'ai vu. On m'a dit d'abord que S. M. était souffrante, que je ne pouvais pas la voir. J'ai insisté ; enfin je lui ai été présenté. Je lui ai demandé si elle n'avait rien de particulier à m'ordonner ; elle ne se rappelait en aucune manière d'aucune disposition militaire. Sur ce que je suis censé lui avoir dit que je ramènerais Bonaparte dans une cage de fer, dussé-je être fusillé, lacéré en mille morceaux, je ne me rappelle pas l'avoir dit. J'ai dit que son entreprise était si extravagante que, si on le prenait, il méritait d'être mis dans une cage de fer. Cependant, si je l'avais dit, ce serait une sottise impardonnable ; mais ce serait une preuve que j'avais le désir de servir le Roi.

D. Quand êtes-vous parti de Paris ?

R. Le 8 mars.

D. Par quel ordre ?

R. Sur la lettre du ministre de la guerre.

D. Reconnaissez-vous les ordres ?

R. Oui......, la lettre du 5 mars.

(Le greffier donne lecture de cette lettre.) *

D. Avez-vous fait exécuter ces ordres ?

R. On peut voir, à la simple lecture, qu'il n'y avait rien à faire. Je ne commandais que des dépôts. Bourmont avait le commandement.

D. Quel jour arrivâtes-vous à Lons-le-Saulnier ?

R. Le 12.

D. Qu'avez-vous fait le 12 ?

R. J'ai réuni les officiers et les ai rappelés à leurs devoirs et à leur serment. A mesure que je trouvais des soldats, je les réunissais et leur parlais de leurs devoirs et de leurs sermens.

D. Qu'avez-vous fait dans la nuit du 13 au 14 ?

R. J'ai reçu plusieurs agens de Bonaparte.

D. A quelle heure les avez-vous reçus ?

R. A une heure, deux heures ou trois heures.

D. Quels étaient ces émissaires ?

R. Plusieurs individus : des officiers de la garde déguisés ; un d'eux blessé à la main. Dans le premier interrogatoire du ministre de la police, je m'en suis expliqué.

On a dit que lorsque S. M. m'avait tendu la main, j'avais hésité à la baiser ; je n'ai jamais hésité.

D. Que vous ont dit ces émissaires ?

R. Ils m'apportaient une lettre de Bertrand, qui me disait que tout était arrangé ; qu'un envoyé d'Autriche était allé à l'île d'Elbe ; que le Roi devait quitter la France ; que c'était convenu avec l'Angleterre et l'Autriche ; qu'ils me rendaient responsable du sang français inutilement versé, et une infinité de choses

---

* Voyez livre 2, page 124.

qui m'ont circonvenu ; je défie qu'avant on puisse dire que j'aie jamais tergiversé.

D. Où est cette lettre de Bertrand ?

R. Je n'ai pas été le maître de la conserver. Je suis arrivé le jour même qu'on fusillait Labédoyère. La maréchale avait ordonné de la brûler avec une infinité d'autres papiers qui pourraient en ce moment éclairer la religion de la chambre, particulièrement des lettres de Bonaparte. Il est pardonnable à une femme malheureuse, dans la crainte de compromettre son mari, de faire brûler ses papiers.

D. Vous avez donc reçu des lettres de Bonaparte ?

R. Des lettres postérieures, depuis le 14 mars jusqu'à la bataille de Waterloo.

D. Est-il vrai que vous ayez fait imprimer une proclamation ?

R. Cette proclamation est datée du 13, et n'est pas signée. La signature est fausse. Je ne signe jamais le prince de la Moskowa. Elle était affichée avant que je ne la lusse ; je n'en ai lu une que le 14.

(On lui a présenté la proclamation ; il a fait observer qu'elle n'avait pas été imprimée à Lons-le-Saulnier. — On lui lit la proclamation.) *

Le maréchal : Je crois que c'est celle que j'ai lue.

D. Quelles propositions vous ont été faites par les émissaires de Bonaparte ?

R. Je l'ai dit tout-à-l'heure. Ils m'ont dépeint la situation des choses. Que tout le pays et une partie de l'armée étaient déjà insurgés ; que tout était couvert de ses proclamations et de ses agens ; que tout le monde courait après lui ; que c'était une rage, absolument une rage ; que l'affaire était arrangée avec les puissances ; qu'il avait dîné à bord d'un vaisseau anglais,

* Voyez livre 2, page 150.

et que la station avait quitté l'île d'Elbe exprès pour faciliter son départ.

M. Bellart a demandé si l'accusé n'aurait pas quelques déclarations à faire sur des aigles apportées par les émissaires de Bonaparte.

R. J'ai entendu dire que deux aigles avaient été apportées. Effectivement, les aigles ont été arborées par les chefs et les soldats; mais le drapeau blanc a été respecté.

D. Avez-vous porté les décorations de Bonaparte?

R. Non. Lorsque j'ai abordé Napoléon, j'avais conservé les décorations du Roi, et je les ai portées jusqu'à Paris.

Le maréchal a ajouté qu'avant de lire la proclamation, il avait demandé aux généraux Lecourbe et Bourmont leur avis sur la proclamation; qu'ils ne l'ont point désapprouvée; qu'ils sont venus le chercher ensuite pour aller sur le terrain, et que l'interrogatoire en sa présence va éclaircir leur déclaration précédente.

D. A quelle heure avez-vous vu ces deux généraux?

R. A dix heures. Je leur ai offert à déjeûner; ils ont refusé. C'est Bourmont qui a donné les ordres d'assembler les troupes sur une place que je ne connaissais même pas; lui, Lecourbe et quelques autres m'y ont conduit, et c'est là que j'ai lu la proclamation.

D. Quel ordre avez-vous donné le 14?

R. J'ai donné l'ordre de marcher sur Dijon, comme j'y avais été invité par le maréchal Bertrand.

(On a représenté au maréchal un ordre qu'il avait donné à M. de la Genetière.) *

Le maréchal a dit qu'il ne le connaissait pas.

M. le chancelier en a fait donner lecture.

Il contient l'itinéraire des troupes sur Mâcon et sur Dijon, et plusieurs autres dispositions sur le traitement

---

* Voyez livre 3, page 153.

et les rations à donner aux soldats, sur une augmentation de solde à chaque officier. Il invite les chefs militaires à remplacer par le drapeau tricolore les étendards de la maison de Bourbon. Il les invite à se procurer des aigles, soit en cuivre, soit en tout autre métal.

Le maréchal a reconnu que cet ordre pouvait avoir été rédigé à son état-major dans la matinée du 14. Il a ajouté que cette marche avait été contremandée par le maréchal Bertrand.

D. Comment avez-vous pu en si peu de tems concevoir et rédiger un ordre aussi détaillé ? Pourquoi l'augmentation de solde donnée aux officiers ?

R. Votre Excellence ne saurait concevoir l'attention que Bonaparte avait pour assurer le service des troupes, et quelles précautions il prenait à cet égard. Il leur donnait, dans des marches forcées, des gratifications. A Fontainebleau il donna de 50 à 100 francs à chaque officier.

D. N'avez-vous pas engagé M. de la Genetière à se ranger du côté de Bonaparte ?

R. Non. Il était libre d'agir. Aucun ne me fit alors d'objections. Un seul officier, et je dois le dire à son éloge, est venu me remettre sa démission, en me disant que les sermens qu'il avait faits au Roi ne lui permettaient pas d'embrasser une autre cause. Je n'ai point accepté sa démission. Je l'ai laissé libre de partir; je lui ai conseillé de se retirer à Besançon pour éviter les mauvais traitemens de ses soldats.

D. Avez-vous fait imprimer la proclamation ?

R. Non.

D. Comment l'avez-vous laissé imprimer ?

R. Je l'avais lue sans l'avoir signée, et on l'aura imprimée sans que j'en aie eu connaissance.

D. Avez-vous donné l'ordre d'arrêter des officiers et quelques fonctionnaires ?

R. J'ai reçu cet ordre de Bonaparte ; mais je n'ai fait arrêter personne.

On a lu l'ordre daté du 19 mars. Il est dirigé contre MM. de Bourmont, Lecourbe, Delort, Jarry, de la Genetière, de Vaulchier, Dubalen, Clouet, le commandant d'armes d'Auxonne, le comte Scey, Bessières.

(On a présenté l'ordre à l'accusé.) *

D. Le reconnaissez-vous ?

R. Je le reconnais ; il m'avait été donné par Bertrand ; mais personne n'avait été arrêté : aucun maréchal n'aurait voulu arrêter un général.

D. Avez-vous proposé à M. le marquis de Vaulchier de s'unir à Bonaparte ?

R. Je ne l'ai proposé à personne : je lui ai écrit pour qu'il maintînt la tranquillité dans la ville, et fît respecter les personnes et les propriétés. Il y a eu du bruit à Lons-le-Saulnier, mais point de dégât. Je ne pouvais pas empêcher les paysans et la populace de courir et de boire dans les rues avec les soldats.

D. Avez-vous écrit au duc de Reggio ?

R. Oui. — J'ai écrit dans l'intérêt du Roi ; mais je doute que les lettres lui soient parvenues.

D. Avez-vous écrit au duc de Bassano ?

R. Oui ; je lui ai écrit par ordre de Bertrand, à l'effet de faire respecter tous les membres de la famille royale.

D. Avez-vous écrit au commandant d'Auxonne de rendre la place à Bonaparte ?

R. Non. Les bourgeois étaient maîtres de la place.

Cet interrogatoire terminé, on a entendu les témoins.

Premier témoin, M. le duc de Duras.

M. le président : Vous jurez et promettez, etc. ?

---

* Voyez livre 3, page 165.

Le témoin : Je le jure.

M. le président : Vos noms, prénoms, âge, qualité et domicile ?

Le témoin : Amédée Bretagne Malo de Durfort, duc de Duras, pair de France, premier gentilhomme de la chambre du Roi, maréchal-des-camps et armées du Roi, âgé de quarante-quatre ans, chevalier de Saint-Louis, domicilié à Paris.

D. Connaissiez-vous l'accusé avant les faits qui ont donné lieu à l'acte d'accusation ?

R. Je l'avais vu quelquefois chez le Roi.

D. Êtes-vous parent, allié ou au service de l'accusé ?

R. Non.

D. Déposez ce que vous savez des faits contenus dans l'acte d'accusation.

R. Je persiste dans ma précédente déposition écrite.

D. Vous devez, devant la chambre, répéter les mêmes faits qui sont contenus dans cette déposition.

R. Le 7 mars dernier j'ai introduit M. le maréchal Ney dans le cabinet du Roi, de onze à onze heures un quart. Le maréchal s'est avancé d'un pas ferme vers le Roi, et, en s'inclinant, il a remercié Sa Majesté de la confiance dont elle venait de lui donner un témoignage par des paroles pleines de bonté. Après avoir baisé la main que le Roi a daigné lui tendre, il a dit à Sa Majesté que, s'il pouvait prendre Bonaparte, il le lui ramènerait dans une cage de fer.

Le chancelier demanda au maréchal : Avez-vous quelques observations à faire sur la déposition du témoin ?

R. Je n'ai point dit cela. Je croyais avoir dit l'inverse ; que l'entreprise de Bonaparte était si extravagante que, si on le prenait, il mériterait d'être amené dans une cage de fer.

M. Berryer a demandé que M. le président interpelât le témoin pour savoir si ce sont bien les termes dont s'est servi le maréchal.

Le témoin a répondu : Je ne sais si ce sont les termes positivement ; mais c'est bien le sens de ce qu'il a dit.

Deuxième témoin, M. le prince de Poix.

Après les formules d'usage, M. le prince de Poix a déclaré s'appeler Philippe-Louis-Marc-Antoine de Noailles, prince de Poix, grand d'Espagne de première classe, capitaine des gardes du Roi, lieutenant-général de ses armées, gouverneur de Versailles, etc., chevalier de Saint-Louis, etc., âgé de soixante-deux ans, domicilié à Paris ; il a persisté dans sa déposition écrite.

Sur l'observation de M. le président, de rappeler devant la chambre les faits relatifs à l'accusation, il a déposé ainsi qu'il suit :

Le 7 mars, jour de son départ, le maréchal Ney fut introduit chez le Roi pour prendre congé de Sa Majesté ; le Roi le fit entrer sur-le-champ, et lui dit à peu près ces mots : *Partez ; je compte bien sur votre dévouement et votre fidélité.*

Le maréchal s'inclina, baisa avec affection la main que le Roi lui tendit, et dit : *Sire, j'espère bien venir à bout de le ramener dans une cage de fer.* Après quoi il sortit.

Le troisième témoin, le comte de Scey, se nomme Pierre Georges, comte de Scey-Montbelliard, maréchal des camps et armées du Roi, chevalier de Saint-Louis, ancien préfet du département du Doubs, âgé de quarante-quatre ans, domicilié à Besançon, ne connaissant pas l'accusé avant les faits qui ont donné lieu à l'acte d'accusation ; il a déposé à peu près en ces termes, après les interpellations d'usage :

« A l'arrivée du maréchal à Besançon, entre neuf et onze heures, le 10 mars, j'allai prendre ses ordres. Il me dit qu'il n'en avait aucun à me donner. Il me demanda de lui procurer des chevaux de selle et de l'argent sur la caisse publique. Il tenait des discours véhémens contre Napoléon; cependant, en ce moment, il existait un grand enthousiasme de fidélité pour le Roi à Besançon. Les voitures de Monseigneur le duc de Berri avaient été menées au cri de *vive le Roi!*

» Je lui demandai des munitions et des armes pour les volontaires royaux et les gardes nationales ; il me répondit qu'il n'y en avait pas. Il me donna des inquiétudes sur les entreprises de Bonaparte, en me disant que S. A. R. Monseigneur le duc de Berri ne viendrait pas, qu'il l'en avait détourné.

» J'avais vu partir des canons et dégarnir la place. J'en demandai raison au général d'artillerie, qui me répondit que cela ne me regardait pas, et qu'il agissait en vertu des ordres qu'il avait reçus.

» Au moment de son départ pour Lons-le-Saulnier, M. le maréchal me fit demander, par M. Passinges de Préchamp, son chef d'état-major, un mandat de 15,000 francs sur le receveur-général. Je fis observer à cet officier que je ne pouvais le délivrer, vu le peu de fonds qu'il y avait dans les caisses, et qu'il était de mon devoir de conserver, pour assurer le prêt à la garnison; que M. le maréchal se procurerait facilement ailleurs l'argent qui pouvait lui être nécessaire pour une campagne aussi courte. M. de Passinges, mécontent de mon refus, me répliqua avec vivacité : *Cela n'ira pas comme vous le pensez. Les partisans des Bourbons sont sans énergie.*

» Depuis le départ du maréchal Ney, je n'ai reçu de lui qu'une lettre du 13 mars, par laquelle il me demandait les contrôles de la garde nationale à pied et à cheval.

» Le 15 au matin, la proclamation du maréchal arriva à Besançon. »

Le chancelier demanda au maréchal s'il avait des observations à faire.

Le maréchal a répondu au témoin : Je ne vous ai jamais parlé d'argent à Besançon ; je vous ai dit de faire diligence pour avoir des chevaux pour le train d'artillerie, et vous n'en avez rien fait. On n'a point dégarni Besançon ; on a au contraire rentré dans la place toutes les pièces du polygone qui servaient à l'instruction. Quant à l'argent, les 15,000 francs, qui étaient un bon du ministre de la guerre, ne m'ont été payés qu'à Lille, à la fin de mars, lorsqu'il m'en était dû 45,000.

Le témoin a dit : L'argent m'a été demandé pour M. le maréchal. Je ne sais pas si c'était pour le service du Roi ou pour les besoins personnels de M. le maréchal.

Le maréchal : Vous rappelez-vous, monsieur le préfet, que vous m'avez écrit, à Lons-le-Saulnier, que vous aviez 700,000 francs pour le service du Roi à ma disposition ? Je vous ai répondu que ni moi ni mes troupes n'en avions besoin ; que vous deviez les conserver pour le trésor royal. C'est de Besançon qu'est partie cette infâme calomnie, qu'on m'avait donné 500,000 francs ; cela ne se répète plus aujourd'hui ; mais, si j'avais été assassiné sur la route d'Aurillac à Paris, jamais mes enfans n'auraient pu me laver de cette infamie.

Le témoin : Vous m'avez donné l'ordre de faire arriver des chevaux. Ils sont arrivés.

Le maréchal : Vous vous trompez : le commandant d'armes est chargé du service sur sa responsabilité. Pour moi, je n'avais que des dépôts à Besançon, qui formaient au plus 400 hommes. Les attelages manquaient, et je n'ai pu avoir de canons. Les bourgeois et les paysans ont pris les pièces parties d'Auxonne, et les ont jetées dans le canal. Le préfet ne m'a rien demandé. J'ai réuni les gardes nationales de quatre départemens; et beaucoup de gens de bonne volonté, qui paraissent aujourd'hui, ne s'y trouvaient pas alors.

Le chancelier a dit à l'accusé : Y avait-il de l'enthousiasme à Besançon ?

Le maréchal : Non. Tout le monde était sombre, chagrin. On savait l'arrivée de Bonaparte.

M. Berryer a prié le président de demander au témoin s'il savait si M. de Bourmont avait écrit à une époque très-rapprochée du 14 mars, à M. Durand, commandant d'armes à Besançon.

Le chancelier a fait la question au témoin.

Le témoin : Non : Je ne sais pas si M. de Bourmont a écrit depuis le 13.

M. Berryer. M. de Scey n'a-t-il pas vu une lettre de M. de Bourmont à M. Durand, écrite postérieurement au 14 mars ?

Le témoin : Je ne l'ai pas vue. Je n'en ai vu que jusqu'au 13. Jusque-là M. de Bourmont correspondait avec M. Durand.

Le quatrième témoin, M. Félix, chevalier de Richemont, âgé de trente-six ans, employé aux droits réunis, domicilié à Autun, département de Saône-et-Loire, après les interpellations et questions de forme, a déposé :

« J'étais employé à Lons-le-Saulnier lorsque le général Jarry me fit appeler chez lui le 13 mars, et, connaissant mon dévouement au Roi, il me conduisit chez M. le maréchal Ney, qui était arrivé le 11. Il me chargea d'une mission à Mâcon, pour examiner l'esprit public et prendre des informations sur la marche de Bonaparte. Ma mission était écrite de la main du général Lecourbe. Le maréchal me fit compliment sur mon attachement à la famille royale; il me promit de rendre compte au Roi de ma conduite, si je m'acquittais fidèlement de ma mission. Le maréchal me demanda si j'avais de l'argent; il me remit cinq pièces de 20 francs, en me disant que si j'en avais besoin d'autre j'en trouverais à Bourg chez M. le général Gauthier. Il était trois heures après midi. Je voulais partir de suite, mais je ne trouvai point de chevaux à la poste. Je fus obligé d'attendre, pour partir, jusqu'au lendemain quatre heures. J'arrivai à Bourg. Le général Gauthier venait de passer à Bonaparte avec son régiment. Je me rendis alors chez le commandant de gendarmerie, qu'on m'avait dit être dévoué au service du Roi. Il m'apprit les mauvaises nouvelles de la journée; que le général Gauthier avait été menacé par ses troupes. Il m'invita à retourner sur mes pas, en me disant que tout était perdu. Je jugeai cependant à propos de continuer ma route, et j'arrivai à Mâcon. J'étais à souper à l'auberge lorsque deux gendarmes et un commissaire de police vinrent me demander mon passe-port; je le leur montrai et ils s'en allèrent. Un instant après un des gendarmes rentra et me dit : Monsieur, allez-vous-en, si vous ne voulez pas être arrêté. Pour le remercier, je donnai au gendarme deux pièces de 20 francs.

Je sortis de l'auberge et marchai quelques heures à pied. Je pris ensuite un cheval de poste et me dirigeai sur Lons-le-Saulnier. Je rencontrai, le long de ma route, des troupes qui passaient à Bonaparte en criant *vive l'Empereur!* J'arrivai le soir à Lons-le-Saulnier, et j'appris ce qui s'était passé dans la journée, et la proclamation de M. le maréchal.

M. le président au maréchal : Quelle était votre intention en envoyant ainsi le témoin examiner les forces de Bonaparte? Vous espériez donc vous défendre?

Le maréchal : Oui, monseigneur. Le 13 j'envoyai épier la marche de Bonaparte.

M. le président : Avez-vous quelques observations à faire au témoin?

Le maréchal : Non, monseigneur.

Le cinquième témoin, Charles-Louis-Catherine-Emmanuel, comte de Villars-Faverney, âgé de quarante-cinq ans, inspecteur des gardes nationales, colonel de la garde à cheval du département du Jura, chevalier de Saint-Louis, domicilié à Monnet-le-Château, département du Jura, après les interpellations préalables, a déposé :

« Les 11 et 12 mars, je m'assurai des bonnes dispositions des gardes que je commandais. Je me rendis le 13 chez M. de Bourmont pour prendre ses ordres. Il refusa de m'en donner et me renvoya au maréchal. J'y allai, et je lui dis que mes troupes étaient prêtes à marcher. Il me répondit de ne pas les diriger sur Lons-le-Saulnier, qui n'était pas une position où il voulût se battre. Je demandai à M. le maréchal ce qu'il voulait que je fisse. Il m'engagea à laisser les gardes nationales dans les villes pour le maintien de la tranquillité publique.

» Le 15 j'étais à Poligny; les généraux Lecourbe et de Bourmont y passèrent; ils ne purent avoir de chevaux. Je les engageai à venir, en attendant, chez M. Legagneur, dont le dévouement au Roi était connu. Le général Lecourbe nous dit que c'était fini; que tout était arrangé depuis trois mois; que cela avait été pour Bonaparte un jeu d'enfant. Ce sont les propres expressions du général Lecourbe. »

Le maréchal : Le témoin avait sans doute les meilleures dispositions; mais je ne crois pas qu'il eût pu rassembler trois hommes. Ce que j'ai dit au général Lecourbe m'avait été suggéré par Bertrand; mais je n'en avais pas moins pris toutes les mesures nécessaires. J'ai invité les gardes d'honneur à marcher, et personne n'est venu; j'ai dit, il est vrai, que je ne voulais que des hommes francs et qui iraient en avant.

Le président au témoin : Pouviez-vous réunir un certain nombre de gardes d'honneur?

Le témoin : Oui, j'aurais eu des hommes très-dévoués, notamment 109 hommes à cheval, des gardes d'honneur, et autres de bonne volonté.

M. Berryer : Je prie monseigneur de demander au témoin ce qu'il a entendu dire au général Lecourbe sur l'état des choses, sur les dispositions des troupes.

M. le président a adressé la question au témoin.

Le témoin : Le général Lecourbe dit que le maréchal Ney parlerait à l'empereur pour les généraux; mais que s'il voulait continuer à les tourmenter, et à régner en tyran, on trouverait bien le moyen de s'en défaire. Le général Lecourbe ajouta que nous ressemblions à l'empire romain dans sa décadence; et que, si l'empereur venait à être tué, il se présenterait cinq à six généraux qui éleveraient des prétentions au trône.

M. Bellart : Le général Lecourbe a-t-il parlé au témoin des dispositions faites par le maréchal pour arrêter Bonaparte?

Le témoin : Le général m'a dit : Que voulez-vous faire quand les troupes ne veulent pas se battre ? Mais si j'avais commandé il en aurait été autrement. On fait du soldat tout ce qu'on veut.

Le maréchal : Le général Lecourbe n'a pu tenir un discours aussi peu véridique. Les troupes étaient en marche d'après les ordres du ministre de la guerre, et sous la conduite de M. de Bourmont. Ce n'était donc pas un jeu d'enfant de les diviser pour les faire marcher en échelons. J'ai demandé qu'on fît venir cent mille cartouches en poste. Après cela, depuis huit mois, on peut avoir arrangé les dépositions pour dire que j'avais manigancé des ordres à l'effet d'éparpiller les troupes et les désorganiser.

M. Bellart : M. le Gagneur était-il présent à la

conversation que vous avez eue avec les généraux Lecourbe et Bourmont ?

Le témoin : En partie. Il est sorti pour faire apporter à manger au général Lecourbe, qui avait dit qu'il mourait de faim.

Sixième témoin. M. le comte de Bourmont, lieutenant-général des armées du Roi, a déposé, après les interpellations d'usage, ainsi qu'il suit :

« J'ai déjà fait à Lille une déclaration ; mais la commisération qui s'attache toujours aux grandes infortunes m'a porté à répondre simplement aux questions de la commission rogatoire. J'ai su depuis que le maréchal avait affirmé que j'avais approuvé la proclamation qu'il a lue aux troupes. Cette assertion m'oblige à des explications. Si elles ajoutent à la gravité du crime dont il est accusé, ce sera sa faute.

» Jusqu'au 14 mars les ordres donnés par le maréchal Ney, et transmis par moi, ont été ou m'ont paru conformes aux intérêts du Roi. Le 13 au matin le baron Capelle, préfet du département de l'Ain, arriva à Lons-le-Saulnier de bonne heure, et vint m'apprendre que la ville de Bourg était insurgée ; que le 72ᵉ régiment avait arboré la cocarde tricolore malgré le général, malgré les officiers supérieurs. Je pensai que cette nouvelle devait être communiquée à M. le maréchal, et j'allai chez lui pour la lui annoncer. Le maréchal en parut assez fâché, ne me dit que peu de choses; qu'il pensait qu'on pouvait préserver les autres troupes de la contagion.

» Le 14 au matin le maréchal m'ordonna de faire mettre le 8ᵉ régiment de chasseurs à cheval en bataille, et de faire prendre les armes aux autres troupes, pour leur parler. Ensuite le maréchal me dit : Vous avez lu les proclamations de l'empereur; elles sont bien faites; ces mots *la victoire marche au pas de charge*, feront un grand effet, sans doute, sur le soldat : il faut bien se garder de les laisser lire aux troupes. — Sans doute, lui dis-je. — Mais ça va mal, ajouta-t-il. N'avez-vous pas été surpris de vous voir ôter la moitié du commandement de votre division, et de recevoir l'ordre de faire marcher vos troupes par deux bataillons et trois escadrons? C'est de même dans toute la France; toute l'armée marche comme cela. C'est une chose finie absolument.

» Je ne l'avais pas compris. Le général Lecourbe entra. Je lui disais que tout était fini, dit-il au général Lecourbe. Celui-ci parut étonné. Oui, ajouta le maréchal, c'est une affaire arrangée; il y a trois mois que nous sommes tous d'accord. Si vous aviez été à Paris, vous l'auriez su comme moi. Les troupes sont divisées par deux bataillons et trois escadrons; les troupes de l'Alsace de même; les troupes de la Lorraine de même. Le Roi doit avoir quitté Paris, ou il sera enlevé; mais on ne lui fera pas de mal; malheur à qui ferait du mal au Roi! On n'avait l'intention que de le détrôner, de l'embarquer sur un vaisseau et de le faire conduire en Angleterre. Nous n'avons plus maintenant, continua le maréchal, qu'à rejoindre l'empereur. Je dis au maréchal qu'il était très-extraordinaire qu'il proposât d'aller rejoindre celui contre lequel il devait combattre. Il me répondit qu'il m'engageait à le faire, mais que j'étais libre. Le général Lecourbe lui répondit : Je suis ici pour servir le Roi et non pas pour servir Bonaparte; jamais il ne m'a fait que du mal, et le Roi ne m'a fait que du bien. Je veux servir le roi; j'ai de l'honneur. — Et moi aussi, répondit le maréchal, j'ai de l'honneur; mais je ne veux plus être humilié; je ne veux plus que ma femme revienne chez moi les larmes aux yeux, des humiliations qu'elle a reçues dans la journée. Le Roi ne veut pas de nous, c'est évident; ce n'est qu'avec Bonaparte que nous pouvons avoir de la considération; ce n'est qu'avec un homme de l'armée que l'armée pourra en obtenir. Venez, général Lecourbe; vous avez été maltraité, vous serez bien traité. Le général Lecourbe répondit que c'était impossible; qu'il allait se retirer à la campagne. Une petite discussion s'éleva entre eux; enfin, une demi-heure après, il prit un papier sur la table. Voilà ce que je veux lire aux troupes, dit-il, et il lut la proclamation. Le général Lecourbe et moi nous nous sommes opposés à ce qu'il voulait faire; mais persuadés que, si tout était arrangé, il avait pris des mesures pour empêcher ce que nous pourrions entreprendre; sachant que les troupes, déjà fort ébranlées par les émissaires de Bonaparte, avaient en lui une grande confiance (car c'était de tous les généraux celui qui possédait le plus la confiance de toute l'armée), nous résolûmes d'aller sur la place. Nous étions affligés et tristes. Les officiers d'infanterie nous dirent qu'ils étaient bien fâchés de cela; que, s'ils l'avaient su, ils ne seraient pas venus. Après la lecture, les troupes défilèrent aux cris de *vive l'empereur!* et se répandirent en désordre dans la ville.

» Le maréchal était si bien déterminé d'avance à prendre son parti, qu'une demi-heure après il portait la décoration de la Légion-d'Honneur avec l'aigle, et à son grand-cordon la décoration à l'effigie de Bonaparte. Son parti était donc pris, à moins qu'il ne l'eût emportée d'avance à Lons-le-Saulnier pour le service du Roi.

A cette déclaration le maréchal répondit : « Depuis huit mois que le témoin prépare son thème, il a eu le tems de le bien faire. Il a cru impossible que nous nous trouvassions jamais en face; il a cru que je serais traité comme Labédoyère, et fusillé par jugement d'une commission militaire; mais il en est autrement. Je vais au but. Le fait est que le 14 je l'ai fait demander avec le général Lecourbe. Ils sont venus ensemble. Je suis fâché que Lecourbe ne soit plus : mais je l'invoque dans un autre lieu ; je l'interpelle contre tous ces témoignages devant un tribunal plus élevé, devant Dieu qui nous entend tous ; c'est par lui que seront jugés l'un et l'autre. J'étais la tête baissée sur la fatale proclamation, et vis-à-vis d'eux, qui étaient adossés à la cheminée. Je sommai le général Bourmont, au nom de l'honneur, de me dire ce qui se passsait. Bourmont, sans ajouter aucun discours préliminaire, prend la proclamation, la lit, et dit qu'il est absolument de cet avis. Il la passe ensuite à Lecourbe. Lecourbe la lit, ne dit rien et la rend à Bourmont. Lecourbe dit ensuite : Cela vous a été envoyé ; il y a quelque rumeur ; il y a long-tems qu'on prévoit tout cela. Le général Bourmont fit rassembler les troupes, et il eut deux heures pour réfléchir : quant à moi, quelqu'un m'a-t-il dit : Où allez-vous ? vous allez risquer votre honneur et votre réputation pour une cause funeste... Je n'ai trouvé que des hommes qui m'ont poussé dans le précipice.

» Je n'avais pas besoin, monsieur de Bourmont, de votre avis, quant à la responsabilité, dont j'étais chargé seul ; je demandais les lumières et les conseils d'hommes à qui je croyais une ancienne affection, et assez d'énergie pour me dire : *Vous avez tort*. Au lieu de cela vous m'avez entraîné, jeté dans le précipice. Après la lecture, j'ajoutai qu'il paraissait que c'était une affaire arrangée; que les personnes envoyées par Bonaparte m'avaient dit telle et telle chose. Je leur proposai à déjeûner ; ils le refusèrent et se retirèrent.

» Bourmont rassembla les troupes sur une place que je ne connaissais même pas ; il pouvait, s'il jugeait ma conduite mauvaise, et que je voulusse trahir, faire garder ma porte. J'étais seul, sans cheval, sans officiers.

» Il a beaucoup d'esprit ; sa conduite a été très-sensée. Je l'avais vivement prié de loger chez moi, il ne l'a pas voulu. Il s'éloigna, se réfugia chez le marquis de Vaulchier, formant ensemble des coteries pour être en garde contre les événemens et s'ouvrir, dans tous les cas, une porte de derrière.

» Ensuite, Bourmont et Lecourbe sont venus me prendre avec les officiers, et m'ont conduit au milieu du carré où j'ai lu la proclamation. Après cette lecture nous avons été arrachés, étouffés, embrassés par les troupes, qui se sont retirées en bon ordre. .

» Les officiers supérieurs sont venus dîner chez moi; j'étais sombre. Bourmont y était, et, s'il dit vrai, il dira que la table était gaie. — Voilà la vérité. »

Le chancelier dit au maréchal : A quelle heure M. de Bourmont est-il venu vous prendre ?

R. Vers onze heures. Il y avait eu une première visite à dix heures; il est venu chez moi avec Lecourbe; je leur ai lu la proclamation, et je les ai congédiés. Ils sont ensuite revenus. Si j'étais resté à Besançon, je siégerais aujourd'hui parmi vous, et je n'aurais rien à me reprocher.

Le chancelier, s'adressant au témoin : Comment, après avoir lu la proclamation, avez-vous donné aux troupes l'ordre de s'assembler ?

R. Elles en avaient l'ordre auparavant.

D. Cet ordre n'a donc pas été donné par vous ?

R. Lorsque j'ai donné cet ordre, j'en avais l'ordre verbal; mais je n'avais pas connaissance de la proclamation.

Le maréchal : Après la lecture de la proclamation, je vous ai dit d'assembler les troupes. Bourmont peut dire ce qu'il veut. Il me charge, afin de rendre sa conduite plus pure. S'il avait eu intention de servir le Roi, il aurait pu arriver le 16 ou le 17 à Paris. C'est l'arrivée de M. Clouet de Paris qui l'a déterminé.

M. le chancelier au témoin : Aviez-vous assez d'influence sur les troupes pour arrêter l'effet de la proclamation ?

R. Non : l'influence du maréchal était plus considérable que la mienne. S'il n'y avait pas été, je l'aurais pu, peut-être. J'ai la confiance que les troupes auraient marché, comme les officiers le promettaient.

D. A quelle heure avez-vous eu connaissance de la proclamation?

R. A onze heures.

D. A quelle heure avez-vous été sur la place?

R. Entre midi et une heure.

D. Qu'avez-vous fait dans l'intervalle?

R. Je suis sorti de chez le maréchal. Rentré chez moi, j'en suis encore sorti pour aller chez le maréchal, d'où nous sommes partis pour aller sur le terrain.

D. Comment, après avoir eu connaissance de la proclamation, avez-vous accompagné le maréchal qui allait la lire?

R. Parce que je souhaitais voir quelle impression cette proclamation produirait sur l'esprit des troupes. La plupart des officiers m'avaient promis qu'ils me suivraient; je voulais voir s'il ne se manifesterait pas quelqu'esprit d'opposition. Je ne croyais pas qu'il fût en mon pouvoir d'empêcher le maréchal de lire la proclamation, à moins de le tuer, puisque mes observations n'avaient eu aucun effet, et que Lecourbe avait aussi été d'avis de rester fidèle au Roi, et qu'il n'avait rien produit.

Quant au reproche de n'être pas parti de suite pour rejoindre le Roi, c'est la crainte d'être arrêté qui m'a déterminé à suivre le maréchal. Je suis arrivé le 18 à Paris, et le 19 j'ai vu le Roi.

Le maréchal Ney : M. de Bourmont prétend que je portais une décoration de Bonaparte. J'ai conservé celle du Roi devant Bonaparte, et jusqu'à Paris, où mon bijoutier m'en a fourni de nouvelles : on peut le faire entendre. Comment pouvez-vous faire une pareille supposition ! C'est une infamie, général, de dire que j'avais d'avance l'intention de trahir.

M. Bellart au témoin : N'avez-vous jamais eu aucune querelle avec le maréchal ?

R. Aucune.

M. Bellart au maréchal : A-t-il continué à servir après la proclamation ?

R. Il a suivi la colonne jusqu'à Dole. Là, il a pris une direction différente, et j'ai donné tous les ordres en mon nom.

D. Pourquoi a-t-il été compris dans les arrestations ?

R. La colonne était pleine d'agens de Bonaparte. Cette mesure n'a été prise que fort tard, le 19, après avoir vu Bonaparte; elle n'a pas été mise à exécution ; elle a été levée aussitôt son arrivée à Paris.

M. Bellart : Si M. de Bourmont vous a donné le conseil de lire la proclamation, comment se serait-il ensuite séparé de vous ?

R. J'ai déjà répondu à cela. Il paraît qu'il a changé après avoir vu Clouet. De fait, il a disparu; mais il était d'accord de lire la proclamation, et même il m'y a poussé.

M. Bellart : Vous invoquez le témoignage du général Lecourbe ; voulez-vous qu'on donne lecture de sa déposition écrite ?

Le maréchal : Comme on le jugera convenable.

Avant d'en donner lecture, M. Berryer a demandé au témoin comment il pouvait attribuer au maréchal la division des troupes par deux bataillons.

Le témoin : L'ordre en a été donné par le ministre de la guerre; on ne peut l'imputer au maréchal, qui au contraire a voulu réunir les troupes.

De la discussion qui s'est engagée il est résulté que les défenseurs attribuaient à M. de Bourmont ce que M. de Faverney avait dit à cet égard.

M. Berryer au témoin : Si c'est un sentiment de curiosité qui vous a conduit sur la place, quel est le sentiment qui vous a porté à dîner chez le maréchal?

M. de Bourmont : La crainte d'être arrêté.

Le maréchal : Personne n'a été arrêté. Le colonel Dubalen seul a fait son devoir. Il m'a fait des remontrances ; il est parti pour Besançon. Je n'avais pas de garde, vous pouviez me faire arrêter, me tuer ; vous m'auriez rendu un grand service, et peut-être auriez-vous fait votre devoir.

M. Berryer au témoin : Quelles étaient les forces présumées de Bonaparte?

R. Avant d'entrer à Lyon il pouvait avoir trois mille neuf cents hommes, et il en était parti avec sept mille.

Le maréchal : Le ministre de la guerre savait qu'il en avait quatorze mille, et je n'avais que quatre malheureux bataillons, qui m'auraient pulvérisé plutôt que de me suivre. J'ai eu tort, sans doute ; mais j'ai eu peur de la guerre civile : j'aurais marché sur quarante mille cadavres avant d'arriver à Bonaparte.

M. le président au témoin : Le maréchal aurait-il pu engager le combat?

R. Je crois que si le maréchal eût marché, comme il l'avait dit le 13, avec les tirailleurs, qu'il eût tiré le premier coup de fusil ou de carabine, il aurait été possible d'engager un combat; mais je ne peux pas dire qu'il eût été vainqueur : la victoire dépend d'autres circonstances.

Le maréchal : A quelle distance étions-nous de Lyon? A vingt lieues. Le 76ᵉ régiment venait de partir de Bourg pour rejoindre Bonaparte; le 15ᵉ était à Saint-Amour, prêt à s'insurger. Est-ce vous qui auriez marché dans cette position ? Je ne vous crois pas capable de cela. Non; vous n'avez pas assez de caractère.

M. le procureur-général a invité le maréchal à se circonscrire dans sa défense.

M. Dupin a demandé au comte de Bourmont si on aurait pu attaquer avec succès.

M. le procureur-général dit alors qu'il ne fallait pas éterniser les débats.

M. Dupin a insisté, et a fait observer au procureur-général qu'il n'avait, comme l'accusé, que le droit de faire des interpellations au témoin.

Le témoin a pensé que le maréchal ne pouvait plus rien après l'insurrection des troupes de Bourg et de Saint-Amour.

M. Dupin a demandé au témoin si c'était à sa première ou à sa seconde visite que le maréchal lui avait donné connaissance de la proclamation.

Le témoin : Ce n'est pas la première fois, c'est la seconde, entre dix et onze heures. J'étais avec le général Lecourbe.

M. Dupin : Vous ne saviez donc pas ce qui allait se passer ?

Le témoin : Sans doute, puisque j'allais pour le savoir.

M. Dupin : Qu'avez-vous fait dans ces deux heures ?

Le témoin : Rien, parce que je croyais que tout était arrangé. J'ai cru qu'il n'y avait plus de ressources, puisque le Roi était parti de Paris.

M. Dupin : Comment expliquez-vous votre curiosité, si vous croyiez que tout était perdu ?

Le témoin : On pouvait encore se rallier.

M. Dupin : Les troupes étaient bien disposées pour le Roi. Est-ce M. le maréchal qui a changé l'esprit du soldat ?

Le témoin : Il n'y a pas de doute qu'à l'instant il n'y avait plus de ressource ; si l'on me demande si les troupes auraient marché pour le Roi, je ne puis pas répondre.

Les débats ont établi ensuite qu'un officier qui avait tenu des propos le 13 au soir, avait été envoyé à Besançon, et le maréchal est convenu que Bourmont était venu le lui dénoncer; mais que, tout étant en subversion, personne n'aurait osé le toucher pour le conduire à la citadelle.

M. Dupin : M. de Bourmont est incontestablement un des témoins les plus importans. Il faut donc que ses réponses s'appliquent à la question. Il fait un reproche à M. le maréchal d'avoir fait échelonner les troupes de manière qu'elles ne pussent présenter une masse imposante.

M. Bellart : Le témoin n'a pas dit cela.

M. Séguier a pris la parole et a dit : Il résulte de l'instruction que les troupes étaient disposées de manière que celles que commandait le maréchal même tenaient comme enfermées et prisonnières celles commandées par le général de Bourmont.

Le maréchal : Une telle disposition serait impossible.

M. Séguier : L'instruction prouve que l'officier qui avait témoigné de mauvaises dispositions contre le Roi a été arrêté le 13 au soir; ainsi, tout est dans l'ordre.

Le témoin : En effet, il y eut un officier envoyé à la citadelle.

Le duc de Fitz-James (prenant aussi la parole) : Le maréchal a dit au témoin, le 14 au matin, que le Roi était déjà parti de Paris; je demande au maréchal qui lui a donné cette nouvelle ?

Le maréchal : Plusieurs circulaires et des bruits l'avaient répandue. Le *Moniteur* du 15 ou du 16 l'a démentie; mais je pouvais croire le 14 que cela était vrai.

M. Berryer : Quelle impression a causée la proclamation ?

Le témoin : Elle a fait crier *vive l'empereur!* à presque toutes les troupes, et sur-tout à la cavalerie. Les officiers supérieurs étaient consternés.

M. Berryer : M. de Bourmont a-t-il crié *vive le roi!*
(Ici un murmure s'est élevé dans l'assemblée.)

M. Berryer a dit que cette disposition se rattachait à un fait.

Deux pairs ont demandé qu'on mît fin à ces débats.

Un pair a demandé si le maréchal connaissait les émissaires qui se sont introduits chez lui ; et, s'il ne les connaissait pas, comment il a pu les recevoir ?

Le maréchal : J'ai reçu plusieurs personnes déguisées, mais que je connaissais ; elles m'ont circonvenu, m'ont convaincu qu'un arrangement avait été fait à l'île d'Elbe. Alors, voyant la guerre civile inévitable, j'ai pris mon parti : je ne dois pas les nommer.

M. le chancelier a fait observer au maréchal qu'il était de son intérêt de déclarer leurs noms, que cela pouvait être utile à la cause.

Le maréchal : Je vous prie, monseigneur, de m'excuser ; je ne dois pas les nommer.

Le chancelier : M. de Bourmont a-t-il entendu crier *vive le roi ?*

Le témoin : Je ne l'ai pas entendu : mais on m'a dit que des hommes du troisième rang l'avaient crié.

M. Berryer a demandé s'il n'avait pas connaissance d'une lettre écrite à M. Durand, du 14 au 15.

Le témoin : Oui, je le crois, pour le prévenir que le maréchal avait donné l'ordre de l'arrêter, en envoyant l'ordre d'arborer le drapeau tricolore.

M. Berryer a demandé que le joaillier fût interrogé.

M. Bellart s'y est opposé, en disant que le maréchal pouvait avoir conservé une ancienne décoration.

Un pair : Le maréchal dit qu'il a agi pour éviter la guerre civile. Savait-il donc que l'armée sous Paris était déterminée à trahir ? Autrement, par sa proclamation, il commençait la guerre civile.

Le maréchal : Je n'avais reçu aucune nouvelle. M. de Mailhé et M. de Saurans peuvent le témoigner.

Un pair a demandé si le maréchal, depuis son arrivée à Besançon, avait fait jusqu'au 14 quelque proclamation pour raffermir les troupes au service du Roi.

Le maréchal : Non ; je n'avais pas le commandement. Les troupes étaient sous les ordres de MONSIEUR. C'est le duc de Mailhé qui a donné l'ordre de les faire partir ; je n'avais rien à faire, tant que je n'avais pas reçu du ministre la confirmation de la démarche que j'avais faite de sortir de Besançon. Le duc de Mailhé sait que, ne pouvant quitter la direction de mes troupes, j'avais demandé un rendez-vous à MONSIEUR.

M. Berryer : Le 13, au soir, n'a-t-on pas fait prêter serment aux troupes d'être fidèles au Roi ?

Le témoin : Non ; mais les chefs de corps avaient rassemblé les sous-officiers pour les maintenir dans de bonnes dispositions.

M. Bellart : Quelle importance attachez-vous à la déclaration du joaillier ?

Le maréchal : Je ne sais ce qu'il dira ; mais j'établirai par-là que j'ai commandé à Paris des décorations à l'aigle, et que je n'ai jamais porté à Lons-le-Saulnier que la décoration du Roi.

Ici on a représenté des papiers au maréchal.

Sur l'interpellation du procureur-général, le maréchal a déclaré qu'il reconnaissait les passeports qu'on lui présentait, et que le nommé Fanise, au nom duquel il en a été expédié un, existait réellement ; que c'était un ancien hussard, attaché à son service.

M. Bellart a reconnu la vérité de cette déclaration.

Sur l'ordre de M. le président, on a donné lecture de la déclaration du lieutenant-général Lecourbe.

En voici les passages les plus remarquables :

« Le maréchal Ney fit appeler le général de Bourmont et moi dans sa chambre, et nous communiqua alors ses projets. Il nous fit lecture de la proclamation qu'il devait faire aux troupes, et que tout le monde connaît. Il nous représenta qu'il n'y avait plus à balancer; que Lyon avait ouvert ses portes; que tous les départemens accouraient au-devant de Bonaparte, et que nous courions des dangers de la part des troupes, si nous ne nous rangions de son parti. En effet, la nuit du 12 au 13 avait été fort agitée à Lons-le-Saulnier; mais j'ai toujours ignoré si le maréchal Ney avait provoqué les troupes à la révolte. Le fait est que, la veille, il nous avait paru, à Bourmont et à moi, dans les meilleures intentions pour le Roi. Le général Bourmont et moi lui fîmes des observations sur ce changement; alors, il chercha à nous persuader que c'était une affaire arrangée, et que rien n'empêcherait Bonaparte d'aller à Paris. »

Septième témoin, M. le marquis de Vaulchier du Vichot, âgé de trente-cinq ans, ex-préfet du Jura.

M. le président : Connaissez-vous l'accusé ?

R. Il y a quinze ans j'ai vu le maréchal aux eaux de Plombières.

Le chancelier : Déposez ce que vous savez des faits contenus dans l'acte d'accusation.

R. « Le maréchal est arrivé à Lons-le-Saulnier dans la nuit du 12 mars, à trois heures. Le maréchal devait donner l'ordre de faire rétrograder les troupes dirigées sur Moulins; je l'ai écrit en conséquence au préfet de Saône-et-Loire. D'après l'avis de M. de Bourmont j'ai envoyé deux exprès au fort Barreau, pour nous mettre en communication avec le général Marchand et Masséna. Vers neuf heures, j'ai fait partir trois dépêches du maréchal, l'une pour le duc de Reggio, l'autre pour le duc d'Albufera, la troisième pour le ministre de la guerre. Le soir du 12, le maréchal apprit l'arrivée de Bonaparte à Lyon; il se plaignit des mauvaises dispositions qu'on avait prises, de ce qu'on n'avait pas marché de suite sur Bonaparte.

Il a ajouté que Monsieur aurait dû, pour la première fois, faire monter un maréchal dans sa voiture et marcher à l'ennemi; que s'il y avait été il lui aurait dit : Allons, monseigneur, aux avant-postes. Il parla des désagrémens qu'il avait reçus à la cour, et de ceux qu'avait éprouvés madame la maréchale; qu'on avait aussi mécontenté les troupes; que, lorsque le Roi revint et s'arrêta à Compiègne, la garde impériale fit le service auprès de sa personne; que les soldats en furent flattés; que si on avait continué ils auraient été gagnés à jamais au Roi; qu'il commandait alors cette garde.

» C'est par les ordres du maréchal que j'ai fait partir M. de Rochemont.

» Le 12, plusieurs régimens arrivèrent à Lons-le-Saulnier; les officiers étaient assez froids; cependant rien n'annonçait une défection. Le 13 au soir, le maréchal envoya deux émissaires à Châlons; il les pressa beaucoup, en disant qu'il attaquerait Bonaparte sur leur rapport. Le 14, un de mes amis vint m'apprendre que M. Bourmont lui avait dit en confidence que le gouvernement royal allait être renversé : Attendez un moment, avait-il ajouté, et vous en serez témoin. J'allai deux fois chez M. Bourmont sans pouvoir lui parler; à la troisième fois, il était parti pour la réunion des troupes. Des personnes qui revenaient de cette revue me racontèrent tout ce qui s'y était passé. Je reçus ensuite une lettre du maréchal, dans laquelle il me recommandait le maintien du bon ordre, de faire relâcher les personnes détenues pour opinion. J'ai vu le maréchal l'après-midi, et je lui ai dit que mes sermens s'opposaient à ce que j'administrasse pour Bonaparte. Il me répondit : Vous faites une bêtise; il ajouta des expressions offensantes pour les princes : qu'ils ne pouvaient régner, qu'ils offensaient la nation. Êtes-vous Français? me dit-il. Lui ayant répondu affirmativement, il me dit, en me regardant d'un air assez méprisant : Vous êtes Français, né en France ?

» Je revins encore chez M. le maréchal, avec M. Germain, mon successeur. Le maréchal parla de l'événement ; je remarquai d'abord qu'il portait la décoration du grand-aigle, et que ses aides-de-camp avaient quitté le ruban blanc. Il dit que les événemens qui se passaient étaient inévitables, préparés depuis long-tems ; qu'on avait une correspondance avec l'île d'Elbe ; que tout céderait avec facilité ; qu'il n'y aurait pas une goutte de sang de répandue ; que toutes les puissances étaient d'accord, et notamment l'Autriche ; qu'une partie des maréchaux étaient dans ce complot ; que le ministre de la guerre avait tout disposé pour en faciliter le succès ; que toutes les troupes étaient disposées dès long-tems ; qu'on avait gardé le duc de Berri parce qu'on avait pensé qu'il pourrait exciter quelque enthousiasme ; qu'on avait envoyé Monsieur à Lyon, parce qu'on ne le croyait pas dangereux ; qu'en quittant Paris il avait vu le maréchal Suchet, qui lui avait dit : Au revoir, maréchal, nous nous reverrons bientôt. Il assura au surplus qu'on ne ferait de mal à personne, et que tout se passerait avec calme. »

Le témoin a ajouté que M. le comte Bourmont, après la lecture de la proclamation, et avant qu'il eût reçu la lettre du maréchal, lui avait raconté les mêmes propos, avec plus d'étendue encore.

Le maréchal : Je me rappelle vous avoir vu à Lons-le-Saulnier ; nous n'avons pas eu un entretien de dix minutes. Vous me demandiez un sauf-conduit. Je vous ai répondu que vous étiez libre. Il est invraisemblable que j'aie eu avec vous un entretien aussi long et si peu nécessaire dans ce moment où j'étais surchargé d'affaires. Quant au duc d'Albufera, tout le monde sait qu'il est parti de Paris long-tems avant mon arrivée.

Je n'ai vu aucun des maréchaux, excepté le ministre de la guerre. Au reste, il est vrai que vous vous êtes excusé de servir sous l'empereur.

Le président : N'avez-vous pas écrit au témoin ?

R. Oui, pour le maintien de l'ordre, l'existence de la troupe, et la tranquillité publique. Je n'ai rien dit de contraire au respect dû au Roi ; je n'ai pas eu de conversation avec le préfet, il a arrangé son discours.

D. Portiez-vous la décoration du grand-aigle ?

R. Je portais la décoration du Roi ; monsieur a mal vu.

M. Vaulchier : Je suis persuadé d'avoir vu la décoration à l'aigle. J'en ai parlé à Mme Vaulchier.

Le maréchal : Impossible. Je suis arrivé à Paris avec les décorations du Roi.

M. Berryer : Que pensiez-vous de la conduite des troupes ?

Le témoin : Elles donnaient des craintes équivoques ; quelques soldats avaient crié *vive l'empereur !* mais ces cris ne s'étaient pas propagés à Lons-le-Saulnier.

M. Berryer : N'avez-vous pas connaissance des dispositions prises par le maréchal pour se rendre accessible à toute heure ?

Le témoin : Oui ; il m'a dit que quand il faisait la guerre on pouvait toujours lui parler.

M. Bellart au témoin : Savez-vous si, après la lecture de la proclamation, on a entendu s'élever des cris de *vive l'empereur !*

Le témoin : Je n'en ai pas une connaissance particulière ; je l'ai entendu dire à mon secrétaire intime, qui était présent.

M. Bellart a demandé que la lettre lue par le témoin fût par lui paraphée et annexée aux pièces du procès.

Huitième témoin, le baron Capelle, âgé de quarante-cinq ans, ex-préfet du département de l'Ain.

Il a déposé : « Obligé de quitter Bourg par la défection du 76ᵉ régiment, je me suis rendu le 13 mars à Lons-le-Saulnier, où je savais qu'était le maréchal. Je me suis d'abord rendu chez M. de Bourmont, avec qui j'étais en correspondance; de là nous sommes allés ensemble chez le maréchal. Il a paru étonné, indigné de ce que je lui ai appris. Il m'a demandé quelles étaient les forces de Bonaparte; j'ai répondu de dix à quinze mille hommes.

» Je savais que le maréchal n'avait que trois à quatre mille hommes, et je crois lui avoir proposé de ne pas attaquer, mais de se porter sur les derrières de Bonaparte par Lyon et Grenoble, pour se joindre à Masséna. Ceci me rappelle une circonstance de ma première déposition. Je proposai de se retirer à Chambéry, où je comptais être joint par les Suisses. Au mot d'*étrangers* le maréchal parut offensé, et dit que si les étrangers mettaient le pied en France ils seraient pour Bonaparte; qu'il n'y avait d'autre parti pour le Roi que de se faire porter sur un brancard à la tête de ses troupes, et qu'elles se battraient, excitées par sa présence. Que voulez-vous? ajouta-t-il, je ne puis arrêter l'eau de la mer avec la main! Il nous dit ensuite que tout cela retentirait jusqu'au Kamtschatka. Ces mots me donnaient de l'inquiétude. J'en parlai à M. de Bourmont, qui me tranquillisa, en me disant : Je ne compte pas sur son dévouement, mais je compte sur sa loyauté. Je rentrai à la préfecture et me mis au lit. Vers midi mon valet-de-chambre vint me dire que le maréchal Ney avait proclamé Bonaparte. Je ne pouvais le croire. J'allai chez M. de Bourmont. Il me dit que le maréchal les avait réunis, Lecourbe et lui; qu'il leur avait dit que la cause des Bourbons était perdue; qu'il y avait du danger à se réunir à Bonaparte; qu'il aimait mieux le courir que de supporter les humiliations dont l'abreuvaient les Bourbons; que c'était une chose convenue entre lui, d'autres maréchaux et le ministre de la guerre; que le Roi, n'ayant pas tenu ses promesses, on avait arrêté de changer de dynastie; qu'on avait d'abord pensé au duc d'Orléans; mais que, dans l'intervalle, ayant appris que Mme Hortense avait formé un parti pour Bonaparte, on avait été obligé de se joindre à lui; qu'un commissaire avait été envoyé à l'île d'Elbe pour lui faire des conditions. Lecourbe m'a dit les mêmes choses, mais avec moins de détails. J'ai vu ensuite le maréchal. Il m'a dit de me rendre dans ma préfecture. J'ai refusé. Il a insisté. Avant tout, m'a-t-il dit, vous êtes Français; si j'avais pu rester fidèle, je le serais encore; mais c'est une affaire finie; ils ont des idées trop opposées aux nôtres. Au reste, il ne leur sera fait aucun mal; on leur donnera un apanage et on les conduira aux frontières. Les maréchaux exposeraient leur vie pour les défendre.

» Il ajouta que dans le même moment le duc de Dalmatie faisait son mouvement à Paris. Le colonel Tassin m'a dit qu'il avait ordre de m'arrêter. »

M. le chancelier : Avez-vous remarqué la décoration que portait le maréchal?

Le témoin : Je crois être certain qu'il avait la plaque à l'aigle; cependant je ne puis l'affirmer; il me semble aussi qu'il avait la croix de Saint-Louis, et je ne pouvais assembler cela.

Le maréchal : Les discours qu'on me prête sont beaucoup trop longs. M. le préfet a eu le tems de les préparer. A l'époque dont je parle, le duc de Dalmatie n'était plus ministre de la guerre; c'était le duc de Feltre. Ce que j'ai dit est la suite des conversations que j'ai eues après le 14, et de l'influence des agens de Bonaparte. Au reste, ce que vous m'avez dit m'a fait beaucoup de mal.

M. Berryer a expliqué que ce que le maréchal venait de dire s'appliquait sur-tout aux détails que le témoin lui avait donnés sur l'esprit public et les dispositions des troupes. Il l'a invité à vouloir bien les préciser.

Le témoin : En rapportant ce qui s'était passé à Bourg, j'ai dit que c'était une rechute révolutionnaire ; j'ai dépeint la stupeur profonde des gens de bien ; j'ai dit que trois ou quatre communes limitrophes de mon département avaient arboré le drapeau tricolore ; que j'étais depuis deux jours dans une impuissance absolue, lorsque le 76ᵉ régiment s'est insurgé.

Neuvième témoin. Le comte de Grivel, maréchal des camps et armées du Roi, inspecteur des gardes nationales du département du Jura, chevalier de Saint-Louis, etc., après les interpellations ordinaires, a déposé à-peu-près en ces termes :

« Le maréchal arriva dans la nuit du 11 au 12 mars à Lons-le-Saulnier. Je me présentai chez lui le 12 ; il me demanda l'état des gardes nationales du département. Le lendemain 13, alarmé des bruits qui se répandaient sur la marche rapide de Bonaparte en-deçà de Lyon, je me transportai chez le maréchal ; je lui offris de faire marcher sur Dole tous les volontaires du département et ceux de la garde nationale ; qu'ils se mettraient en rang avec ses soldats, et qu'il n'en pourrait résulter qu'un très-bon effet. Le maréchal Ney répondit d'un ton véhément que tout le monde était de bonne volonté, mais que les volontaires marcheraient quand il en serait tems, et qu'il en donnerait l'ordre ; qu'il n'avait besoin avec lui ni de *pleurnicheurs* ni de *pleurnicheuses*.

» Sur mon observation, que les volontaires que je lui proposais ne verseraient point de larmes ; qu'ils étaient Français, dévoués à leur Roi ; qu'ils s'armeraient, s'équiperaient et s'entretiendraient à leurs frais, et que, s'il voulait les faire marcher, il fallait au moins les avertir de se tenir prêts et en faire un état, il se radoucit alors extrêmement, et me dit : *Faites cela.*

» Dans la soirée du 13 j'écrivis trois lettres ; une au Roi, une au comte Dessoles, et la troisième au comte de Vioménil. Je leur rendais compte de l'esprit des troupes, dont je leur annonçai que plus de la moitié passerait du côté de Bonaparte si elles se trouvaient en présence; que, quant au maréchal Ney, il brûlait de se mesurer avec l'ennemi de la France; car je croyais le maréchal fidèle et dévoué au Roi.

» C'était l'opinion générale, et celle du comte de Saurans, aide-de-camp de MONSIEUR, et qui se soutint jusqu'au 13 au soir.

» Le 14 je me rendis à la revue. J'y vins près de trois quarts d'heure avant le maréchal, qui y arriva avec de la cavalerie.

» On vint me prévenir que j'avais tort d'assister à la revue; qu'il était certain que le maréchal Ney allait trahir le Roi en proclamant Bonaparte, et que le fait avait été avancé par M. le lieutenant-général Bourmont. Je n'y voulais pas croire.

» Le maréchal ordonna qu'on fît sortir du carré les personnes étrangères. Je crus que cet ordre ne me concernait pas, puisque j'étais revêtu de mon uniforme, avec les marques distinctives de maréchal-de-camp, inspecteur de la garde nationale. Je ne m'éloignai donc pas. Le maréchal s'en aperçut, et me fit de la main commandement de me retirer, en disant : « Et M. de Grivel aussi, derrière l'infanterie. »

» Je soupçonnai alors que l'avis qui m'avait été donné n'était pas sans fondement. Je m'acheminai lentement vers un angle inférieur du carré, où je restai. Le maréchal alla se placer à l'angle opposé de l'extrémité du carré, se tourna vers les officiers et sous-officiers de cavalerie, qui avaient mis pied à terre, et lut la proclamation qui commence par ces mots : « Officiers, » sous-officiers et soldats, la cause des Bourbons est à » jamais perdue, etc. »

» Surpris et indigné de ce que personne ne réclamait et ne s'opposait à cette démarche, je me retirai et remontai à cheval. En traversant la ville, je vis les soldats et les habitans en insurrection, m'accablant de cris séditieux. Je me rendis chez M. le préfet, et partis ensuite pour Dole, où j'espérais encore conserver au Roi des sujets dévoués. Je m'arrêtai en route chez le père de M. de Vaulchier, où je couchai. Je l'y rencontrai lui-même. Il me montra l'ordre du maréchal d'administrer le département au nom de Bonaparte, et que, sur son refus, il lui avait dit que c'était une bêtise; que tout était préparé d'avance; que les troupes étaient échelonnées de distance en distance jusqu'à Paris, et que l'empereur y entrerait sans brûler une amorce.

» Le témoin a déposé de plus, par ouï-dire, que les caissons arrivés étaient vides, mais qu'il n'en avait pas la certitude; qu'il ne les avait pas vus lui-même, et qu'un colonel, par son influence, avait fait rétablir le drapeau blanc à Lons-le-Saulnier le 14. »

Le maréchal a prétendu ne pas avoir connaissance de ce fait, et assuré que l'on n'avait pas crié *vive le roi!*

Dixième témoin. M. le comte de la Genetière, major d'infanterie, chevalier de Saint-Louis et de la Légion-d'Honneur, a déposé à-peu-près comme il suit :

« J'étais major en second au 64e régiment de ligne, à la demi-solde, à Besançon.

» Ayant appris le 9 le débarquement de Bonaparte, j'allai offrir mes services à M. le comte de Bourmont, qui commandait alors la division, afin de marcher contre Bonaparte sous les ordres du maréchal Ney, qui venait d'arriver à Besançon. Mes services furent agréés par le maréchal, et je partis le 11 avec M. de Franoy (aujourd'hui capitaine au régiment de la Couronne), pour me rendre à l'état-major à Lons-le-Saulnier, où devait se trouver le maréchal Ney. J'arrivai le même jour dans cette ville. Le 12 et le 13 furent employés à l'organisation d'un état-major, dont M. de Passinges de Préchamp était le chef. J'y fus employé provisoirement comme sous-chef. Le matin, cet officier supérieur me fit connaître que le maréchal, dans la nuit du 13, m'avait désigné pour remplir les fonctions de chef d'état-major de la 1ère division, commandée par le lieutenant-général Lecourbe. Après avoir communiqué à cet officier-général mes lettres de service, je me rendis sur la place de Lons-le-Saulnier, où l'armée se trouvait sous les armes. Il était environ une heure après midi. Le maréchal vint, accompagné des généraux Lecourbe et Bourmont, et autres officiers de l'état-major, ainsi que des chefs de corps.

» Après avoir fait former le carré, M. le maréchal fit battre un ban, tira son épée, et, ayant dans la main un papier, il lut la proclamation commençant par ces mots : « Soldats, la cause des Bourbons est à » jamais perdue, etc. »

» Elle fut suivie du cri de *vive l'empereur!* Le maréchal embrassa toutes les personnes qui l'entouraient. Il se manifesta un enthousiasme général.

» Les généraux Bourmont et Lecourbe, et plusieurs autres officiers l'entourèrent, et le colonel Dubalen lui dit que ce langage était peu conforme à celui de la veille. Le maréchal dit alors que c'était une affaire arrangée, et que le retour de Bonaparte était le vœu de toute l'armée.

» Immédiatement après les troupes défilèrent devant le maréchal aux cris de *vive l'empereur!* Après qu'on eut reconduit le maréchal à l'auberge de la Pomme-d'Or, où il logeait, les soldats se répandirent dans la ville, détruisirent par-tout les armes des Bourbons, et les inscriptions de la famille royale. Il y eut sur la place un café de pillé. La cocarde tricolore fut arborée.

» Le baron de Préchamp fut envoyé à Bonaparte pour lui annoncer le changement qui venait de s'opérer. Le maréchal me donna provisoirement la direction de l'état-major.

» J'étais dans une position difficile pour un homme d'honneur. Les troupes devant se rendre le 15 à Dole, les 16 et 17 à Dijon, où l'on supposait que devait se rendre Bonaparte, j'écrivis à minuit au maréchal la lettre qui est parfaitement connue, et que je crois inutile de reproduire ici.

» Je lui demandais à aller à Besançon, et je partis pour cette ville le 15 à trois heures, pour me rendre près le chevalier Durand. J'espérais concourir avec lui à maintenir cette place dans la fidélité due au Roi. Nous en eûmes l'espoir jusqu'au 20. »

Le témoin a rendu compte de l'insurrection de Besançon.

Le 21, comme il fut averti par M. de Jouffroy qu'il devait être arrêté, il partit pour la Suisse, où il a rempli, sous M. le comte de Gaëtan de la Rochefoucauld, les fonctions de sous-chef d'état-major.

Depuis il n'a eu aucune relation avec le maréchal.

Le maréchal : Dubalen est le seul officier qui ait fait son devoir. Je n'ai pas reçu la lettre dont vous parlez.

Le témoin : M. le maréchal l'a tellement reçue, qu'il l'a envoyée au général Bourmont, à une heure, dans la nuit du 15.

M. le président au comte de Bourmont : Avez-vous reçu la lettre ?

M. de Bourmont : Oui, monseigneur, je l'ai reçue; et l'officier chargé de me l'apporter me demanda, de la part du maréchal, ce que cela voulait dire.

Le maréchal : Quel est cet officier ?

Le comte de Bourmont : Un officier de l'état-major; je ne sais lequel.

M. le maréchal : Vous deviez le connaître mieux que moi.

M. Berryer au témoin : Avez-vous remarqué, dans les discours et les dispositions du maréchal, la fidélité pour le Roi ?

Le témoin : Oui, jusqu'au 13 le maréchal fut fidèle. Il paraît que les lettres venues dans la nuit le firent changer.

Le 13 même il fit venir tous les officiers, et leur tint les discours les plus favorables à la cause du Roi. »

M. Berryer a invité le témoin à s'expliquer sur l'esprit des troupes dans les provinces.

Le témoin : Je pense que les officiers supérieurs des corps et les officiers employés dans l'armée, et qui avaient reçu des faveurs du Roi, étaient dévoués à sa cause. Quant aux officiers en demi-solde, il est aisé de concevoir la cause de leur exaspération.

A Besançon, les cris séditieux n'avaient pas été très-forts. Ils avaient été réprimés d'abord, et punis.

Onzième témoin, M. le baron Clouet, colonel, etc., chevalier de Saint-Louis, officier de la Légion-d'Honneur, a dit :

« Depuis huit ans j'étais le premier aide-de-camp de M. le maréchal.

» A l'époque du débarquement de Bonaparte, le maréchal était dans sa terre des Coudreaux, et j'étais à Tours, dans ma famille.

» Le 9 mars, je reçus l'avis que M. le maréchal venait de passer à Paris pour se rendre à son gouvernement de Besançon. Je partis le 10, et, en passant par Paris le 12, j'y trouvai l'ordre de le rejoindre : je partis le même jour. Je fis un détour pour ne point entrer à Dijon, qui avait arboré le drapeau tricolore. Je suis arrivé à Dole le 15, entre cinq et six heures du soir: j'y trouvai les troupes françaises portant la cocarde tricolore. J'appris que M. le maréchal était dans la ville; je me rendis chez lui; et c'est alors seulement que j'eus connaissance des événemens du 14. Je dînai à la table du maréchal, et deux heures après j'entrai dans son cabinet pour le prier de me permettre de retourner dans ma famille, ce qui me fut accordé d'autant plus facilement, que j'étais malade. Je ne me souviens pas des propos qui furent tenus à table ; mais j'ai l'idée qu'ils étaient indifférens. J'ai écrit au maréchal. Cette lettre m'a coûté beaucoup, à cause du respect et de la reconnaissance que je lui dois. Je rejoignis M. de Bourmont à Lons-le-Saulnier dans la nuit : il était au lit, très-affligé. Nous nous entendîmes sur-le-champ. Il m'engagea à partir pour Paris au moment où j'allais lui en parler. J'avais un faux passeport, que j'avais scellé du cachet du maréchal. Nous fûmes long-tems en route, et nous n'arrivâmes à Paris que le 18 ou le 19. Ce n'est que dans la voiture que j'ai appris les détails de ce qui s'était passé à Lons-le-Saulnier. »

Interrogé s'il n'a pas fait un voyage avec le maréchal, le témoin a répondu qu'il avait été avec lui au-devant de Monsieur, et qu'à propos du procès de Louis xvi le maréchal avait exprimé son attachement pour la famille royale, et son indignation franche et vive contre les auteurs de la mort de ce prince.

Interrogé depuis combien de tems il connaissait le maréchal, il a répondu : « Il y a sept à huit ans. Je le connais susceptible de recevoir des impressions subites et vives, et je pense que c'est la seule manière d'expliquer l'action qu'on lui impute. »

Douzième témoin, M. le maréchal duc de Reggio.

Il n'a été appelé que pour constater l'identité de

deux lettres qui lui ont été adressées par le maréchal Ney, et qu'il a remises à son épouse. Le maréchal les a reconnues. On en a donné lecture. Elles contiennent des détails de service et des mesures à prendre pour s'opposer à Bonaparte.

Ces pièces sont annexées au procès.

On a donné aussi lecture de trois dépêches adressées par le maréchal Ney au duc d'Albufera. Elles ne sont relatives qu'au service. On en a ordonné également la jonction au procès.

Ici la séance fut suspendue et remise au lendemain, et le 5 décembre elle s'ouvrit à dix heures, et commença par l'audition du treizième témoin, M. Magin. Il a déposé :

« Le 20 mars, j'ai reçu de M. Delaboulaye, inspecteur de la navigation à Montereau, une lettre dans laquelle il m'annonçait que le maréchal Ney était à Montereau, chez Labbé, aubergiste. Le maréchal a dit que le retour de Napoléon avait été arrêté au congrès de Vienne; que tout était arrangé par les soins de Talleyrand, qui ramenait l'archiduchesse Marie-Louise et son fils. »

Quatorzième témoin, M. Pantin, ancien avoué près le tribunal de première instance de Paris. Il a déposé :

« Vers le 15 ou le 20 juillet dernier, j'ai été arrêté dans une promenade publique par M. Magin, qui, en me parlant des grands événemens qui venaient de se passer, me demanda quelle était mon opinion de la fuite de l'individu nommé Bonaparte et du retour de S. M.; il ajouta que ces événemens n'avaient rien de surprenant. » (Ici le témoin a déposé les mêmes faits que nous venons de rapporter dans la déposition de M. Magin.)

Quinzième témoin, M. Perrache, avocat près le tribunal de première instance de Paris. Il a rapporté, d'après M. Pantin, le propos tenu par M. Magin.

Seizième témoin, M. Félix. Il a dit:

« J'ai vu le maréchal, à Lille, haranguer les soldats en faveur de Napoléon. Il a demandé aux colonels s'il y avait parmi eux des intrus; il leur a dit que s'il y en avait il fallait les chasser. Il paraît qu'il y a eu des distributions d'eau-de-vie aux soldats; à la suite, deux jeunes gens qui avaient crié *vive le Roi!* ont été massacrés. Ces faits se sont passés le 27 ou le 28 mars. »

Un pair : Précisez l'époque.
Le témoin : C'est le jour de l'arrivée du maréchal.
Le maréchal : C'est le 24 ou le 25.
Le témoin : Vous logiez sur la grande place.

Dix-septième témoin, M. Debeausire. Il a déposé:

« D'après l'acte d'accusation, j'espérais avoir passé un marché pour la fourniture des remontes de deux régimens à Lille. Je suis censé avoir refusé de faire ces fournitures après le départ du Roi, et le maréchal m'aurait dit qu'en traitant avec les ministres du comte de Lille, j'aurais traité avec ceux de Bonaparte.

» Je n'ai jamais vu le maréchal, je n'ai jamais traité d'aucune fourniture; il y a confusion de nom.

» J'ai dit que les frères Thiébault avaient été chargés de la remonte de deux régimens, qu'ils s'étaient refusés à fournir après le départ du Roi; que le maréchal, en passant la revue, avait fait des reproches au colonel du régiment, qui avait rejeté la faute sur les frères Thiébault; que le maréchal les avait fait venir, et leur avait dit qu'ayant traité avec les agens du comte de Lille, ils ne devaient pas croire avoir traité pour d'autres que Bonaparte. Au reste, on peut les faire venir, ils sont à Paris. »

Le maréchal a dit qu'il ne connaissait ni le témoin ni les frères Thiébault.

M. Bellart a expliqué qu'on avait appliqué par erreur au témoin le fait qu'il avait attribué aux frères Thiébault.

Dix-huitième témoin, M. Charmoilles de Fresnoy, capitaine au 1ᵉʳ régiment de la garde royale. Il a déposé :

« A l'époque du débarquement de Bonaparte j'étais à Besançon; j'offris mes services au maréchal, qui les accepta et m'attacha à l'état-major en qualité de capitaine-adjoint. Le 13, il m'envoya en mission à Dole; le 15, en revenant, je rencontrai le corps d'armée qui portait la cocarde tricolore; en conséquence je n'ai point été témoin de ce qui s'est passé à Besançon.

Dix-neuvième témoin, M. Grison, capitaine d'infanterie. Il a déposé :

« Qu'étant à Landau dans le 37ᵉ régiment d'infanterie, le maréchal était venu inspecter les troupes. Il a rassemblé les officiers au *Mouton-d'Or*, et, ayant fermé la porte à clé, il a demandé au colonel s'il y avait parmi nous des intrus. Le colonel ne répondit rien. Le maréchal ayant interprété son silence d'une manière négative, répondit : *A la bonne heure!* Il se répandit de suite en invectives contre la famille royale. La majeure partie des troupes était pour le Roi, mais la défection du maréchal fit tout changer. »

Le maréchal : Le témoin se trompe. Quand un maréchal reçoit des officiers, il ne va pas fermer la porte à clé; cela ne serait pas convenable. J'ai vu dans ma tournée de 50 à 80,000 individus. Je ne sais pas si vous avez été envoyé en députation pour me dénoncer. Le fait est que j'ai dû agir d'après la lettre dont j'étais porteur; que je n'ai rien dit d'insultant contre le Roi; que la lettre même me le défendait, puisqu'elle ordonnait de respecter le malheur, et, dans le cas où un membre de la famille tomberait entre mes mains, de lui donner toute facilité pour gagner les frontières.

Le témoin : Je le dis en homme d'honneur. C'est

au baron Menu que vous avez parlé. Vous avez dit tant d'outrages de la famille royale que les bonapartistes eux-mêmes en ont été indignés. Ne nous avez-vous pas dit que plusieurs maréchaux voulaient la république? L'avez-vous dit, oui ou non? Avant votre arrivée le drapeau blanc flottait encore à Landau, quoique toutes les communes des environs eussent arboré le drapeau tricolore. Aussitôt après votre arrivée on le prit à Landau, et le général Girard, quand il vous a vu, a fait crier *vive l'empereur!*

M. Berryer : Précisez l'époque.

Le témoin : C'est dans le courant d'avril.

Vingtième témoin : M. de Balincourt, colonel du régiment de cuirassiers de Condé, a déposé :

« Je n'ai aucune connaissance des faits imputés au maréchal. J'ai été appelé le 20 novembre pour déposer d'un ouï-dire que j'ai répété.

» L'un de mes parens, capitaine au 75e régiment, m'a rapporté que le maréchal avait dit à Philippeville qu'en partant de Paris il avait dans sa voiture une proclamation qu'il a lue à ses troupes avant de passer à l'ennemi. »

M. Bellart a interpelé le témoin Grison de déclarer s'il ne connaissait pas quelqu'un qui pût déposer dans le même sens que lui.

« Oui, a répondu M. Grison, un capitaine qui est ici. »

On l'a introduit. Il se nomme Casse, capitaine au 42e régiment (vingt-unième témoin).

Sa déposition n'étant qu'un simple renseignement, il n'a pas prêté serment.

Il a déposé qu'après l'arrivée de Bonaparte à Paris, le maréchal a dit à Condé mille horreurs du Roi; que sa cause était perdue; que c'était une famille pourrie; que le Roi n'était ni Français ni légitime; que c'était à Bonaparte qu'il fallait obéir.

M. le président : Avez-vous entendu ces paroles personnellement ?

Le témoin : Oui, le 24 ou le 25 mars, dans la maison du gouverneur, avec tous les officiers du régiment. Vous avez dit davantage ; vous avez dit : Nous faisions notre cour au Roi, mais il n'avait pas nos cœurs ; ils étaient toujours à l'empereur ; le Roi nous aurait donné vingt fois la valeur des Tuileries, que jamais nous ne l'aurions eu dans nos cœurs.

Vingt-deuxième témoin, M. Cailsoué, bijoutier, au Palais-Royal. Il a déposé :

« Que M. le maréchal Ney arrivant à Paris avec Bonaparte, lui envoya, par son valet-de-chambre, toutes ses décorations à changer. C'est le 25 mars que M. le maréchal a eu ces objets, et c'est le 25 mars que je les ai inscrits sur mon livre, que voici. »

Le témoin a ouvert alors le registre sommaire de sa maison.

Il y a lu le compte suivant. Le 25 mars, doit M. le maréchal Ney, médaillon de deux croix grand-cordon, n° 75, 50 fr. ; une croix n° 1, 12 fr. ; médaillon de la croix n° 6, 6 fr. ; deux portraits or émaillé, 30 fr. chacun, 60 fr.

L'accusé : Vous voyez, monseigneur, que, d'après ce compte, je ne pouvais pas avoir les décorations que les témoins prétendent m'avoir vues à Lons-le-Saulnier.

M. le chancelier a demandé au témoin s'il n'avait point, à la même époque, arrangé pour l'accusé une plaque de la Légion-d'Honneur.

Le témoin a répondu que non.

Il a répondu, sur les renseignemens qu'on lui demandait relativement à ces plaques, que le médaillon pouvait se changer à volonté, et que c'était dans ce médaillon qu'existait la seule différence qui distingue les plaques données par l'ancien gouvernement, de celles données par S. M.

M. Bellart a fait observer que le maréchal n'avait dû faire changer que les décorations royales; qu'à l'égard des décorations à l'aigle, s'il en avait, il n'y avait rien à y faire; qu'ainsi la déposition avait bien peu d'importance.

Vingt-troisième témoin, M. Devaux, aide-de-camp du maréchal. Il a dit :

« J'étais à Lons-le-Saulnier à l'époque du 14 mars : je n'ai remarqué aucun changement dans les décorations du maréchal, ni ce jour-là ni les jours suivans. Il portait une plaque et des rubans rouges. »

Vingt-quatrième témoin, M. Batardy, notaire à Paris. Il a déposé :

« Au mois de février M. le maréchal était dans sa terre des Coudreaux. Le 3 mars il m'a fait écrire pour lui envoyer des renseignemens sur sa dotation et son traitement du mois de février. Il me chargea d'envoyer 3000 francs à M..... à Vienne, qui stipulait les intérêts des donataires devant le congrès. Je passai chez le beau-père de M. le maréchal, pour aviser aux moyens de lui faire passer aux Coudreaux le reste des fonds que j'avais touchés pour lui.

» On me dit que cela était inutile, parce qu'on venait d'expédier un courrier au maréchal, et qu'il allait arriver à Paris.

» Le maréchal y arriva. J'étais chez lui lorsqu'il descendit de voiture. Il embrassa d'abord le plus jeune de ses fils, qui était dans les bras de sa nourrice. Il s'adressa ensuite à moi, et me dit : *Qu'y a-t-il de nouveau?* Cette question, celle qu'il m'adressait toujours, s'entendait des affaires de M. le maréchal. Nous entrâmes dans ses appartemens. J'étais fort surpris que le maréchal ne me parlât de rien. Je lui dis : « Vous ne savez » donc pas que l'empereur est débarqué à Cannes ? » Le maréchal en parut étonné. Il s'expliqua fort durement sur le compte de Bonaparte, et il ajouta : « Il

» n'aurait pas osé débarquer, s'il n'y avait pas eu en
» France de la division et du mécontentement. » Je
puis assurer sur mon honneur, et je resterai convaincu
toute ma vie, que non-seulement il ne savait pas que
Bonaparte dût descendre à Cannes, mais même qu'il
ne le *désirait* pas. »

Vingt-cinquième témoin, M. le duc de Mailhé, pair
de France, premier gentilhomme de la chambre de
S. A. R. Monsieur, maréchal des camps et armées du
Roi, et chevalier de Saint-Louis.

Il a connu le maréchal Ney depuis le retour du Roi.
Il a fait sa déposition à-peu-près dans les termes suivans :

« Je suis parti le 9 mars de Lyon, le lendemain du
départ de Monsieur, qui se portait en avant ; mais cette
marche fut impossible, il n'y avait point de canons.
Il fallut rétrograder. J'arrivai le 10 à Besançon. Je n'y
trouvai point M. le duc de Berri. Je me présentai chez
M. de Bourmont, et nous allâmes ensemble chez M. le
maréchal. Je lui appris les mauvaises nouvelles ; que
Monsieur était forcé de se retirer sur Roanne. Le maréchal nous dit que nous allions partir sur-le-champ
pour rejoindre Monsieur. Je sortis pour aller faire
mes préparatifs pour ce départ. Je revins chez M. le
maréchal, mais il avait changé d'idée. Il dit qu'il voulait se porter sur Lons-le-Saulnier ; que là il serait
au centre.

Le maréchal Ney : Je prie le témoin de déclarer si
je l'ai chargé de demander un rendez-vous à Monsieur
pour moi ; si je ne lui ai pas dit que je n'avais rien à
faire à Besançon, et qu'il fallait marcher à Bonaparte.
M. de Mailhé est parti. Je n'ai plus eu depuis des nouvelles de lui ni de Monsieur. Les événemens en ont
décidé.

Le témoin : Le maréchal ne pouvait pas me dire
d'inviter Monsieur à le joindre ; Monsieur était alors

avec le maréchal Macdonald. J'ajoute que M. de Bourmont me dit : « Le maréchal est très-bien disposé ; il » vient de me dire : Allons, Bourmont, nous marche- » rons, quoique bien inférieurs en nombre. »

Le maréchal : Les troupes marchaient par deux bataillons, d'après les ordres du ministre. Elles étaient absolument perdues. MONSIEUR ne m'a donc pas donné d'ordre.

Vingt-sixième témoin, M. de Ségur, maréchal des camps et armées du Roi, l'un des commandans de la Légion-d'Honneur, chevalier de Saint-Louis. Il a dit :

« Je déclare avoir connu le maréchal, et que le 7 mars, jour de son arrivée à Paris, il m'a dit qu'il allait s'opposer de toutes ses forces à l'invasion de Bonaparte ; que, comme chef de l'état-major de la cavalerie, je prendrais les ordres du ministre de la guerre, pour les transmettre à MM. les généraux. Tout ce qui est sorti de la bouche de M. le maréchal respirait l'honneur et la fidélité, et est en tout digne d'un militaire qui a fait la gloire de l'armée française pendant vingt campagnes. »

Vingt-septième témoin, M. le marquis de Saurans ; il a dit :

« Le 5, j'ai reçu ordre de partir le 8 de Paris pour Lyon. J'ai traversé la Champagne, la Bourgogne, la Franche-Comté, pour examiner l'esprit des préfets et des généraux, et en rendre compte.

» Le 9 au soir, je suis arrivé à Besançon. Je vis de suite M. de Bourmont, les généraux et le préfet. Ils me parurent disposés à faire leur devoir. Je rencontrai, le 10, à huit heures du soir, le maréchal dans sa voiture près de Dole.

» En arrivant à Lons-le-Saulnier, je voulais continuer ma route pour Lyon. Un officier que je rencontrai m'engagea à me diriger sur Moulins. Je résolus alors de retourner à Besançon. Je rencontrai M. de Saint-Amour. Nous fîmes ensemble trois postes. J'ai vu sur ma route deux régimens, le 61e et le 67e, qui ne parurent m'offrir qu'une médiocre garantie. Peu après je vis les deux colonels, qui me dirent que les dispositions de leurs soldats étaient bonnes. Je rencontrai M. le maréchal à Quingey. Nous arrivâmes ensemble à Lons-le-Saulnier. Je déjeûnai dans la matinée avec le maréchal, qui me parut très-bien disposé. Il fit venir en ma présence deux gendarmes déguisés, qu'il envoya à la découverte. Je dînai avec M. le maréchal. Le soir on apporta les proclamations. Nous y remarquâmes ces expressions : « La victoire » marche au pas de charge. L'aigle volera de clocher » en clocher jusque sur les tours de Notre-Dame. »

» Le maréchal nous dit : « C'est là ce qu'il faut. » Le Roi ne parle pas comme cela. Il le devrait, » cela plairait aux troupes. »

» Les corps d'officiers vinrent et furent harangués par le maréchal.

» Le lendemain, je priai le maréchal de me renvoyer près de Monsieur, que j'avais quitté depuis bien longtems, et qui devait être inquiet de moi. Le maréchal ne me donna aucun ordre par écrit, mais il me dicta une lettre. Monsieur était à Sens. J'allais l'y rejoindre. Je rencontrai dans ma route un régiment de dragons et un régiment de ligne. J'arrêtai leur marche, parce qu'ils allaient tomber dans les lignes de Bonaparte. Je fis aussi changer de route aux équipages de M. le maréchal Ney, pour qu'ils ne tombassent pas au pouvoir de l'ennemi. J'arrivai à Paris, et je remis au ministre de la guerre la lettre de M. le maréchal.

M. Berryer : Quelles expressions le témoin entendit-il proférer aux soldats ?

R. Ils criaient *vive l'empereur!* mais la masse marchait en ordre et avec silence. J'ajoute que, quand je vis M. le maréchal, je lui parlai de sa position; que je la trouvais bien plus difficile que dans les autres campagnes. Il me répondit : « D'ordinaire, quand j'avais » toutes mes dispositions faites, je dormais; aujour-» d'hui, je n'ai pas un moment de repos. »

« Sur les inquiétudes que je lui témoignais, il me répondit : « Les troupes se battront; je tirerai, s'il le » faut, le premier coup de fusil ou de carabine, et, si » un soldat bronche, je lui passerai mon épée au tra-» vers du corps, et la poignée lui servira d'emplâtre. » Ce n'est pas avec des fusils qu'on fait marcher le » soldat; il faut du canon, et mon aide-de-camp sait » l'appliquer. »

M. le président : Monsieur le maréchal, vous reconnaissez cet ordre?

Le maréchal : Oui, monseigneur.

M. le président : Il est du 13 au soir. Comment, Monsieur le maréchal, après avoir pris ces longues et sages dispositions, avez-vous pu être conduit le 14 à un résultat si différent?

Le maréchal : Votre observation est juste; mais les événemens ont été si rapides, une tempête si furieuse s'est formée sur ma tête que, chacun m'abandonnant, chacun cherchant à se sauver à mes dépens, et en me sacrifiant, j'ai été entraîné à l'action que vous connaissez. D'ailleurs, mon avocat entrera dans des développemens à cet égard.

M. Berryer a demandé que M. le président fît donner aux défenseurs copie de cette pièce.

M. Bellart ne s'est pas opposé à ce que la minute fût au service des défenseurs lors de la plaidoirie.

M. Berryer a insisté pour avoir une expédition de la pièce : elle lui a été accordée.

M. Frondeville, pair de France : Je demande à l'accusé ce qu'il entend par la tempête qui a fondu sur lui?

Le maréchal : C'est la fureur révolutionnaire qui éclata dans les troupes le 13 au soir. Il était impossible d'en disposer, de les faire marcher où on aurait voulu les conduire.

M. de Saint-Romans (un des pairs) a demandé au maréchal pourquoi il n'avait pas fait arrêter ces émissaires venus le 13 ; car ce sont eux qui ont ainsi changé l'esprit du soldat.

Le maréchal : J'ai déjà répondu à cette question. Je n'avais personne pour faire arrêter; il m'était impossible de le faire.

Vingt-huitième témoin, M. Renaut-de-Saint-Amour. Il a dit : « Depuis vingt-deux ans que je sers, j'ai vu deux fois M. le maréchal. Les journaux ont publié des déclarations qui ne sont pas miennes.

» Le 7, je remis mes dépêches à Dijon : on m'apprit le débarquement de Bonaparte. Je crus que mes ordres avaient pour objet de rassembler les troupes. Je me dirigeai sur Bourg, de là à Lyon et à Vienne. Je voulais me rendre à Grenoble. Un officier déguisé me dit de changer de route. Je revins à Lyon. Monsieur me dit qu'il partait.

» A Poligny, je rencontrai le marquis de Saurans, et je l'ai accompagné jusqu'à Quingey. Beaucoup de soldats que nous rencontrions sur notre route criaient *vive l'empereur!* et nous faisions entre nous cette réflexion, qu'on ne pouvait plus compter sur eux.

» J'allai le 11 au soir à Quingey, chez M. le maréchal Ney, qui me dit qu'il ne pouvait pas concevoir qu'on n'eût pas défendu le passage du Rhône, et coupé les ponts à Lyon. Il me donna l'ordre, pour M. le directeur d'artillerie de Besançon, d'envoyer des cartouches à Lons-le-Saulnier. »

M. Berryer : Quel était l'esprit des campagnes ?

R. Dans le département de l'Ain, à Bourg, les paysans criaient *vive l'empereur!* Dans les villages et dans les cabarets, la même agitation existait aux alentours de Lons-le-Saulnier.

Vingt-neuvième témoin, M. Boulouse, négociant; il a déposé :

« J'ai quitté Lyon samedi 11, à neuf heures du soir. Craignant d'être arrêté, j'ai pris la route de Bourg et de Genève. A Lons-le-Saulnier, on me demanda mon passeport; un officier vint ensuite me trouver pour savoir de moi ce qui se passait; il me dit : « Je suis bon » Français. Le prince est dans les plus vives inquié- » tudes. »

» Il vit que j'étais dans les mêmes dispositions : il me demanda si je voulais qu'il me conduisît au maréchal; j'acceptai cet honneur avec reconnaissance. M. le maréchal me fit beaucoup de questions. « D'où venez-vous ? — De Lyon. — Que s'y passe-t-il ? — L'empereur y est entré sans troupes, et seulement avec son état-major. — Quelle conduite a-t-il tenue ? — Il s'est montré à la fenêtre pour haranguer la populace, qui se pressait pour le voir. Il a passé ensuite ses troupes en revue sur la place Bellecour; il pouvait avoir sept à huit mille hommes. » Je donnai au maréchal les numéros de tous les régimens et les détails que j'avais recueillis sur leur composition. J'ajoutai au maréchal qu'il avait fait des proclamations. Je lui en montrai une que je m'étais procurée; il me la prit, en me disant qu'il s'en faisait le cadeau. Il prit les noms de ceux qui avaient signé cette proclamation, en me disant : « Cela n'est pas dangereux; il n'y a rien à crain- » dre; quarante-cinq mille hommes garantiront Paris. » Le premier coup en décidera. » Comme je paraissais inquiet sur ce qu'on m'avait parlé d'une alliance avec l'Autriche, il ajouta : « C'est là sa jactance ordinaire. » Pourquoi Monsieur ne l'a-t-il pas combattu ? »

M. le président au maréchal : C'est le 12 que vous avez tenu cette conversation. Vous connaissiez cependant les progrès de Bonaparte : aviez-vous donc l'opinion qu'il n'était pas dangereux ?

M. le maréchal : Oui, Monseigneur.

M. Berryer : Le témoin n'a-t-il pas fait au maréchal le compliment d'avoir sauvé la France à Fontainebleau ?

R. Oui, je me rappelle avoir dit cela : j'étais transporté des sentimens dont M. le maréchal était animé; je saisis même et pressai le bras de M. le maréchal.

M. Bellart : Pourquoi le maréchal retenait-il la proclamation ?

Le maréchal : Pour la communiquer aux autres généraux; c'était une curiosité toute simple.

Le témoin : Le maréchal me dit : Mais ne craigniez-vous pas de vous compromettre, en gardant sur vous ce papier ? Je lui répondis : Non; il était caché dans un secret de ma voiture. M. le maréchal m'observa qu'il était dangereux de propager cette proclamation.

Trentième témoin, madame Maury.

« Les 16 et 17 mars, dit-elle, j'étais à Dijon. M. le comte de Bagnano, Italien, me dit que M. le maréchal lui avait dit, en causant avec lui : Vous êtes bien heureux de n'avoir pas de place; vous n'êtes pas obligé de transiger avec vos devoirs : je me félicitais d'avoir forcé l'empereur à abdiquer, aujourd'hui il faut le servir.

Le maréchal : Je ne connais pas le comte italien Bagnano; je ne l'ai jamais vu. Il est possible que j'aie tenu quelques discours semblables à ce que le témoin déclare, mais je ne m'en souviens pas.

Trente-unième témoin, M. Passinges de Préchamp. Il a dit : « Le maréchal Ney est arrivé à Besançon le 10 au soir. Je ne l'ai vu que quand il montait en voiture avec M. de Bourmont; je les suivis. J'arrivai à Lons-le-Saulnier. Tous les ordres donnés par le maréchal, tous ceux transmis aux troupes l'ont été dans l'intérêt de la cause du Roi; mais les difficultés sont bientôt devenues des obstacles. Les troupes qui, casernées, pouvaient encore être contenues dans le devoir, n'ont plus connu de frein lorsqu'elles ont été mises en contact avec la populace. Le 76°, en passant à l'ennemi, a donné le signal d'une défection générale. Lors de la revue sur la place de Lons-le-Saulnier, la tristesse était peinte sur tous les visages; rien que cette posture, qui n'est pas ordinaire aux Français, présageait une grande catastrophe. Je m'attendais que mes officiers seraient victimes de leurs soldats, ou qu'il y aurait quelque révolution comme en 1793.

» Je reçus un ordre pour me rendre auprès du général Bertrand. Mes instructions n'avaient pour but que d'assurer le service des troupes, et faire respecter partout les serviteurs du Roi. »

M. Berryer : Le témoin n'a-t-il pas eu connaissance que des gentilshommes aient été incorporés par les ordres du maréchal?

R. Oui, j'en ai parlé au colonel Dubalen; mais les événemens se sont succédés avec une telle vivacité, que je ne sais pas si cet ordre a été exécuté.

M. Berryer : Savez-vous si le 12 et le 13 les troupes avaient reçu des proclamations?

R. Elles n'en ont reçu que dans les jours postérieurs au 14.

M. Berryer : Le témoin n'a-t-il pas vu un exemplaire de la proclamation fatale, datée du 13?

R. Oui, à Auxerre, et j'en fis même l'observation.

M. le duc de Fitz-James, l'un des pairs : Quand les troupes ont-elles été en contact avec la populace?

R. En sortant de Besançon, les 11 et 12.

Trente-deuxième témoin, M. Dranges de Bourcia, sous-préfet de Poligny, a déposé :

Le 11 mars j'étais dans mon cabinet; j'entendis arriver une voiture à grand bruit; je crus que c'était M. le duc de Berri. J'y courus. Je vis deux officiers-généraux, M. le maréchal et M. le comte de Bourmont. Je lui offris ma maison; il me répondit : « De préférence chez vous, mon ami. » Je réunis le commandant et quelques officiers de la garde nationale; il était dix heures quand nous nous mîmes à souper. Le maréchal me demanda quel était l'esprit des habitans. Comme j'avais vu passer un régiment à l'ennemi, je pouvais avoir des inquiétudes sur les troupes qui étaient à Poligny; mais j'offris à M. le maréchal une nombreuse garde nationale; j'offris même de me mettre dans leurs rangs pour les entraîner par mon exemple.

» En parlant des événemens qui venaient de se passer, le maréchal nous dit qu'il savait bien que le général Bertrand n'avait pas assez de tête pour résister à Bonaparte; qu'il aurait fallu l'attaquer comme une bête fauve, et le mener à Paris dans une cage de fer. J'observai à M. le maréchal qu'il valait mieux le conduire à Paris dans un tombereau. Le maréchal me répondit que je ne connaissais pas Paris; « qu'il fallait que les Parisiens *vissent*. » M. le maréchal exprima ensuite quelques sujets de mécontentement qu'il avait contre M. de Blacas. Il nous dit que le Roi aurait dû employer pour son service la garde impériale.

» A minuit, le général Bourmont et le maréchal montèrent en voiture, en me disant de diriger mes troupes sur Lons-le-Saulnier.

» Quel fut mon étonnement, à la nouvelle de la défection du 14! Je vis alors le général Lecourbe, qui me dit qu'il fallait se rallier au Roi. »

Le maréchal Ney : J'ai remarqué, dans le discours de M. le sous-préfet, qu'il a parlé de la garde impériale. A Compiègne, je commandais la garde de service. J'avais l'honneur d'être assis à côté du Roi. Je lui ai donné le conseil d'attacher à sa personne la garde impériale; j'ajoutai que c'était la récompense de toute l'armée. Il me répondit qu'il réfléchirait sur cet avis.

Bonaparte en a été instruit; car il m'a dit, en me le reprochant, à Auxerre : « Si votre avis avait été suivi, je n'aurais jamais remis le pied en France. »

M. Berryer : Le témoin n'a-t-il pas entendu parler, au général Lecourbe, de l'esprit des troupes?

Le témoin : Le général Lecourbe est mort, je dois respecter sa mémoire; il ne m'a rien dit de cela.

M. Bellart : M. de Vaulchier sait-il si des gentils-hommes se sont réunis aux troupes du maréchal?

M. de Vaulchier : J'en avais envoyé trente à Lons-le-Saulnier; on les a renvoyés à Bourg.

M. Bellart : M. Capelle sait-il quelle était la disposition des esprits à Lons-le-Saulnier? Je fais cette demande, parce qu'il m'a été adressé une pétition au nom des habitans de Lons-le-Saulnier, qui réclament contre les sentimens qu'on leur a prêtés.

M. Capelle : Je ne connais pas l'esprit de Lons-le-Saulnier. Mon collègue de Vaulchier en est bien mieux instruit que moi; c'est le lieu de sa résidence. J'ai vu seulement, le jour où j'y étais, beaucoup plus de populace que de soldats se mêler aux troubles du café Bourbon.

M. de Vaulchier : La majorité était indifférente. Une portion était mauvaise. La population, à ce que j'ai ouï dire, a pris peu de part aux troubles du café Bourbon. Le soir, ce sont des soldats seuls qui m'ont insulté. J'avais conservé, sans y faire attention, le ruban blanc.

Trente-troisième témoin, M. Jean-Baptiste-Vincent Durand, maréchal-de-camp, lieutenant du Roi à Besançon. Il a déposé :

« Le maréchal est arrivé à Besançon le 9 mars après-midi. Les officiers supérieurs lui furent de suite présentés par le lieutenant-général de Bourmont, commandant la division. Pendant la visite, le maréchal s'exprima en des termes qui ne purent que confirmer toute la confiance qu'on pouvait avoir dans ses opérations ultérieures. Le débarquement de Bonaparte, disait-il, ce sont ses propres expressions, était un bonheur pour la France, puisque ce serait le cinquième acte de sa tragédie. Il donna l'ordre aux troupes de partir, et il partit lui-même le 10 au matin. Avant de se mettre en marche, il adressa aux chefs des discours qui ne pouvaient qu'augmenter toute la confiance. Il leur recommanda d'être dévoués au Roi.

» Les officiers supérieurs voyaient dans les discours, dans la conduite du maréchal, dans ses talens et sa loyauté, la grande influence qu'il exerçait à juste titre sur les troupes, les garanties les plus fortes pour le service du Roi. Il disait qu'il ferait de Bonaparte sa propre affaire. »

Le témoin a ajouté beaucoup d'autres considérations qui devaient, a-t-il dit, concilier au maréchal la confiance générale.

« On espérait que le concours des officiers généraux, les offres de services de bons Français qu'il aurait placés dans les rangs, auraient augmenté ces forces et amélioré l'esprit public.

» On avait la conviction que la loyauté du maréchal et ses discours énergiques entraîneraient ses troupes dans le chemin de l'honneur et du devoir.

» Les ordres qu'il avait donnés le 13 étaient tous dans le service du Roi. Notre conviction sur l'état satisfaisant des choses ne pouvait qu'en être fortifiée.

» Le 15, nous apprîmes par un officier (M. Duvivien), qui venait d'arriver, que le 14, entre onze heures et midi, le maréchal avait fait rassembler les troupes, et qu'à la suite il avait lu la proclamation qui commence par ces mots : « Soldats, la cause des Bour-
» bons, » etc., et qu'après il avait fait reconnaître Bonaparte comme souverain de la France.

» Nous apprîmes aussi que la défection du maréchal était complète, et que ses troupes étaient en pleine marche pour se réunir à l'ennemi de la France.

» Dans la journée du 15, le baron Mermet reçut des lettres du maréchal; mais, comme ce général ne s'était approché de la place qu'à une lieue de distance, il ne peut recevoir ses dépêches.

» Elles furent ouvertes par le commandant par *interim*.

» Elles contenaient quatre ordres du maréchal.

» Par le premier, il demandait six bouches à feu avec leurs attelages, et les canonniers suffisans.

» Par le second, qu'on envoyât en diligence tous les hommes disponibles des dépôts.

» Par le troisième, il ordonnait qu'on proclamât Bonaparte empereur; que le drapeau de la rébellion et la cocarde tricolore fussent arborés.

» Par le quatrième, il ordonnait l'arrestation de plusieurs officiers.

» Le commandant provisoire proposa de faire fermer les portes, et de s'opposer à la sortie des canons et des hommes, et à toutes les mesures indiquées par le maréchal.

» Cette proposition ne fut point adoptée. On craignit l'effusion du sang.

» La batterie commandée sortit le 18, et fut expédiée par le commandant d'artillerie.

» L'étendard de la révolte fut arboré le 21. »

M. Berryer a fait observer que le témoin s'était trompé sur la date de l'arrivée du maréchal à Besançon.

Après quelques discussions, le témoin a reconnu effectivement qu'il n'était arrivé que le 10, et qu'il était parti le 11 seulement pour Besançon.

M. Berryer a demandé si le maréchal avait fait partir les troupes.

Le témoin a répondu affirmativement.

Le maréchal : Vous vous trompez ; c'est le général Bourmont qui en a donné l'ordre.

Un pair : Monsieur le président, un des témoins précédens a déclaré que la place de Besançon avait dû être désarmée en vertu d'ordres. Veuillez demander au témoin si effectivement l'ordre a été donné, et s'il a été exécuté en cas d'existence.

M. le président en fait la demande.

Le témoin : Il n'y a pas eu d'ordre de désarmer la place ; seulement il a été dirigé deux pièces sur le château de Joux, afin de se porter sur le corps du maréchal Ney.

M. Berryer a demandé que M. le chancelier voulût bien faire entendre la déclaration de M. le baron de Montgenet sur le fait du désarmement.

M. Bellart a déclaré qu'il ne s'opposait pas à ce que cet officier général fût entendu par commission rogatoire.

M. le président a déclaré qu'il n'y avait pas de possibilité ; qu'on n'avait pu trouver son domicile, et que sa belle-sœur avait déclaré qu'elle ne savait pas où il était, et qu'elle ne pourrait lui écrire que quand il lui aurait donné de ses nouvelles.

M. le président a ordonné qu'on donnât lecture de la déposition écrite du général Montgenet devant le conseil de guerre. La voici :

« M. François Bernard, baron de Montgenet, maréchal des camps et armées du Roi (dans l'arme de l'artillerie), chevalier de l'ordre royal et militaire de Saint-Louis, l'un des commandans de la Légion-d'Honneur, âgé de quarante-neuf ans, domicilié à Paris, a déposé comme suit :

» M. le maréchal Ney, étant arrivé à Besançon, chef-lieu de son gouvernement, dans la nuit du 10 au 11 mars dernier, les officiers supérieurs de l'artillerie employés dans la place ont été lui faire visite dans la matinée du 11, et prendre ses ordres. Tout ce que S. Exc. a dit annonçait qu'elle était dans les meilleures dispositions pour le service du Roi. Il m'a ordonné, en ma qualité de commandant de l'artillerie, de faire partir de Besançon, pour rejoindre le corps d'armée qu'il réunissait à Lons-le-Saulnier, et pour Auxonne, dix bouches à feu avec un approvisionnement complet, et qui n'a pas pu se faire de suite, attendu que le tems a manqué pour réunir le nombre de chevaux de trait qui se trouvaient dispersés chez les cultivateurs de l'arrondissement. Le directeur d'artillerie a également reçu du maréchal des ordres particuliers pour l'envoi des cartouches nécessaires aux soldats. Depuis ce moment je n'ai plus revu le maréchal dans son gouvernement; je ne l'ai vu qu'une fois à Paris, où je n'avais aucune relation de service avec lui. »

M. le rapporteur a ensuite adressé au déposant les questions suivantes :

Première question : M. le maréchal Ney a-t-il donné, en arrivant à Besançon, des ordres pour désarmer cette place ?

R. Je n'ai reçu de M. le maréchal Ney aucun ordre relatif au désarmement de la place de Besançon. Ce qui peut avoir donné lieu de croire que l'on désarmait cette place, c'est qu'à l'époque où M. le maréchal Ney y arriva, on rentrait à l'arsenal les pièces montées qui étaient au polygone, ainsi que cela se pratique tous les ans; opération que j'avais accélérée pour ne laisser au dehors de la place aucun moyen d'attaque. Mais je n'ai aucune connaissance qu'il ait été touché à l'armement de la place; service qui concernait uniquement le directeur de l'artillerie, qui recevait pour cet objet directement les ordres du ministre.

Deuxième question : Avez-vous connaissance que M. le préfet ait demandé l'approvisionnement de la citadelle ?

R. Je n'ai aucune connaissance de cette demande : cela ne pouvait pas regarder les munitions de guerre, puisque la plus grande partie de celles de Besançon s'y trouvaient en magasin.

M. le président : Y a-t-il eu ordre ?

Le témoin : Non, monseigneur, il n'a été donné aucun ordre ; ce qui a pu donner lieu à accréditer ce bruit, c'est la rentrée des pièces qui, au polygone, servaient à l'instruction.

D. Avez-vous quelque connaissance relative à l'approvisionnement de la place ?

R. Aucune, cet objet ne me regardait point.

Trente-quatrième témoin, le comte Heudelet, lieutenant-général.

M. le président l'a engagé à déposer sur les faits de l'accusation.

Le témoin : Sur quels faits ?

M. le président : Sur ceux contenus en l'acte d'accusation, et qui peuvent vous être personnels.

Le témoin a dit :

« Avant le 14 j'avais cru avoir reçu plusieurs lettres du maréchal. Je me suis rappelé, et mes papiers que je n'avais pas m'ont ensuite confirmé que je n'en avais reçu qu'une seule, le 13, en quittant Dijon, où l'insurrection avait éclaté, et où il était absolument impossible de l'arrêter. Tout ce qui était dans les troupes était du plus mauvais esprit. La gendarmerie même était mauvaise.

» J'ai écrit plusieurs fois au maréchal plusieurs lettres pour l'informer de ce qui se passait dans la quatrième division militaire, où je commandais. »

M. le président : Serviez-vous sous M. le maréchal ?

R. Non. Le ministre de la guerre ne m'avait pas mis sous ses ordres. Je me suis mis de moi-même en correspondance avec lui pour le bien du service.

M. Berryer a prié le chancelier de demander au témoin quelle était la situation politique de son commandement et de celui du maréchal Ney.

Le témoin : L'insurrection des partisans de Bonaparte était générale, et la minorité des bons serviteurs du Roi était évidente ; j'en étais instruit par le rapport des voyageurs que je faisais interroger. Il en était de même pour les campagnes ; elles annonçaient hautement l'intention de se réunir à Bonaparte.

M. Berryer : Pensez-vous que le maréchal Ney, avec les forces qu'il avait, pût s'opposer avec succès aux progrès de Bonaparte ?

R. Non. Avec les quatre régimens incomplets qu'avait le maréchal, cela n'était pas possible.

M. de Frondeville, pair de France : Aviez-vous sous vos ordres la place d'Autun ?

R. Oui.

M. de Frondeville : La garde nationale de cette ville a-t-elle demandé à marcher ?

Le témoin : C'est au chef militaire ou à moi qu'on devait s'adresser pour cela, et on ne l'a pas fait.

On m'a bien demandé des cartouches, mais je me serais bien gardé d'en envoyer. Je me méfiais de l'esprit d'Autun et des environs, d'après le rapport qui m'en était fait.

M. de Frondeville : J'ai fait cette question au témoin, parce que j'ai eu des communications de la garde nationale d'Autun, qui me demandait des moyens de se soustraire à Bonaparte, dont l'approche les menaçait.

M. Dupin : Cette question de M. le pair a tout le caractère d'une déposition sur des faits.

M. de Frondeville : Ce n'est pas une déposition. Je sais mon devoir sans que ces messieurs me l'apprennent. J'étais préfet, et c'est à moi que la garde d'Autun s'est adressée. Je désirais savoir du commandant si on lui avait fait les mêmes communications.

M. Dupin se lève pour répondre. Cette question n'a pas de suite.

Un ancien aide-de-camp du maréchal, M. Dutour, a été introduit; et M. le président, en vertu du pouvoir discrétionnaire qui lui est confié, l'a invité à répondre. Il a observé que la déposition serait considérée comme un simple renseignement.

M. Berryer : Le témoin est appelé pour déclarer quelles décorations M. le maréchal portait le 14, après la lecture de la proclamation.

Réponse du témoin : Je ne l'ai pu remarquer alors; mais je crois me rappeler que M. le maréchal ne portait plus que des rubans.

Trente-cinquième témoin, S. Exc. le maréchal Davoust, prince d'Eckmuhl.

M. le président : Monsieur le maréchal, connaissiez-vous le maréchal avant les faits qui ont donné lieu à l'accusation ?

M. Berryer : Les questions que je prie Monseigneur d'adresser au prince, portent non sur l'accusation, mais sur la convention du 3 juillet, qu'il a conclue avec les généraux alliés.

M. Bellart : Il suffirait d'observer que les quatre témoins ont été appelés pour déposer sur les faits de l'acte d'accusation, pour que les commissaires pussent s'opposer à ce qu'ils fussent entendus. C'est à l'appui d'un système qu'il est bien tard de présenter, qu'on invoque la convention du 3 juillet; mais, pour qu'on sache avec quelle générosité procèdent les accusateurs, nous ne nous y opposons point.

M. Berryer : Le prince d'Eckmuhl a été chargé, par la commission du gouvernement provisoire, de stipuler dans la convention du 3 juillet. Il peut avoir des souvenirs précieux sur ses dispositions.

Le prince d'Eckmuhl : Dans la nuit du 2 au 3 juillet, tout était préparé pour se battre. La commission envoya l'ordre de traiter avec les généraux alliés. Les premiers coups de fusil avaient été tirés. J'ai envoyé aux avant-postes pour arrêter l'effusion du sang. La commission avait remis le projet de la convention ; j'y ai ajouté tout ce qui est relatif à la démarcation de la ligne militaire ; j'ai ajouté les articles relatifs à la sûreté des personnes et des propriétés, et j'ai spécialement chargé les commissaires de rompre les conférences, si ces dispositions n'étaient pas ratifiées.

M. Berryer : Je prie son excellence de vouloir bien dire où était le quartier-général des alliés.

Le prince : Le maréchal Blucher était à Saint-Cloud ; le duc de Wellington était, je crois, à Gonesse. Il s'est rendu à Saint-Cloud quand il a été informé des conférences. C'est là qu'a été arrêtée la convention.

M. Berryer demande au prince quelles étaient ses espérances pour résister, si la convention n'eût point été accordée telle qu'on la demandait pour les avantages de Paris.

Le prince : J'aurais livré la bataille. J'avais vingt-cinq mille hommes de cavalerie, quatre à cinq cents pièces de canon ; et si les Français sont prompts à fuir, ils avaient été prompts à se rallier sous les murs de Paris.

M. Berryer : Je prie le prince de dire quel était le sens que lui et le gouvernement provisoire donnaient à l'article 12.

M. Bellart : Les commissaires du Roi s'opposent à cette question indiscrète. La discussion, je le vois bien, roulera sur la capitulation ; mais l'acte existe comme il existe. L'opinion du prince n'y peut rien changer. Un acte ne peut pas être altéré par des déclarations.

Le maréchal Ney : La déclaration était tellement

protectrice, que c'est sur elle que j'ai compté. Sans cela, croit-on que je n'eusse pas préféré de périr le sabre à la main ? C'est en contradiction de cette capitulation que j'ai été arrêté, et sur sa foi je suis resté en France.

Le président : C'est dans la capitulation écrite que son sens est renfermé ; peu importe l'opinion que chacun peut en avoir. En vertu du pouvoir discrétionnaire qui m'est conféré, la question ne sera pas faite. J'ai d'ailleurs consulté la chambre, et la grande majorité a été de mon avis.

Trente-sixième témoin, M. le comte de Bondy, ancien préfet de la Seine.

M. le président : Vous êtes appelé pour donner connaissance des faits relatifs aux militaires compris dans la capitulation de Paris.

R. La principale base de la convention était la tranquillité publique, la sûreté de Paris, le respect des personnes et des propriétés. C'est dans cette intention qu'elle a été rédigée et proposée aux généraux Blucher et Wellington. Il y a eu quelques débats sur ces dispositions, mais aucune difficulté sur l'article 12 ; il a été accepté de la manière la plus rassurante pour ceux qui y étaient compris.

Un pair : Je prie Monseigneur le président de vouloir bien demander au prince d'Eckmuhl et à M. de Bondy, de dire sur l'honneur s'ils pensent que, sitôt après la capitulation, le Roi fut le maître de rentrer dans sa capitale ; car, s'il ne l'était pas, il ne serait pas rentré en vertu de la capitulation : il ne pourrait donc pas être lié par elle.

Un autre pair : Cette observation est inconvenante. Elle devrait être renvoyée à un tout autre tems, à un tout autre lieu.—Ce n'est pas dans une séance publique telle que celle-ci que de semblables questions doivent être agitées.

Trente-septième témoin, M. Guilleminot, lieutenant-général.

Le président: Vous êtes appelé à déposer sur la part que vous avez eue dans la capitulation de Paris, relativement aux militaires.

M. Guilleminot: Comme chef de l'état-major, j'ai été chargé de stipuler l'amnistie en faveur des personnes, quelles qu'eussent été leurs opinions, leurs fonctions et leur conduite; ce point a été accordé sans aucune contestation. J'avais ordre de rompre toute conférence, si l'on m'eût fait éprouver un refus: l'armée était prête à attaquer; c'est cet article qui lui a fait déposer les armes.

M. Dupin: Cette convention était militaire; pourquoi y adjoindre MM. de Bignon et de Bondy?

M. Guilleminot: ils stipulaient pour les citoyens français comme moi pour les militaires.

M. le président a demandé à l'accusé, aux défenseurs et à M. le commissaire du Roi, s'ils n'avaient pas d'observations à faire.

Sur leur réponse négative, la parole a été accordée à M. le commissaire du Roi.

Immédiatement après l'audition des témoins, le procureur-général prit la parole pour résumer l'accusation. Dans son plaidoyer, il s'attacha à éviter toutes les circonstances accessoires de l'affaire, et il parut la renfermer dans l'espace de tems compris entre la soirée du 13 et la matinée du 14 mars. Cette concession, qui semblait donner un grand avantage à la défense du maréchal, lui fut pour ainsi dire inutile; en effet l'action qui constituait le crime était la lecture de la proclamation : ainsi, en restreignant les faits à cette circonstance évidente et principale, le procureur-général se donnait réellement l'immense faveur de classer facilement dans la mémoire tout le système d'attaque ; il termina par le passage suivant :

« Vingt-cinq années de troubles politiques nous ont rendus indulgens, et n'ont que trop affaibli les principes de la morale. Est-ce cette morale dégradée qu'on voudrait appliquer à M. le maréchal Ney ? Il n'est point un de ces hommes qui puissent chercher quelque excuse dans leur ignorance. Le maréchal Ney, au premier rang de nos guerriers, l'un des citoyens les plus illustres qui firent longtems la gloire de la France, ne devait chercher sa conduite que dans ses devoirs. Le danger n'était pas imminent. Pour la première fois de sa vie, le maréchal Ney connaissait-il la peur ? Il pouvait prendre un moyen plus doux : il pouvait conserver encore sa gloire en refusant celle plus brillante qui lui était offerte ; il pouvait rentrer dans la retraite, et conserver à son Roi la foi qu'il lui avait jurée.

» Je m'arrête, Messieurs les pairs ; vos

consciences apprécieront les charges contenues dans l'acte d'accusation. »

Après ce discours, M. le chancelier demanda aux avocats du maréchal s'ils voulaient commencer sa défense. M. Berryer fit observer que les éclaircissemens sortis des débats nécessitaient quelques heures de méditations; il pria la chambre de lui accorder jusqu'au lendemain pour se recueillir, et M. le chancelier y accéda.

La séance du 6 décembre aurait donc dû commencer par le plaidoyer des avocats. Déjà M. le chancelier leur avait accordé la parole, lorsque le procureur-général demanda que M. de la Genetière (dixième témoin) fût entendu sur un fait dont l'explication avait pu paraître incomplète. Il s'agissait de prouver que le témoin avait réellement écrit au maréchal dans la nuit du 14 au 15 mars. M. de la Genetière rapporta, comme preuve de ce fait, l'extrait d'une lettre que lui avait écrite le général Bessières, le 16 mars, pour lui ordonner, au nom du maréchal, de quitter Besançon. Alors s'établit sur cette lettre la discussion suivante :

« Le maréchal : Je savais, par plusieurs rapports, que M. de la Genetière avait quitté

Dole; qu'il avait entraîné quelques officiers; que, pour éviter la fureur des soldats, il avait pris la fuite. Je ne dis pas qu'il n'a pas écrit la lettre, mais je ne la connais pas.

» M. Bellart : Je n'ai demandé ces éclaircissemens que pour établir la moralité de la déposition de M. de la Genetière.

» M. Dupin fait observer que le paragraphe de la lettre qui venait d'être lu ne parlait pas de la lettre du maréchal.

» M. Bellart a insisté.

» Plusieurs pairs : Ce fait est indifférent au procès.

» M. le comte de Gouvion, *pair de France:* Tout cela ne prouve rien. »

Après ces interlocutions, M. Berryer obtint la parole.

Il commença par rendre à Sa Majesté des actions de grâces de ce qu'elle avait voulu que les débats fussent libres et protégés par l'éclat de la plus grande solennité. Il divisa son discours en deux parties : dans la première il s'attacha à réfuter l'acte d'accusation et les chefs de criminalité dont il se composait; il rendit compte de toutes les dispositions que le maréchal avait faites pour justifier la confiance du Roi: elles lui parurent constater

jusqu'à la dernière évidence l'inébranlable
fidélité de son client jusqu'au 14 mars. Il en
tira l'induction que la circonstance aggra-
vante de la préméditation devait être écartée
du procès. M. Berryer essaya ensuite d'établir
que le maréchal, en prenant la malheureuse
résolution de publier la proclamation qui était
envoyée par le général Bertrand, ne fut dirigé que par un seul sentiment, celui d'éviter
à la patrie les horreurs d'une guerre civile.
Il rechercha les faits qui prouvaient que son
client, loin d'être attaché à l'usurpateur, devait pour plusieurs raisons en être détesté
autant qu'il le haïssait lui-même. Le caractère franc et impétueux du maréchal lui
parut inconciliable avec l'idée d'une trahison,
et il chercha dans ce caractère même les
moyens d'expliquer la confiance trop aveugle
avec laquelle le maréchal a cédé aux sugges-
tions des agens de Bonaparte. Le défenseur
soutenait, enfin, que la fatale proclamation
n'était point l'œuvre de l'accusé, et que son
seul crime était de l'avoir lue aux troupes
qu'il commandait. Passant ensuite à l'explication de la conduite du maréchal après la
journée du 14 mars, il repoussa l'accusation
dirigée contre lui d'avoir tenu sur le Roi et

la famille royale les horribles propos que plusieurs témoins ont rapportés. Il montre plus tard le maréchal privé des faveurs de Bonaparte, s'éloignant volontairement de Paris, et ne reparaissant plus qu'aux champs de Waterloo, où l'appelait la défense de la patrie. Bientôt après, l'avocat rappelle cette mémorable séance de la chambre des pairs, dans laquelle le maréchal accusa hautement l'usurpateur des fautes qui avaient entraîné la ruine de l'armée française et l'envahissement du territoire. Il termina cette première partie de son discours par une apologie des sentimens de fidélité que la famille du maréchal avait gardés à la cause de nos rois, « sentimens que le maréchal partageait, dit-il, et dont en mille occasions il avait donné d'éclatans témoignages. »

Après cette première partie du plaidoyer, qui avait duré plusieurs heures, M. Dupin supplia la cour de permettre que la seconde partie de la défense fût remise au lendemain.

Le procureur du Roi s'y opposa formellement; M. le chancelier accorda une heure de suspension et l'accusé se retira.

Pendant cet intervalle, la cour décida que

l'art. 12 de la convention conclue à Paris le 3 juillet, et dont on avait appris que les avocats voulaient faire usage comme d'une sauvegarde en faveur du maréchal, ne serait point lue, et qu'on défendrait de plaider tous les moyens qui s'y rapporteraient. La séance fut reprise, et M. Berryer, après une analyse rapide des preuves qu'il avait établies dans la première partie de son discours, aborda la question sous le point de vue des rapports qu'elle pouvait avoir avec la convention de Paris du 3 juillet, avec les traités conclus à Vienne les 13 et 25 mars de cette année, et enfin avec le traité du 20 novembre.

Il démontra ou plutôt rappela que les traités de Vienne du 13 et du 25 mars avaient eu pour objet principal de maintenir dans son intégrité le traité de Paris de 1814,* et de dé-

---

* L'article 16 est ainsi conçu :

« Les hautes parties contractantes, voulant mettre et faire
» mettre dans un entier oubli les divisions qui ont agité l'Eu-
» rope, déclarent et promettent que dans *les pays restitués et*
» *cédés* par le précédent traité, aucun individu, de quelque
» classe et condition qu'il soit, ne pourra être poursuivi, in-
» quiété, ni troublé dans sa personne et dans sa propriété,
» *sous aucun prétexte,* ou à cause de *sa conduite ou opinion po-*
» *litique,* ou de son attachement, soit à aucune des parties
» contractantes, *soit à des gouvernemens qui ont cessé d'exister,*

fendre la cause de la légitimité. Il fit remarquer que le Roi avait signé ces traités, comme allié des diverses puissances de l'Europe. Il invoqua divers articles de ces traités, et il allait essayer d'en faire l'application à la cause, lorsque M. le procureur du Roi s'est levé et a dit :

« Avant que les défenseurs s'engagent dans de nouveaux raisonnemens, absolument étrangers au fait de l'accusation, je dois éviter un scandale de plus dans ces pénibles discussions. Nous sommes Français; ce sont les lois françaises seules qu'il faut invoquer. Nous avions bien pressenti qu'on avait eu l'idée de nous présenter les moyens qu'on se dispose à faire valoir ; mais nous avions cru, je l'avoue, que la réflexion y ferait renoncer. Nous attendions, pour y répondre, qu'on développât la défense de l'accusé ; mais puisqu'on s'écarte si notoirement de la controverse, puisqu'on oublie même l'arrêt que la cour a rendu pour fermer la discussion sur la question préjudicielle, je déclare que les commissaires du Roi s'oppo-

» ou pour toute autre raison, si ce n'est pour les dettes con-
» tractées envers les individus, ou pour des actes postérieurs au
» présent traité. »

sent formellement à ce que les défenseurs de l'accusé s'écartent plus long-tems du point de fait qu'ils sont appelés à discuter.

» M. Bellart a lu un réquisitoire conforme, qu'il a déposé sur le bureau.

» M. le président : En vertu du pouvoir discrétionnaire qui m'est attribué, j'aurais pu m'opposer à ce que les défenseurs développassent les moyens étrangers qu'ils voudraient invoquer ; cependant j'ai consulté la chambre sur ce point, et, à une grande majorité, elle s'est rangée de mon opinion. J'interdis aux défenseurs de raisonner d'un traité auquel le Roi n'a eu aucune participation ; d'un traité qui est plus qu'étranger à S. M., puisque 21 jours plus tard, et en présence même des souverains alliés, elle a rendu son ordonnance du 24 juillet. Je défends donc aux défenseurs de faire usage des moyens qui n'ont aucun rapport avec le fait de l'accusation.

» M. Dupin : Nous avons trop de respect pour les décisions de la cour, pour nous permettre aucune réflexion sur l'arrêt qu'elle vient de rendre. L'observation que je veux faire maintenant ne se rapporte qu'au dernier traité, celui du 20 novembre, qu'il est assurément permis d'invoquer. En vertu de ce traité, Sarre-Louis ne fait plus partie de la France, et nous avons vu que les individus nés dans un pays *cédé* à un autre avaient besoin de lettres de naturalisation pour conserver les droits attachés à leur état primitif. M. le maréchal Ney est né à Sarre-Louis ; il n'est pas seulement sous la protection des lois françaises, il est sous la protection du droit général des gens. Il est toujours Français de cœur ; mais enfin il est né dans un pays qui n'est plus soumis au Roi de France ; il est dans les termes de l'article 16 du traité du 30 mai ; j'ai cru devoir faire cette observation dans l'intérêt de M. le maréchal.....

» Le maréchal a vivement interrompu son défenseur, et a dit avec attendrissement :

» Oui, je suis Français ; je mourrai Fran-
» çais !

» Jusqu'ici ma défense a paru libre ; je
» m'aperçois qu'on l'entrave à l'instant. Je
» remercie mes défenseurs de ce qu'ils ont
» fait et de ce qu'ils sont prêts à faire ; mais
» je les prie de cesser plutôt de me défendre
» tout-à-fait, que de me défendre imparfai-
» tement. J'aime mieux n'être pas du tout
» défendu, que de n'avoir qu'un simulacre
» de défense.

» Je suis accusé contre la foi des traités ;
» et on ne veut pas que je les invoque !

» Je fais comme Moreau : j'en appelle à
» l'Europe et à la postérité ! » *

» M. Bellart. Il est tems de mettre un terme à ce systême de longanimité qu'on a constamment adopté. On a fait valoir des maximes bien peu françaises. On a poussé jusqu'à la licence la liberté de la défense. Doit-il être permis à un accusé d'intercaler dans sa défense des matières qui y sont absolument étrangères ? Les défenseurs ont eu plus de tems même qu'ils n'en avaient demandé. A quoi bon les dérogations du fait capital auxquelles ils se livrent ? Ce n'est porter aucune atteinte à la défense, que de vouloir la faire circonscrire dans les faits de l'acte d'accusation. Les commissaires du Roi, quelles que soient les résolutions de M. le maréchal, persistent dans leur réquisitoire.

» Le président : Défenseurs, continuez la défense en vous renfermant dans les faits.

» M. le maréchal : Je défends à mes avocats

---

* Cette protestation, lue par le maréchal, avait été concertée entre lui et ses avocats. Mais elle était son ouvrage ; il l'avait conçue, rédigée, écrite de sa main, et n'avait pas voulu permettre qu'on y fît aucun changement.

de parler, à moins qu'on ne leur permette de me défendre librement.

» M. Bellart : Puisque M. le maréchal veut clorre les débats, nous ne ferons plus, de notre côté, de nouvelles observations. Nous ne répondrons même pas à ce qu'on s'est permis de dire contre quelques témoins, et nous terminerons par notre réquisitoire. »

Ici, M. le procureur-général donna lecture de son réquisitoire, dans lequel il demanda, au nom des commissaires du Roi, que la chambre appliquât au maréchal Ney les articles du Code pénal relatifs aux individus convaincus du crime de haute trahison et d'attentat à la sûreté de l'Etat.

» Le président : Accusé, avez-vous quelques observations à faire sur l'application de la peine ?

» Le maréchal : Rien du tout, monseigneur.

» Le président : Faites retirer l'accusé, les témoins et l'audience. » *

---

* Lorsque le maréchal se retira, il fut suivi par ses deux avocats. Arrivé dans sa chambre, il les remercia très-affectueusement des soins qu'ils avaient pris : « Que voulez-vous, leur » dit-il, il n'y a rien de votre faute ; j'ai fait ce que je devais » faire. Nous nous reverrons là haut. » L'émotion de MM. Ber-

Sur cet ordre, tout le monde se retira, et la cour demeura dans la salle pour délibérer.

Il était alors cinq heures du soir. La chambre resta en délibération jusqu'à onze heures et demie. A l'ouverture de la séance, le chancelier ordonna d'appeler les avocats du maréchal ; ils étaient absens : l'accusé n'avait point été amené. M. le chancelier prononça l'arrêt suivant :

« Vu par la chambre l'acte d'accusation dressé le 16 novembre dernier par MM. les commissaires du Roi, nommés par ordonnances de S. M. des 11 et 12 dudit mois, contre Michel Ney, maréchal de France, duc d'Elchingen, prince de la Moskowa, ex-pair de France, né à Sarre-Louis, département de la Moselle, âgé de quarante-six ans, taille d'un mètre soixante-treize centimètres, cheveux châtains-clairs, front haut, sourcils blonds, yeux bleus, nez moyen, bouche moyenne, barbe blonde-foncée, menton prononcé, visage long, teint clair, demeurant à Paris ;

» L'ordonnance de prise de corps rendue

---

ryer et Dupin était extrême. Le maréchal les embrassa et leur offrit des consolations.

le 17 dudit mois de novembre contre ledit maréchal Ney ;

» Le procès-verbal de signification, tant de l'acte d'accusation que de la susdite ordonnance de prise de corps, faite audit maréchal Ney, accusé, le 18 dudit mois, et de remise de sa personne en la maison de justice du département de la Seine ;

» Ouï les témoins cités à la requête du ministère public en leur déposition orale ;

» Ouï également les témoins cités à la requête de l'accusé ;

» Ouï le ministère public en ses conclusions motivées, et tendantes à ce que l'accusé soit déclaré coupable du crime qui lui est imputé, et condamné à la peine que la loi prononce pour le cas dont il s'agit ;

» Ouï les défenseurs de l'accusé en leurs plaidoiries ;

» Ouï également l'accusé en ses moyens de défense ;

» La chambre, après en avoir délibéré, attendu qu'il résulte de l'instruction et des débats que le maréchal Ney, prince de la Moskowa, est convaincu d'avoir, dans la nuit du 13 au 14 mars 1815, accueilli des émissaires de l'usurpateur; d'avoir, ledit jour 14 mars

1815, lu sur la place publique de Lons-le-Saulnier, département du Jura, à la tête de son armée, une proclamation tendante à l'exciter à la rébellion et à la désertion à l'ennemi; d'avoir immédiatement donné l'ordre à ses troupes de se réunir à l'usurpateur, et d'avoir lui-même, à leur tête, effectué cette réunion;

» D'avoir ainsi commis un crime de haute trahison et d'attentat à la sûreté de l'Etat, dont le but était de détruire ou de changer le gouvernement et l'ordre légitime de successibilité au trône;

» Le déclare coupable des crimes prévus par les articles 77, 87, 88 et 102 du Code pénal, et par les articles 1er et 5 du titre Ier de la loi du 21 brumaire an 5, et encore par l'article 1er du titre III de la même loi;

» En conséquence, faisant application desdits articles, lesquels sont ainsi conçus, savoir:

» L'article 77:

» Sera également puni de mort quiconque aura pratiqué des manœuvres ou entretenu des intelligences avec les ennemis de l'Etat, à l'effet de faciliter leur entrée sur le territoire et dépendances du royaume de France, ou de leur livrer des villes, forteresses, places, postes, ports, magasins, arsenaux, vaisseaux ou bâtimens, appartenant à la France; ou de fournir aux ennemis des secours en soldats, hommes, argent, vivres, armes ou munitions; ou de seconder les progrès de leurs armes sur les possessions ou contre les forces françaises de terre ou de mer, soit en ébranlant la fidélité des officiers, soldats, matelots ou autres, envers le Roi et l'Etat, soit de toute autre manière;

» L'article 87 :

» L'attentat ou le complot contre la vie et la personne des membres de la famille royale;

» L'attentat ou le complot dont le but sera :

» Soit de détruire ou changer le gouvernement ou l'ordre de successibilité au trône;

» Soit d'exciter les citoyens ou habitans à s'armer contre l'autorité royale, seront punis de la peine de mort;

» L'article 88 :

» Il y a attentat dès qu'un acte est commis ou commencé pour parvenir à l'exécution de ces crimes, quoiqu'ils n'aient pas été consommés;

» L'article 102 :

» Seront punis comme coupables des crimes

et complots mentionnés dans la présente section, tous ceux qui, soit par discours tenus dans des lieux ou réunions publics, soit par des placards affichés, soit par des écrits imprimés, auront excité directement les citoyens ou habitans à les commettre ;

» Néanmoins, dans le cas où lesdites provocations n'auraient été suivies d'aucun effet, leurs auteurs seront simplement punis du bannissement ;

» L'art. 1er de la loi du 21 brumaire an 5 :

» Tout militaire ou autre individu attaché à l'armée et à sa suite, qui passera à l'ennemi sans une autorisation par écrit de ses chefs, sera puni de mort ;

» L'article 5 :

» Tout militaire ou autre individu attaché à l'armée ou à sa suite, qui sera convaincu d'avoir excité ses camarades à passer chez l'ennemi, sera réputé chef de complot, et puni de mort, quand même la désertion n'aurait point eu lieu ;

» L'article 1er, titre III :

» Tout militaire ou autre individu, attaché à l'armée ou à sa suite, convaincu de trahison, sera puni de mort ;

» Condamne Michel Ney, maréchal de

France, duc d'Elchingen, prince de la Moskowa, ex-pair de France, à la peine de mort; le condamne pareillement aux frais du procès;

» Ordonne que l'exécution aura lieu dans la forme prescrite par le décret du 12 mai 1793, et ce, à la diligence des commissaires du Roi;

» Et, conformément à la faculté accordée par l'ordonnance de S. M., en date du 12 novembre dernier, sera le présent arrêt prononcé publiquement, hors la présence de l'accusé, et en présence de ses conseils, ou eux appelés, et lu et notifié à l'accusé par le secrétaire-archiviste de la chambre des pairs, faisant les fonctions de greffier, à la diligence des commissaires du Roi. »

Après le jugement, M. le procureur-général a requis que, conformément à la loi du 24 ventôse an 12, le condamné fût dégradé de la Légion-d'Honneur.

M. le président a prononcé que le maréchal Ney avait manqué à l'honneur, et a déclaré, au nom de la Légion-d'Honneur, qu'il avait cessé d'en être membre.

« Le présent arrêt sera imprimé et affiché, à la diligence de MM. les commissaires du Roi.

» Fait et prononcé en chambre des pairs,

à Paris, le 6 décembre 1815, en séance publique. » *

L'arrêt et l'expédition qui en fut faite furent signés immédiatement par chacun des pairs.

La délibération qui fut publiée par les journaux a donné le résultat suivant : sur 161 pairs présens à la discussion, 128 ont voté pour l'application de la peine capitale, 17 pour la déportation; 11 voix avaient été déduites pour avis semblables entre parens ; les 5 autres membres ont opiné pour que le coupable fût remis à la clémence du Roi.

Ce fut M. le chevalier Cauchy, secrétaire-

---

* On aime communément à faire des rapprochemens entre des événemens de même nature séparés par une longue suite d'années. Les réflexions que ces comparaisons font naître aident à calculer la marche de l'esprit humain et à apprécier les progrès des institutions sociales. Sous ce point de vue, nous avons pensé que le lecteur, après avoir parcouru les diverses périodes d'un procès fait dans le 19e siècle à un maréchal de France devant une cour des pairs, verrait avec intérêt un procès semblable jugé dans le 16e siècle. Cette considération nous a déterminés à placer à la fin de cet ouvrage une relation du procès fait au maréchal de Biron, prise dans une chronique du tems écrite le lendemain de l'événement et par des témoins oculaires. On verra par ce précis quels avantages l'accroissement des lumières et le régime constitutionnel ont assurés à la France.

Nous avons cru devoir respecter jusqu'à l'orthographe de notre auteur, dont le style, un peu gothique, est loin d'être dénué de charmes.

archiviste de la chambre, qui reçut la triste mission de lire au condamné l'arrêt qui venait d'être prononcé.* On fut obligé de réveiller le maréchal, qui s'était profondément endormi. Lorsqu'on en vint à la lecture de ses titres, il interrompit: « Dites Michel Ney, et bientôt » un peu de poussière. » Il continua d'entendre la suite de l'arrêt sans donner la plus légère marque d'émotion.

Quelques heures avant il avait dîné paisiblement. Ayant cru s'apercevoir que les gardes dont il était environné remarquaient avec une sorte d'inquiétude un petit couteau qu'il tenait à la main : « Avez-vous peur, » leur dit-il, que je me détruise ? je ne suis » point capable de cette lâcheté. Je saurai at- » tendre et recevoir la mort. »

Lorsque son arrêt lui eut été prononcé, M. Cauchy lui annonça qu'il était le maître de faire, s'il le désirait, ses adieux à sa femme et à ses enfans : « J'y consens, dit le

* La pièce dans laquelle le maréchal Ney a été détenu au palais du Luxembourg, est à l'étage supérieur d'un des pavillons; elle reçoit le jour du haut. Cette disposition paraissait contrarier vivement le maréchal. D'ailleurs cette chambre était bien meublée, et le prisonnier était traité et servi avec beaucoup de soins et d'égards.

» maréchal, et je vous prie de leur écrire
» qu'ils peuvent venir me voir entre six et
» sept heures du matin; mais j'espère que
» votre lettre n'annoncera point à la maré-
» chale que son mari est condamné : c'est à
» moi à lui apprendre mon sort. »

M. Cauchy s'étant retiré, le maréchal se jeta tout habillé sur son lit, et ne tarda pas à s'endormir de nouveau. A cinq heures Mme la maréchale arriva seule. Le premier moment de cette entrevue fut extrêmement touchant. Quoique Mme la maréchale ne sût pas encore que l'instant qui devait lui enlever à jamais son époux ne fût éloigné d'elle que de quelques heures, elle n'ignorait point que son sort était fixé, et le peu d'espérance qui lui restait ne pouvait la soutenir dans une telle infortune. A peine fut-elle entrée dans l'appartement que ses forces l'abandonnèrent et qu'elle tomba sur le parquet.

Le maréchal, qui conservait dans ce cruel moment une grande fermeté d'ame, aida à relever son épouse, et fit tous ses efforts pour lui inspirer un peu de tranquillité en lui donnant à entendre que l'exécution de son arrêt était différée; que ce n'étaient point des adieux qu'il avait voulu recevoir d'elle, et que le soir il espérait passer encore quelques instans au milieu de sa famille. Cet entretien se prolongea jusqu'à l'arrivée de ses enfans, qui entrèrent conduits par Mme Gamot, leur tante. *

Alors se renouvela avec plus d'éclat la scène attendrissante qui venait d'avoir lieu. Mme Gamot se jeta aux pieds du maréchal, et, donnant un libre cours à ses sentimens expansifs, elle déploya dans ses expressions tout le faste de la douleur.

Les enfans seuls ne pleuraient point : tristes et silencieux, ils écoutaient avec recueillement les dernières paroles et les derniers conseils de leur père. Le maréchal leur parla long-tems à voix basse : tout-à-coup il se leva, embrassa sa famille et lui ordonna de se retirer. Sans doute il craignait qu'en prolongeant cette pénible entrevue, sa fermeté ne pût pas tenir contre les sentimens déchirans qui assiégeaient son ame.

Resté seul, il se promena long-tems dans sa chambre. Un de ses gardes, grenadier de

* Le maréchal avait quatre enfans, tous garçons, dont l'aîné est âgé de douze ans.

la Roche-Jaquelin, lui dit: « M. le maréchal, » au point où vous en êtes, vous devriez pen- » ser à Dieu. Je ne me suis jamais montré à » un grand péril sans qu'auparavant je n'aie » eu cette idée. »

Le maréchal s'arrêta : « Croyez-vous, lui » dit-il, que j'aie besoin de quelqu'un pour » apprendre à mourir? » et après un moment de silence il ajouta : « Vous avez raison, mon » camarade, il faut mourir en honnête homme » et en chrétien ; je demande qu'on appelle » M. le curé de Saint-Sulpice. »

On alla avertir cet ecclésiastique qui vint sur-le-champ. Il resta enfermé fort long-tems avec le maréchal; et lorsqu'il se retira, il lui promit de revenir le voir et de l'assister à ses derniers momens.

Il tint parole : à huit heures il était de retour.

Nous revenons aux préparatifs qu'on avait faits pour l'exécution de l'arrêt rendu contre le maréchal.

Dès trois heures du matin sa garde avait été remise à M. le maréchal-de-camp comte de Rochechouart, commandant de la place de Paris, chargé par le lieutenant-général Despinois, d'après les ordres de MM. les commissaires du Roi, d'assurer l'exécution de l'arrêt de la cour.

A huit heures et demie, un des vétérans de garde reçut l'ordre d'aller chercher une voiture de place; il l'amena, et elle fut conduite dans le jardin, au pied de l'escalier à gauche du palais. A neuf heures on avertit le maréchal que le moment était arrivé.

Dès le matin, il s'était vêtu d'un frac bleu et avait pris un chapeau rond; il descendit de l'air le plus calme au milieu de deux lignes de militaires qui bordaient le passage et se prolongeaient jusqu'à la voiture. Quand il y fut arrivé, il s'adressa au curé de Saint-Sulpice : « Montez le premier, monsieur le curé ; » je serai plutôt que vous là haut. » Les militaires entouraient la voiture, dans laquelle se placèrent le maréchal, le curé et deux officiers de gendarmerie. Le cortége traversa le jardin et se dirigea vers la grille du côté de l'Observatoire.

Quand on y fut arrivé, un officier de gendarmerie ouvrit la portière et dit au maréchal qu'il était tout près du lieu de l'exécution. Le maréchal descendit, fit ses adieux au vénérable ecclésiastique qui l'accompagnait. Avant

de le quitter, il lui remit une boîte d'or qu'il le pria de faire tenir à son épouse, et des aumônes pour les pauvres de sa paroisse. Cela fait, il s'avança jusqu'au lieu où était placé le peloton de vétérans qui devait faire feu sur lui. On lui proposa de lui bander les yeux : « Ignorez-vous, répondit-il, que depuis vingt-
» cinq ans je sais regarder en face les balles et
» les boulets ? » Il ôta son chapeau de la main gauche, l'éleva au-dessus de sa tête, et s'écria d'une voix assurée : « Je proteste contre le ju-
» gement qui me condamne;* j'eusse mieux
» aimé mourir pour ma patrie dans les com-
» bats ; mais c'est encore ici le champ d'hon-
» neur. *Vive la France!* » Ensuite, s'adressant aux vétérans : « Soldats ! faites votre
» devoir, et tirez là », dit-il en plaçant la main droite sur son cœur. Au même instant il tomba percé de six balles, dont trois l'avaient atteint à la tête.

Son corps fut déposé sur un brancard pen-

* Cette protestation du maréchal ne pouvait venir que de l'opinion où il était que la capitulation de Paris devait le mettre à couvert. Quant aux torts qu'il avait eus, il les a solennellement reconnus dans son interrogatoire, de même que Labédoyère, Biron, Montmorency et tous ceux qui, après de pareilles erreurs, se sont trouvés en présence de la mort et seuls avec leur conscience.

dant un quart d'heure, et porté ensuite à l'hospice de la Maternité, où les sœurs passèrent la nuit en prières autour de son cercueil.

Le lendemain, sa famille fit conduire ses restes au cimetière de Mont-Louis, où ils furent inhumés sans aucun appareil. *

Telle fut la fin de Michel Ney. Les faits d'armes extraordinaires qui ont signalé les vingt années dont se compose sa vie militaire, en font un de ces grands personnages qui prennent une teinte de merveilleux, quand une longue suite de siècles en a épuré le souvenir.

Elevé hors des limites de la France, il ne la connut que dans l'état d'agrandissement artificiel où l'avait conduite l'effervescence révolutionnaire. Entraîné dans le torrent des conquêtes, la part glorieuse qu'il y prit lui avait rendu cher un ordre de choses assez riche en brillans prestiges pour satisfaire une imagination vive et ardente. Ney s'y distingua

* Deux voitures seulement accompagnaient le corbillard ; elles étaient occupées par quelques parens éloignés de madame la maréchale. Plusieurs domestiques de sa maison suivaient le convoi.

autant par son caractère privé que par sa bravoure. Il fut du petit nombre de ceux qui surent conserver quelque dignité en présence de Bonaparte ; il ne le flatta jamais, osa souvent le contredire ; et en jugeant le maréchal avec les idées qui appartiennent à ce long interrègne, entièrement isolé dans l'histoire, on ne verra rien en lui qui ne tende à lui assigner un rang honorable parmi les hommes illustres de cette époque.

Sans doute il aimait la patrie, mais il l'aimait telle qu'il avait pu la concevoir ; il ne voyait rien au-delà de la gloire, et il n'en connaissait point d'autre que celle de vaincre ; il sacrifia à cette seule pensée des devoirs qui dépassaient ses conceptions.

Ces réflexions n'ont point pour but d'excuser l'action funeste qui a conduit le maréchal Ney à une mort prématurée ; mais de faire comprendre comment celui qui avait mérité le nom de *brave des braves*, a pu se rendre coupable envers l'honneur.

Il a été offert en holocauste aux principes conservateurs des sociétés. Puissent les remords qui ont suivi sa faute, et la terrible sentence qui en a été le châtiment, prouver à ceux qui voudraient douter de ces principes, qu'on ne peut s'écarter des règles que la morale a découvertes, que le tems et l'expérience ont consacrées, sans tomber dans l'abîme du mal, et sans attirer sur sa tête le blâme et la haine des hommes!

PIÈCES JUSTIFICATIVES.

LIVRE Ier, PAGE 37.

(*Nota*. Cette lettre n'a point encore été publiée.)

Au Rédacteur du Moniteur.

Monsieur,

Parmi tant de brochures qui se multiplient depuis qu'il est permis de se dédommager de quinze ans de silence, on en voit une qui a pour titre : *La Campagne
» de Portugal en* 1810 *et* 1811; ouvrage imprimé à
» Londres, et qu'il était défendu d'introduire en France,
» sous peine de mort. »
Ayant eu l'honneur de faire cette campagne sous les ordres de M. le maréchal Ney, auprès duquel je remplissais les fonctions d'aide-de-camp, cette brochure a excité ma curiosité. *La peine de mort* décernée contre celui qui l'introduirait en France me paraît tout-à-fait digne des tems malheureux que nous venons de traverser; car j'invoque le témoignage de cinquante mille hommes qui composaient l'armée de Portugal, et celui de l'illustre général que nous avions à combattre; si cette campagne n'a pas été heureuse sous le rapport du but qu'on s'était proposé, du moins l'armée française n'y a rien perdu de sa gloire militaire, et M. le

maréchal Ney surtout a justifié, dans la retraite, la haute réputation qui lui est si justement acquise.

En ma qualité d'officier français et de témoin oculaire, il me sera permis de relever quelques erreurs contenues dans cette brochure, où l'on remarque beaucoup d'exagérations. Elle est écrite avec un zèle patriotique digne d'éloges; mais la vérité n'en a pas moins ses droits. L'Angleterre et la France ont assez de véritables motifs d'orgueil national pour n'avoir pas besoin, l'une, d'enfler les avantages remportés par ses armées, et l'autre de prononcer la peine de mort contre ceux qui parleraient des échecs qu'elle peut avoir éprouvés au milieu de ses victoires.

Il faut dire d'abord que le calcul des forces de l'armée de Portugal n'est point du tout exact. Sept divisions d'infanterie, commandées par les généraux Marchand, Mermet, Loison, Merle, Heudelet, Clauzel et Solignac, d'environ 6,000 hommes chacune, étaient partagées en trois corps d'armée, sous les ordres du maréchal Ney, et des généraux Junot et Regnier. Le général en chef, maréchal Masséna, avait donc à-peu-près 45,000 hommes d'infanterie ; 5 à 6,000 chevaux confiés au général Montbrun, faisaient monter à 50,000 hommes la force de l'armée de Portugal. Il y a loin de là à 94,000. L'exagération de l'auteur de la brochure est telle, que je le soupçonne d'avoir donné à lord Wellington même plus de troupes qu'il n'en avait effectivement.

Celles du maréchal Soult, employées à la conservation de l'Andalousie, au siège de Cadix, à celui de Badajoz, n'ont jamais été dans le cas de pénétrer en Portugal. La province d'Alentejo a été si peu menacée, que le général Hill, chargé de la défendre avec 5,000 Anglais et autant de Portugais, ne fut jamais inquiété de ce côté-là, et vint bientôt rejoindre l'armée du général en chef Wellington.

PIÈCES JUSTIFICATIVES. 357

Quant au corps du général Drouet, il n'a jamais été composé que de deux divisions, dont l'une ne dépassa guère la frontière du Portugal, du côté de l'Espagne, et l'autre, destinée à rétablir les communications, vint à Thomar, aux premiers jours de février, presqu'au moment de notre retour, et prit ensuite les devants de l'armée dans sa retraite.

La journée de Busaco, seul événement important de la campagne, n'est pas décrite avec plus d'exactitude. Lord Wellington occupait une chaîne de montagnes escarpées, au travers desquelles, à quelques lieues de distance l'une de l'autre, passent trois routes qui vont à Lisbonne. M. le maréchal Masséna crut devoir se diriger par celle du milieu, et négligea de s'occuper même des deux autres. L'armée anglo-portugaise couronnait ces hauteurs et nous attendait au passage. Le général anglais ne dut croire à une attaque sérieuse que lorsque notre fatale imprudence l'eût réellement exécutée. Ce fut le général Regnier qui chercha le premier à gravir sur la montagne, par notre gauche, vers les six heures du matin. La division Merle arriva jusque sur le plateau, avec une grande audace, et fut alors repoussée sur la 2e division du 2e corps, qui souffrit également, mais beaucoup moins que la première.

Au moment où le corps de Regnier venait d'essuyer une attaque où il était à-peu-près impossible de réussir, le maréchal Masséna, placé sur une hauteur, au milieu de ses trois corps d'armée, voulut que le maréchal Ney fît attaquer le centre de la ligne ennemie pour causer une diversion. La seule division Loison fut engagée. Le général Simon commandait la première brigade, qui fut repoussée en arrivant à mi-chemin de la montagne; et ce général fut blessé et fait prisonnier. Une 2e division, celle du général Marchand, s'avançait un peu sur la gauche, pour soutenir celle du général Loison; mais elle reçut aussitôt l'ordre de rester dans le bas du vallon, où elle supporta long-tems, avec un calme difficile à peindre, le feu de l'artillerie et de la mousqueterie, sans agir offensivement.

Voilà toute l'affaire de Busaco. Deux divisions de l'armée, celle du général Merle, et celle du général Loison, chacune de leur côté, et l'une après l'autre, essayèrent de monter à l'assaut de ces lignes, par des chemins impraticables, et ne purent y parvenir. Le maréchal Ney avait prévu ce résultat, et l'avait annoncé avec franchise au général en chef, en donnant l'ordre à ses divisions de se mettre en mouvement. Notre perte fut d'environ 5,000 hommes tués ou blessés. Les Anglais ne firent pas un pas en avant pour nous suivre, même jusqu'au bas de la montagne. Ils conservèrent tranquillement l'avantage de leur position, et se bornèrent à nous faire payer cher l'imprudence de les y avoir attaqués sans ensemble, *par petits paquets*, et sans avoir menacé leurs flancs, ni cherché à les tourner. Dès ce jour-là, Wellington dut prévoir le succès de la campagne : il connaissait la méthode contre laquelle il aurait à défendre les lignes de Lisbonne, beaucoup plus difficiles à emporter que celles de Busaco.

M. le maréchal Masséna prit, le surlendemain de l'affaire, la résolution de gagner le chemin de droite, et fit partir son armée dans la nuit. Cette marche de flanc ne put s'exécuter avec assez d'ordre et de précision; la route n'était qu'un long défilé. Lord Wellington ne l'ignorait pas. Il jugea plus convenable de continuer sa retraite. Beaucoup d'officiers expérimentés pensèrent alors qu'il eût pu tirer un autre parti de sa position et de la nôtre. Tel fut à-peu-près le seul événement militaire de cette campagne, jusqu'au 4 mars, où nous fîmes notre mouvement rétrograde sur l'Espagne. Je ne parle pas de l'enlèvement de nos blessés, à Coimbre. Ils y furent abandonnés, sans défense et sans prévoyance, parce que c'était l'usage dans nos armées de ne jamais regarder derrière soi.

La retraite commença donc le 4 mars. L'ennemi ne nous atteignit que le 10, en avant de Pombal : la veille, le 2ᵉ corps et le 8ᵉ, commandés par Junot et Regnier, formaient la tête de la colonne générale, sur la route de Ciudadrodrigo : ces deux corps ne virent plus l'ennemi dans toute la retraite. M. le maréchal Ney resta seul avec huit régimens d'infanterie, les 6ᵉ et 25ᵉ légers, les 27ᵉ, 39ᵉ, 50ᵉ, 59ᵉ, 69ᵉ 76ᵉ de lignes, et deux régimens de cavalerie, les 3ᵉ de hussards et 15ᵉ de chasseurs, qui, tout compté, n'avaient pas 400 hommes; les huit régimens de ligne pouvaient être évalués tout au plus à 1000 hommes, l'un portant l'autre, et formaient les deux divisions Marchand et Mermet.

Ce sont là les uniques troupes qui ont fait tous les frais de cette longue et belle retraite, depuis Pombal jusqu'à la frontière d'Espagne, devant toute l'armée anglo-portugaise réunie, et commandée par un habile général.

Nous fûmes attaqués vigoureusement à Pombal, le 10; à Redinha, le 11; à Casalnova, le 13 au matin; à Joz de Aronce, le 15; et poursuivis de près, tous les jours, jusqu'au 21. Nous n'avons jamais quitté notre position involontairement. Nous n'avons pas abandonné un seul canon, pas même un fourgon militaire. L'ennemi a perdu plus de monde que nous, et n'a guères pu ramasser que des hommes blessés ou des déserteurs. Nous avons affecté de séjourner vingt-quatre heures en position, après la dernière affaire, à Joz de Aronce, le 15; et sans m'appesantir sur une foule de détails honorables pour l'armée, je me contente de dire que cette marche rétrograde de cinquante lieues a excité une juste admiration parmi nos ennemis. Lord Wellington et ses braves compagnons d'armes ont rendu pleinement justice à l'habileté et à l'énergie du maréchal Ney, qui commanda personnellement la retraite, tant qu'il y eut du danger. Ce grand capitaine est si riche de gloire, qu'il n'attache pas beaucoup d'importance à un triomphe de plus ou de moins ; mais il est convenable de rétablir les faits, quand on veut les dénaturer. La brochure anglaise, au lieu d'attribuer cette retraite au maréchal, qui l'a dirigée exclusivement, donne à entendre que le mérite en est dû au général Regnier. Toute l'armée de Portugal sait à quoi s'en tenir. Ce général étant mort, il serait inutile et peu généreux aujourd'hui de chercher à prouver qu'il fut très-éloigné de contribuer au succès de l'opération.

On ne me contestera point le droit de parler sur cette campagne, qui donna lieu à une discussion fâcheuse entre les deux maréchaux qui s'y trouvèrent dans la même armée. Chargé par celui auprès duquel j'avais l'honneur de servir d'apporter ses dépêches à l'empereur Napoléon et au prince Berthier, major-général, je me trouvai dans une position difficile ; le major-général me défendit de parler : il m'ordonna de lui remettre la lettre que j'avais la mission expresse de ne donner qu'à l'empereur. Celui-ci, averti de mon arrivée, me fit appeler aux Tuileries. Là, je fus sur la sellette, et je subis un interrogatoire d'une heure, en présence du major-général qui m'avait imposé la loi de me taire, et qui lui-même n'ouvrit point la bouche. Il me fut demandé un rapport par écrit. Celui de Wellington qui venait de paraître me fut communiqué avec l'ordre de faire des notes sur le contenu. Ainsi, une foule de circonstances ayant concouru à fixer dans ma mémoire les événemens de la campagne de Portugal, je suis sûr d'avoir dit et écrit la vérité.

Il est vrai que peu de tems après je fus enlevé à ma

famille, destitué, sans être jugé, ni entendu, ni même accusé. J'ai passé une année entière dans une prison d'Etat, où, pendant soixante jours, mon existence fut un secret pour tous ceux qui s'intéressaient à mon sort; ma liberté ne me fut rendue que le lendemain du retour de M. le maréchal Ney, venant de la campagne de Russie. Je dois cependant ajouter, en honneur de la vérité, que le ministre de la police, supposant que j'avais eu le malheur de déplaire à quelque grand personnage, m'invita plus d'une fois officieusement à sortir de prison, en acceptant un exil, ou une *mission* aux Etats-Unis d'Amérique. Le ministre de la guerre n'avait été instruit de mon arrestation que deux jours après que l'adjudant Laborde l'avait exécutée avec sa manière accoutumée, en saisissant tous mes papiers, sans inventaire ni aucune garantie. Le major-général annonçait au ministre que j'étais à Vincennes, et demandait un rapport. Mais, afin que le sens n'en fût pas équivoque, il declarait que l'intention du Souverain était que je fusse destitué. Il disait, dans une autre lettre, que j'étais *prévenu d'opinions et de manœuvres contre la sûreté du Gouvernement*. Il oubliait de rappeler que j'étais un ancien émigré. Mais cette circonstance fut le texte de mon interrogatoire dans le donjon de Vincennes.

Pressé de finir cette lettre, pour ne pas sortir des bornes de la modération dont je me suis fait une loi, depuis que mes ennemis n'ont plus les moyens de me nuire, je me hâte de consigner ici l'expression de ma reconnaissance pour M. le maréchal Ney qui m'a constamment accordé l'intérêt le plus généreux. Je paie une faible partie de ma dette, en éclairant le public sur les services qu'il a rendus à l'armée de Portugal. Quant aux manœuvres secrettes qui ont fait garder le silence sur cette campagne, comme sur tant d'autres, en privant de fidèles serviteurs de la patrie de la plus douce récompense de leur dévouement et de leurs belles actions, je me borne à faire des vœux pour que le Gouvernement paternel qui nous est rendu n'ait jamais besoin de cette inutile et coupable ressource.

Paris, 6 mai 1814

J. D'ESMÉNARD,

Chef d'escadron à la suite du régiment du Roi, Cuirassiers.

LIVRE Ier, PAGE 47.

XIIIe BULLETIN DE LA GRANDE-ARMÉE.

Smolensk, 21 août 1812.

Le 8 août, la grande armée était placée de la manière suivante :

Le prince vice-roi était à Souraj avec le 4e corps, occupant, par des avant-gardes, Velij, Ousviath et Porietch.

Le roi de Naples était à Nicoalino, avec la cavalerie, occupant Inkovo.

Le maréchal duc d'Elchingen, commandant le 3e corps, était à Liozna.

Le maréchal prince d'Eckmuhl, commandant le 1er corps, était à Doabrowna.

Le 5e corps, commandé par le prince Poniatowski, était à Mohilow.

Le quartier-général était à Witepsk.

Le 2ᵉ corps, commandé par le maréchal duc de Reggio, était sur la Drissa.

Le 10ᵉ corps, commandé par le duc de Tarente, était sur Dunabourg el Riga.

Le 8, 12,000 hommes de cavalerie ennemie se portèrent sur Inkovo, et attaquèrent la division du général comte Sébastiani, qui fut obligé de battre l'ennemi l'espace d'une demi-lieue, pendant toute la journée, en éprouvant et faisant éprouver des pertes à-peu-près égales. Une compagnie de voltigeurs du 24ᵉ régiment d'infanterie légère, faisant partie d'un bataillon de ce régiment, qui avait été confiée à la cavalerie pour tenir position dans le bois, a été prise. Nous avons eu 200 hommes tués et blessés. L'ennemi peut avoir perdu le même nombre d'hommes.

Le 9, l'armée ennemie partit de Smolensk, et marcha par différentes directions, avec autant de lenteur que d'hésitation, sur Porietch et Nadra.

Le 10, l'empereur résolut de marcher à l'ennemi, et de s'emparer de Smolensk, en s'y portant par l'autre rive du Borysthène. Le roi de Naples et le maréchal duc d'Elchingen partirent de Liozna, et se rendirent sur le Borysthène, près de l'embouchure de la Berezina, vis-à-vis Komino, où, dans la nuit du 13 au 14, ils jetèrent deux ponts sur le Borysthène.

. . . .

. . . .

Le 14, le roi de Naples, appuyé par le maréchal duc d'Elchingen, arriva à Krasnoë.

La 27ᵉ division ennemie, forte de 5,000 hommes d'infanterie, et appuyée par 2,000 chevaux et douze pièces d'artillerie, était en position devant cette ville. Elle fut attaquée et dépostée en un moment par le maréchal duc d'Elchingen. Le 24ᵉ régiment d'infanterie légère attaqua la petite ville de Krasnoë à la baïonnette, avec intrépidité. La cavalerie exécuta des charges admirables. Le général de brigade baron Bordesoult et le 3ᵉ régiment de chasseurs se distinguèrent. La prise de huit pièces d'artillerie, dont cinq de 12, de deux licornes, de 14 caissons attelés, 1,500 prisonniers, un champ de bataille jonché de plus de 1,000 cadavres russes, tels furent les avantages du combat de Krasnoë, où la division russe, forte de 5,000 hommes, perdit la moitié de son monde.

S. M. avait, le 15, son quartier-général à la porte de Kovonitnia.

Le 16, au matin, les hauteurs de Smolensk furent couronnées; la ville présenta à nos yeux une enceinte de murailles de 4000 toises de tour, épaisses de 10 pieds et hautes de 25, entremêlées de tours, dont plusieurs étaient armées de canons de gros calibre.

Sur la droite du Borysthène on apercevait et l'on savait que les corps ennemis tournés revenaient en grande hâte sur leurs pas pour défendre Smolensk. On savait que les généraux ennemis avaient des ordres réitérés de leur maître de livrer bataille et de sauver Smolensk. L'empereur reconnut la ville, et plaça son armée, qui fut en position, dans la journée du 16. Le maréchal duc d'Elchingen eut la gauche, appuyant au Borysthène; le maréchal prince d'Eckmuhl, le centre; le prince Poniatowski, la droite; la garde fut mise en réserve au centre; le vice-roi, en réserve à la droite, et la cavalerie, sous les ordres du roi de Naples, à l'extrême droite; le duc d'Abrantès, avec le 8ᵉ corps, s'était égaré et avait fait un faux mouvement.

Le 16, et pendant la moitié de la journée du 17, on resta en observation. La fusillade se soutint sur la ligne; l'ennemi occupait Smolensk avec 30,000 hommes, et le reste de son armée se formait en belles positions sur la rive droite du fleuve, vis-à-vis la ville, communiquant par trois ponts. Smolensk est considéré par les Russes comme ville forte, et comme le boulevart de Moskou.

Le 17, à deux heures après midi, voyant que l'ennemi n'avait pas débouché, qu'il se fortifiait dans Smolensk; et qu'il refusait la bataille; que, malgré les ordres qu'il avait, et la belle position qu'il pouvait prendre, sa droite à Smolensk et sa gauche au Borysthène, le général ennemi manquait de résolution, l'empereur se porta sur la droite et ordonna au prince Poniatowski de faire un changement de front, la droite en avant, et de placer sa droite au Borysthène, en occupant un des faubourgs par des postes et des batteries, pour détruire le pont et intercepter la communication de la ville avec la rive droite. Pendant ce tems, le maréchal prince d'Eckmuhl eut ordre de faire attaquer deux faubourgs que l'ennemi avait fait retrancher à deux mille toises de la place, et qui étaient défendus chacun par 7 à 8,000 hommes et par du gros canon. Le général comte Friant eut ordre d'achever l'investissement, en appuyant sa droite au corps du prince Poniatowski, et sa gauche à la droite de l'attaque que faisait le prince d'Eckmuhl.

A deux heures après midi, la division de cavalerie du comte Bruyère, ayant chassé les cosaques et la cavalerie ennemie, occupa le plateau qui se rapproche le plus du pont en amont. Une batterie de 60 pièces d'artillerie fut établie sur ce plateau, et tira à mitraille sur la partie de l'armée ennemie restée sur la rive droite de la rivière, ce qui obligea bientôt les masses d'infanterie russe à évacuer cette position.

L'ennemi plaça alors deux batteries de 20 pièces de canon à un couvent, pour inquiéter la batterie qui le foudroyait et celles qui tiraient sur le pont. Le prince d'Eckmuhl confia l'attaque du faubourg de droite au général comte Morand, et celle du faubourg de gauche au général comte Gudin. A trois heures la canonnade s'engagea; à quatre et demie commença une vive fusillade, et à cinq heures les divisions Morand et Gudin enlevèrent les faubourgs retranchés de l'ennemi avec une froide et rare intrépidité, et le poursuivirent jusqu'au chemin couvert, qui fut jonché de cadavres russes.

Sur notre gauche le duc d'Elchingen attaqua la position que l'ennemi avait hors de la ville, s'empara de cette position et poursuivit l'ennemi jusque sur le glacis.

A cinq heures la communication de la ville avec la rive droite devint difficile et ne se fit plus que par des hommes isolés.

Trois batteries de pièces de 12 de brèche furent placées contre les murs de la ville à six heures du soir, l'une par la division Friant, et les deux autres par les divisions Morand et Gudin. On déposta l'ennemi des tours qu'il occupait, par des obus qui y mirent le feu. Le général d'artillerie comte Sorbier rendit impraticable à l'ennemi l'occupation de ses chemins couverts par des batteries d'enfilade.

Cependant, dès deux heures après midi, le général ennemi, aussitôt qu'il s'aperçut qu'on avait des projets sérieux sur la ville, fit passer deux divisions et deux régimens d'infanterie de la garde pour renforcer les quatre divisions qui étaient dans la ville. Ces forces réunies composaient la moitié de l'armée russe. Le combat continua toute la nuit. Les trois batteries de brèche tirèrent avec la plus grande activité; deux compagnies de mineurs furent attachées aux remparts.

Cependant la ville était en feu. Au milieu d'une belle nuit d'août, Smolensk offrait aux Français le spectacle qu'offre aux habitans de Naples une éruption du Vésuve.

A une heure après minuit, l'ennemi abandonna la ville et repassa la rivière. A deux heures, les premiers grenadiers qui montèrent à l'assaut ne trouvèrent plus de résistance; la place était évacuée : 200 pièces de canons et mortiers de gros calibre, et une des plus belles villes de la Russie étaient en notre pouvoir, et cela à la vue de l'armée ennemie.

Le combat de Smolensk, qu'on peut à juste titre appeler bataille, puisque 100,000 hommes ont été engagés de part et d'autre, coûta aux Russes la perte de 4,700 hommes restés sur le champ de bataille, 2,000 prisonniers, la plupart blessés, et 7 à 8,000 blessés. Parmi les morts se trouvent cinq généraux russes. Notre perte se monte à 700 morts et 3,100 à 3,200 blessés. Le général de brigade Grabouski a été tué. Les généraux de brigade Grandeau et Dalton ont été blessés. Toutes les troupes ont rivalisé d'intrépidité. Le champ de bataille a offert, aux yeux de 200,000 personnes qui peuvent l'attester, le spectacle d'un cadavre français sur sept ou huit cadavres russes. Cependant les Russes ont été, pendant une partie des journées du 16 et du 17, retranchés et protégés par la fusillade de leurs créneaux.

. . . .
. . . . , . . .

Les traits de courage qui honorent l'armée, et qui ont distingué tant de soldats au combat de Smolensk, seront l'objet d'un rapport particulier. Jamais l'armée française n'a montré plus d'intrépidité que dans cette campagne, etc., etc., etc.

FRAGMENT

DU PROCÈS DU MARÉCHAL DE BIRON.

LIVRE V, PAGE 345.

Pendant que S. M. fut à Poictiers, il eut beaucoup d'aduis et de grande importance touchant son estat, qu'aucuns seigneurs taschoient d'esbransler, et luy donner des affaires, sous plusieurs et diuers pretextes; et estant en son cabinet, il parla de ces remuëmens au mareschal de Bouillon, ainsi qu'il luy demandoit congé d'aller voir ses terres de Gascongne, lesquelles il n'auoit veuës depuis huict ans. Enquis par S. M. s'il ne sçauoit pas bien ce qui se passoit, et s'il n'en estoit pas comme les autres, le mareschal de Bouillon luy respondit librement, Qu'il y auoit grand subiect de mescontentement, de ce qu'vn seul commandoit à tous les Estats du royaume, et que donnant ordre à ce poinct là, toute la deliberation des seigneurs seroit aisee, au reste ne demandant tous que le seruice de S. M.; le Roy lors luy dit que s'il ne tenoit qu'à cela il les rendroit tous contents; et l'ayant retenu encore quelques iours, finalement luy donna congé et s'en alla en Gascongne.

Durant ce voyage de Poictiers, qui dura prez de deux mois, la cour sembloit triste, le Roy pensif, nul conseil ny d'affaires aucunes de iustice, sinon vn à Blois.

Celuy qui aduertit le roy de la conspiration du mareschal de Biron estoit le sieur de la Fin, lequel auoit luy mesme trempé en ceste conspiration, pour quelque mescontentement qu'il disoit auoir, de ce qu'ayant hazardé plusieurs fois sa vie pour le seruice de S. M., il s'estoit enfin endebté, tellement qu'il n'osoit plus paroistre; mais qu'ayant descouuert que l'on ne se contentoit pas de faire la guerre au roy et troubler le royaume, que mesmes il y auoit des desseins sur la vie de S. M. et de son dauphin, qu'il s'en estoit retiré.

Affin d'esclaircir mieux ceste conspiration, il faut la prendre à sa source, et la finir par la mort du conspirateur.

Au voyage que le mareschal de Biron fit à Bruxelles pour veoir iurer la paix à l'archiduc, il vit mettre sa valeur en telle estime par les Espagnols, qu'il ne trouua point mauuais qu'vn nommé Picoté, chassé d'Orléans et retiré en Flandres, luy dist Qu'il estoit en sa puissance de s'esleuer en vne souueraine fortune auec les Espagnols qui admiroient ses merites (son orgueil receut du contentement de ces paroles); le mareschal luy respondit Que s'il venoit en France il seroit bien aise qu'il luy en parlast plus claire-- ment. Picoté faict ce rapport aux Espagnols, qui deslors s'asseurerent de l'avoir de leur party, ou qu'ils le perdroient.

A son retour de Flandres le roy le voulut marier; il faict du difficile, et donne à cognoistre qu'il recerchoit vne princesse, où il pouuoit bien aspirer; mais estant promise à vn plus grand que luy, il luy estoit impossible d'y paruenir. Le cheualier Breton venant en France (ainsi que nous auons dit cy-dessus, pour traicter les affaires du marquisat de Saluces), luy proposa le mariage de la sœur bastarde du duc, auec deux cents mille escus.

24

Par la paix de Veruins il voyoit la guerre finie et les espees remises au fourreau : il iugea que sa valeur n'auroit plus de credit, et qu'il estoit inutile en temps de paix. Il commença deslors à se plaindre du peu de recompense qu'il auoit eu des seruices faicts à la couronne, quoy qu'il eust eu des recompenses si grandes, qu'il n'y auoit seigneur à la cour de sa qualité qu'il ne lui en portast enuie. Le roy l'auoit faict admiral, puis mareschal de France, lieutenant general au siege d'Amiens, quoy qu'il y eust des princes du sang, de baron qu'il estoit seulement, il le l'auoit faict duc et pair; mais son arrogance et son ambition luy firent tenir des propos de mespris contre le roy son bien faicteur, et vser de beaucoup de paroles libres et desbordees contre S. M.

Chacun cherche son semblable. Le mareschal de Biron trouue le sieur de la Fin retiré en sa maison, mescontent de S. M., pour vne querelle qu'il auoit contre le sieur Desdiguieres, et aussi pour les raisons cy dessus dites. Il sçauoit bien que la Fin auoit négotié autrefois auec l'Espagnol et le duc de Sauoye; c'est pourquoy il le iugea propre pour luy fier ses desseins. Leurs volontez furent bien tost vnies pour esleuer leur fortune à la ruine et au trouble de leur patrie.

La Fin donc est confident du mareschal; ils ennoyent au duc de Sauoye un curé et un religieux de l'ordre de Cisteaux à Milan, et Picoté en Espagne, pour voir et proposer leurs intentions.

Le voyage que le duc de Sauoye fit à Paris déracina le peu de fleurs de lys que le mareschal auoit encores dans le cœur, sur l'offre que l'on luy fit du mariage de la troisiesme fille du duc de Sauoye; ce fût un grand contentement à son ambition, car deslors il se presuma d'estre un iour cousin de l'empereur et neveu du roy d'Espagne; aussi il fit dire au duc qu'il donneroit tant d'affaires au roy dans le royaume, qu'il ne songeroit pas au marquisat. Voilà pourquoy le duc de Sauoye ne se soucia de tenir les promesses du traicté de Paris.

La guerre declaree en Sauoye, le mareschal prend plusieurs places en Bresse et enuoye par deux fois la Fin conferer auec Roncas à Sainct Claude. Roncas les entretient sur l'esperance de ce mariage. Le mareschal, pour faire paroistre sa bonne affection enuers le duc, en venant trouuer le roy à Anecy, fit semblant de vouloir recognoistre quelques passages, ausquels il se fit conduire, mais c'estoit pour faire passer Renazé, afin d'aller aduertir d'Albigny, lieutenant du duc, de se retirer, lequel sans cest aduis eust esté deffaict, et aussi pour dire au duc auquel estat estoit l'armee du roy.

Or il donna cet aduis incontinent apres que le roy l'eut refusé de luy laisser disposer de la citadelle de Bourg quand elle seroit prise.

Ce refus, comme nous auons dict, le porta et le troubla de telle sorte, qu'on tient qu'il se resolut deslors d'effectuer l'entreprise sur la personne du roy, laquelle le sieur de la Fin et Renazé ont descouuerte en leurs depositions.

Peu de iours apres il enuoye la Fin à Thurin vers le duc de Sauoye et vers le comte de Fuentes à Milan, où il arriua aussi Picoté reuenant d'Espagne, apportant les responces des propositions du mareschal.

Le duc de Sauoye, le comte de Fuentes, l'ambassadeur d'Espagne en la cour de Sauoye, la Fin et Picoté se trouuent à Some. Le secret de ceste assemblee estoit le mariage du mareschal de Biron et de la troisiesme fille du duc de Sauoye, auec cinq cents mille escus de dot, et le transport de tous les droicts de la souueraineté de Bourgongne. L'on y traicta aussi des entreprises et desseins du mareschal de Biron, et des moyens que l'on tiendroit au printemps de l'an 1601 pour ioindre les forces d'Espagne que le comte de Fuentes auoit au Milanois, auec celles du duc de Sauoye, et par ce moyen donner au roy tant d'affaires qu'il luy faudroit oublier la demande de son marquisat. Mais Dieu disposa autrement de tous ses conseils, par la paix qui fut arrestee à Lyon, ainsi que nous auons dit cy dessus.

Le mareschal de Biron se trouua autant esbahy de la conclusion de ceste paix, que le duc de Sauoye et le comte de Fuentes en faisoient des marrys. Il est aduerty que le roy auoit sceu quelque chose des practiques de la Fin touchant ce mariage. Il s'aduisa d'aller trouuer le roy, qui se promenoit alors dans le cloistre des Cordeliers, à Lyon, où apres auoir parlé à luy, et que S. M. lui eut commandé de s'en aller à Bourg, il commença à luy dire ce qui s'estoit passé touchant le mariage qu'il auoit poursuiuy, sans son consentement, auec la fille du duc de Sauoye; et aussi que s'estant transporté de cholere depuis le refus que S. M. lui auoit fait de la citadelle de Bourg, il auoit eu de mauuaises intentions contre son seruice, dont il lui en demandoit pardon. Le roy voulut sçauoir de lui comme le tout s'estoit passé, mais il ne luy en dist que le moins qu'il pust, toutes fois auec un semblant de grande repentance. Le roy pensant sçauoir tout ce qu'il auoit faict, luy pardonna pour ceste fois, à sa charge de n'y plus retourner.

L'ambition du mareschal et la haine implacable qu'il auoit contre le roy estoient les deux furies qui bourrelloient son ame; aussi il ne fut sitost party de deuant le roy (qui auoit noyé toutes ses mauuaises intentions dans la mer de sa clémence) qu'estant arriué à Vimy pour s'en aller à Bourg, despecha incontinent vn moine nommé Farges vers le sieur de la Fin, lequel

estoit pour lors encore à Some auec le comte de
Fuentes ; et aussi tost qu'il fut arriué à Bourg, il luy
despecha encores de Bosco, cousin de Roncas.

Au depart de l'assemblee de Some, le duc de Sauoye retourna à Thurin, et la Fin alla à Milan auec le comte de Fuentes. Le comte entra en quelque soupçon de la Fin, et creut qu'il ne luy failloit pas fier ceste affaire, sur vne certaine responce qu'il luy feist, laquelle il ne trouua pas bonne ; ce que le comte dissimula, et renuoya la Fin pour parler au duc, auquel il auoit donné aduis qu'il s'en failloit desfaire ; mais la Fin en ouyt du vent et s'en douta ; il se contente d'enuoyer Renazé vers le duc, qui le feist retenir prisonnier ; et luy prit le chemin des Grisons, et de là se sauua à Basle et retourna en France.

Ceste conspiration ne fut pas pour cela discontinuee ; le mareschal ne fit que changer de negotiateur ; le baron de Lux print la place de la Fin, et Roncas et Casal la continuerent avec luy.

La Fin est fasché contre le mareschal de ce que Renazé est prisonnier en Piedmont, et sur tout de ce qu'il n'estoit plus employé en cest affaire, et que le baron de Lux luy en auoit osté la confidence. Le roy en oyt quelque vent de ce mescontentement. Il mande la Fin, qui estoit alors retiré en sa maison, pour venir parler à luy. La Fin en aduertit le mareschal de Biron, lequel lui manda, Qu'il tenoit sa vie et sa fortune entre ses mains ; qu'il bruslast ses papiers ; qu'il se desfit de tous ceux qui auoient fait des voyages auec luy ; qu'il ne parlast plus de Ranazé, non plus que de celuy qui n'estoit plus au monde ; qu'il lui conseilloit de n'aller en cour qu'à petit train ; qu'il se preparast d'auoir de rudes paroles à son arriuee, mais qu'il les pouuoit adoucir, en asseurant le roy qu'il n'estoit allé en Italie que pour vne deuotion qu'il auoit à Notre-Dame-de-Lorette, où, en passant à

Milan, on l'auoit voulu charger de proposer la mariage de la troisiesme fille de Sauoye auec le mareschal de Biron; mais qu'il n'y auoit voulu entendre, veu le soing que S. M. vouloit prendre de le marier.

La Fin ayant eu vne asseurance du roy pour venir en cour, arriua en ceste annee à Fontaine-belle-Eau au mois de mars; il se logea à la My-voye, où le roy parla à luy; il monstra à S. M. en particulier, puis par son commandement à quelques vns de son conseil, tant de preuues et de si véritables de tout le progrez de ceste conspiration, qu'ils en furent tous esmerueillez. Il luy dit aussi tout ce qu'il auoit faict et tout ce qui s'estoit passé à Some entre le duc de Sauoye, le comte de Fuentes et luy. Tous les papiers qu'il auoit touchant ceste conspiration furent mis entre les mains de M. le chancelier; ce qu'ayant fait il supplia S. M. Que puis qu'il auoit descouuert une telle meschanceté, qu'il luy plust luy remettre et pardonner non seulement les attentats qu'il auoit fait contre et au preiudice de sa couronne, mais aussi tous actes dont il auroit esté preuenu ou pourroit estre iusques au iour de sa remission; ce que S. M. luy accorda, et depuis luy en feist expedier ses lettres d'abolition en telle forme qu'il pouuoit desirer.

Ainsi le roy fut fait certain de tous les desseins du mareschal, pour empescher l'execution desquels il vsa si bien de sa prudence accoustumee, et feist conduire si dextrement ceste affaire, qu'il sauua et luy et son estat, et eut en fin bonne yssuë de ce qu'il desiroit.

Lorsque la Fin arriua à Fontaine-belle-Eau, le baron de Lux, qui estoit lors le confident du mareschal, estoit en court, le roy luy dit Qu'il estoit bien aise d'auoir parlé à la Fin, et qu'il recognoissoit maintenant que ce que l'on luy auoit dit des desseins du mareschal de Biron n'estoit que des faulx bruicts.

Aussi la Fin eut commandement d'enuoyer vers le

mareschal, l'asseurant qu'il n'auoit rien dit au roy qui lui pust nuire.

Sur ce, le roy partant de Fontaine-belle-Eau pour aller à Blois et en Poictou, manda au mareschal de Biron de le venir trouuer, lequel luy renuoya des excuses, sur le pretexte que l'Espagnol vouloit faire passer une armee au pont de Gresin, ainsi que nous dirons cy apres; et aussi sur l'assemblee des Estats de Bourgongne, indicte au 22 may, où il falloit qu'il assistast pour le seruice de S. M.

Nonobstant toutes ces excuses, le roy lui enuoya le sieur d'Escures, qui estoit amy inthime et seruiteur du mareschal, qui luy dit que s'il ne vouloit venir que le roy le viendroit querir luy mesme en personne; mais afin qu'il n'apprehendast aucun desplaisir, le roy luy enuoya aussi le sieur president Ianin, lequel l'asseura de la bonne volonté de S. M., et qu'il le vint trouver; que ne venant point il s'accusoit plus de luy mesme que tout ce que d'autres pourroient dire.

Le mareschal, esmeu de tous ces aduis, se confiant en sa defense qu'il auoit meditee, part de Dijon et s'en vint trouuer le roy estant à Fontaine-belle-Eau, faisant courir devant luy ledit sieur d'Escures, pour en asseurer le roy. On tient qu'il receut par les chemins plusieurs aduis des siens, qu'il se donnast bien garde de venir à la cour, et que s'il y venoit il auroit la teste tranchée; d'autres lui donnerent aduis de se retirer en la Franche-Comté.

Il arriua à Fontaine-belle-Eau le mercredy 13 iuin, à six heures du matin; ainsi qu'il arriuoit, le roy entroit dans le grand iardin, et disoit à vn des seigneurs de son conseil : « Non, il ne viendra point; » mais à l'instant le mareschal parut entre six ou sept qui estoient auec luy, et d'assez loing qu'il vit S. M., il fit trois reuerences; puis le roy s'aduançant l'embrassa et luy dist : « Vous auez bien faict de

» venir, car autrement ie vous allois querir. » Le mareschal luy dit plusieurs excuses sur son retardement; puis le roy le print par la main en se pourmenant, luy monstrant le dessein de ses bastiments, et passerent ainsi d'vn iardin en l'autre, où S. M. luy parla des aduis qu'il auoit eus de quelque mauuaise intention qu'il auoit contre son Estat, ce qu'il ne luy apporteroit qu'vn repentir, s'il ne luy en disoit la verité. Le mareschal luy respondit quelques paroles assez hautaines; entr'autres, qu'il n'estoit venu pour se iustifier, mais pour sçauoir qui estoient ses accusateurs; qu'il n'auoit point de besoin de pardon, puis qu'il n'auoit offensé. En ces deuis l'heure du disner s'approche; au lieu d'aller disner à la table du grand-maistre, il alla disner auec le duc d'Espernon, pour ce que son train n'estoit pas encores venu.

Apres le disné il vint trouuer le roy, qui faisoit vn tour dans la grand'salle, lequel luy montrant sa statuë en relief, triomphant au dessus de ses victoires, luy dist : « Hé bien, mon cousin, si le roy d'Espagne » m'auoit veu comme cela, qu'en diroit-il ? » Il respondit au roy legerement : « Sire, il ne vous craindroit » gueres. » Ce qui fut bien noté de tous les seigneurs presens; et lors le roy le regarda d'vn œillade rigoureuse, dont il s'apperceut : et soudain rabillant son dire, il adjousta : « l'entends, Sire, en ceste » statuë que voilà, mais non pas en vostre personne. — » Bien, M. le mareschal, » dist le roy; car quelques fois il l'appelloit duc de Biron, autres fois M. le mareschal.

Le roy incontinent entra en son cabinet, et commanda à deux ou trois d'entrer. Le mareschal fut plus d'vne demie heure au coing du lict prez la chaire, iusques à ce que M. de Rosny luy vint dire que le roy luy vouloit parler. Il entre seul dans le cabinet; le roy le coniure de luy dire la verité, et qu'il n'y auroit que luy qui auroit cognoissance de son affaire. Le mareschal, qui croyoit sur l'asseurance que la Fin lui auoit mandé de n'auoir rien descouuert de leur entreprise, soustient encore auec paroles asseurees que tout ce qu'on disoit de luy estoit faulx; suplie le roy de luy nommer ses accusateurs. Le roy voyant qu'il n'en pouuoit rien tirer, sort du cabinet et va au ieu de paume, où il fit partie, et voulut que le duc d'Espernon et le mareschal iouassent contre luy et le comte de Soissons. Alors tout ce qui se disoit estoit fort remarqué. L'on tient que le duc d'Espernon dist au mareschal, lequel tenoit le ieu : « Vous iouez bien, mais vous faictes mal vos » parties, » ce qui fut interpreté par d'aucuns pour quelque mauuaise fortune qui luy aduiendroit.

Le mareschal soupa ce iour à la table du grand-maistre, où il mangea peu et estoit tout pensif, sans parler à personne. Le roy, apres le souper, commanda à M. le comte de Soissons de parler au mareschal, et l'exhorter à ce qu'il luy dist la verité de ce qu'il desiroit sçauoir de luy. Le comte y va. Apres quelque discours sur ce subiect, il luy dit Qu'il falloit craindre l'indignation d'vn roy et rechercher sa clemence quand on l'a offencé. Le mareschal luy respondit Qu'on n'auroit iamais autre parole de luy que ce qu'il auoit dit au roy à son arriuee ; qu'il auoit occasion de se plaindre du doubte que S. M. faisoit de sa fidelité, laquelle n'estoit que trop approuuee par les seruices qu'il auoit faicts à la couronne. M. le comte, donnant le bon-soir au roy, luy rapporta la durté du courage du mareschal.

Le lendemain le roy se leue de bon matin, et va se promener au petit iardin prez la volliere; il faict appeller le mareschal et luy parla assez long temps. L'on voyoit le mareschal teste nuë, frappant sa poictrine en parlant au roy. L'on tient que ce n'estoient

que menaces contre ceux qui l'auoient accusé. Apres le disné le roy fut quatre heures en sa gallerie. La resolution lors fut prise que puis que le mareschal ne vouloit rien declarer de sa conspiration, veu que l'on en auoit tant de preuues literales, de se saisir de luy et du comte d'Auuergne. Neantmoins le roy voulut differer encores, et parler à luy, disant : « Ie ne veux
» point perdre cet homme, mais il se veut perdre luy-
» mesme de son bon gré; ce pendant ne me le faictes
» point prendre, si vous n'estimez qu'il merite la mort,
» et ie luy veux encores dire que s'il se laisse mener
» par iustice, qu'il ne s'attende plus à grace quel-
» conque de moy. » Lors le conseil dist tout apertement, Qu'il meritoit la mort. Sur quoy le roy fit appeller Vitry et Pralin, pour se tenir prests à faire ce qu'il leur diroit.

Le soir du ieudy, le mareschal soupant chez le sieur de Montigny, dit : « Il faut louer les vertus et libera-
» litez du roy d'Espagne, qui allume au cœur des
» guerriers un ardant desir de luy faire seruice, re-
» compensant outre leur merite non seulement ceux
» qui auoient bien faict, mais mesmes les enfans des
» morts en ses armées et combats. » A quoy le sieur de Montigny dit : « Il est vray; mais il ne pardonne
» iamais à personne qui viue une offence, non pas
» mesmes à son propre fils. »

Apres le souper ils allerent tous chez le roy. En entrant vn quidam luy porta vne petite lettre, sous le nom de la comtesse de Roussy sa sœur; et comme il luy demanda de ses nouuelles, et voyant qu'il ne respondoit rien, il se doubta que c'estoit autre chose, et l'ayant ouuerte trouua qu'on l'aduertissoit Que s'il ne se retiroit dans deux heures il seroit arresté. Soudain il la montra à vn des siens nommé de Varennes, qui luy dit lors : « Adieu, monsieur, ie voudrois auoir
» vn coup de poignard dans le seing, et que vous fus-

» siez en Bourgongne. » A quoy il respondit : « Si i'y
» estois, et que i'en deusse auoir quatre, le roy
» m'ayant mandé, i'y viendrois. » Quoy faict, il
entra dans la chambre du roy, où il ioüa à la prime
auec la royne.

Ainsi qu'il ioüoit on apperceut le sieur de Mergé,
gentil homme de Bourgongne, qui luy dist quelque
chose à l'oreille, et ne l'entendant point, le comte
d'Auuergne vint aussi, qui luy donna de la main au
costé par deux fois, et luy dist : « Il ne faict pas bon
» icy pour nous. »

Quand il fut prez de minuict, le roy rompant leur
ieu tira à part le mareschal, et l'interpella encore
vn coup de luy donner ce contentement, Qu'il sceust
par sa bouche ce dont, à son grand regret, il estoit
trop esclarcy d'ailleurs, l'asseurant de sa grace et
bonté, quelque chose qu'il eust commise contre luy ;
le confessant librement il le couuriroit du manteau
de sa protection, et l'oublieroit pour iamais. A quoi
ledit sieur mareschal afferma « Qu'il n'auoit rien à
» dire que ce qu'il auoit dit, n'estant venu vers S. M.
» pour se iustifier ; mais le suplier seulement de luy
» dire qui estoient ses ennemis pour luy en demander
» iustice, ou se la faire soy-mesme. » Le roy le refuse
et luy dist : « Bien, mareschal ; ie voy bien que ie
» n'apprendray rien de vous ; ie m'en vay voir le comte
» d'Auuergne, pour essayer d'en apprendre d'auan-
» tage. »

Le roy sort de la chambre et entre en son cabinet,
auquel il commande aux capitaines de ses gardes, les
sieurs de Vitry et Pralin, de se saisir, sçauoir, Vitry du
comte d'Auuergne, et Pralin du mareschal de Biron ;
mais le sieur de Vitry requist à S. M. de lui permettre
qu'il ne prist point le comte, mais bien qu'il pren-
droit le mareschal de Biron, et que S. M. comman-
dast, s'il luy plaisoit, au sieur de Pralin de prendre

le comte. Le roy en fit quelque difficulté ; mais en fin il leur dict : « Bien, mais n'y faillez sur vos testes. » Toute la basse court estoit pleine de soldats armez, et les degrez et les salles, si bien qu'ils ne pouuoient fuyr ny eschapper.

Le roy rentre encore en la chambre, et dit à tous qu'ils se retirassent, et au duc de Biron : « Adieu, » baron de Biron, vous sçauez ce que ie vous ay dit. »

Le mareschal pensant sortir de l'antichambre, Vitry s'approche et luy saisist la droicte de sa gauche, et de sa droite prit son espee, disant : « Monsieur, le roy » m'a commandé de luy rendre compte de vostre per- » sonne ; baillez vostre espee. » Quelques vns de ses gens mirent la main aux armes, qui furent resserrez incontinent. Mergé aussi fut aresté. Sur quoy le mareschal, du commencement, dist à Vitry : « Tu te » railles ? — Monsieur, dist Vitry, le roy le m'a com- » mandé. — He ! dict le mareschal, ie te prie que ie » parle au roy ! — Non, monsieur, dit Vitry, le » roy est retiré. » Lors le mareschal dit : « Ha ! mon » espee, qui a tant fait de bons seruices ! — Oui, dist » Vitry, monsieur, baillez votre espee. » Lors le duc de Biron, de sa main gauche, desseignit son espee, et la laisse emporter de son costé par le sieur de Vitry, qui la tenoit desià ; et ainsi le menerent en vne chambre, où il fut gardé toute la nuict, qu'il passa en plainctes et chaudes reproches.

Il auoit donné ordre, s'il eust pu sortir ce soir là du chasteau, que ses cheuaux fussent tous sellez et bridez ; mais encore n'eust-il sceu eschapper : deslors qu'il fust party de Dijon, il n'estoit plus en sa puissance de retourner ; car de disnee en soupee, cent cheuaux le suiuoient de traite en traite sur ses pas ; tellement qu'il a experimenté, ce qui est très-véritable, « qu'il ne se faut point prendre à son maistre » qui ne s'en veut repentir. »

Quant au comte d'Auuergne, cuydant passer la porte du chasteau, le sieur de Pralin, qui l'y attendoit, luy dist l'arrestant : « Monsieur, demeurez, » vous estes prisonnier du roy; » il dit : « Moy, moy; » Pralin replique : « Ouy, vous, monsieur, de par le » roy ie vous arreste et vous fay prisonnier; » et le ramena au dedans du chasteau, où il le fit tenir par ses archers soubs bonne garde.

Le vendredy matin le roy fait assembler son conseil et delibere de proceder contre les prisonniers par les formalitez de iustice, et fut resolu de les mener à la Bastille à Paris, durant que leurs proces leur seroient faicts et parfaicts par la cour de parlement, (sauf sa grace à qui il la voudroit faire).

Le mesme iour, d'Escures vint se ietter aux pieds du roy, luy disant qu'il auoit seruy du moyen d'amener le mareschal sous la parole de S. M., qui l'auoit asseuré qu'il n'auroit nul desplaisir, et neantmoins qu'il estoit prisonnier. Le roy luy montra lors les charges du mareschal, par lettres expresses escrites de sa main, lui representant tout ce qui s'estoit passé pour le bien du mareschal, s'il eust voulu auoir recours à sa clemence, en luy disant la verité, qu'il luy ne l'auoit voulu dire; ce que voyant d'Escures, il recognut qu'encores le roy auoit vsé de trop grande debonnaireté et patience enuers luy, veu qu'il estoit question de la mort du roy et de monsieur le dauphin; et qu'il se trouuait mesmes que le comte de Fuentes auoit proposé à la Fin que iamais l'Estat d'Espagne ne se fieroit aux François, si ce n'estoit qu'ils feissent faillir la race des princes du sang, en commençant par le roy et son dauphin; et que l'intention du mareschal estoit de renuerser tout l'Estat de la France. Sur quoy la Fin disoit auoir apprehendé vne telle horreur; et qu'il s'en estoit retiré auec grande peine.

Sur l'heure du disné, le mareschal prie qu'on dise au roy qu'il mette ordre à la Bourgongne, et que le baron de Lux sçachant sa prison, rendroit Beaune et Dijon à l'Espagnol. Le roy ne tint compte de cet aduis, car il y auoit desià mis ordre dez auparauant mesmes qu'il en partist, ainsi que nous dirons cy aprez.

Le samedy quinziesme du mois, le mareschal de Biron et le comte d'Auuergne furent amenez par eauë en la Bastille, où ils furent mis en chambres separees, le mareschal en celle des saincts, et le comte au dessus.

Le roy entra aussy à Paris le mesme iour sur le soir par la porte Sainct Marcel, bien accompagné de noblesse, tout le peuple criant *viue le roy!* auec vn grand applaudissement et resiouissance.

Trois iours aprez, S. M. alla à Saint-Maur-des-Fossez, où les parents et alliez du mareschal de Biron s'allerent ietter à ses pieds; il estoit lors dans vne gallerie du chasteau, accompagné de MM. les prince de Condé, connestable, comte de Belin, la Rochepot, et autres seigneurs; aprez qu'il leur eut dit : « Messieurs, leuez-vous, » le sieur de la Force, dit :

« Sire, j'ai tousiours creu que V. M. receuroit nos tres humbles requestes en bonne part; c'est pourquoy nous venons nous ietter à vos pieds, accompagnez des vœux de plus de cent mille hommes, vos tres humbles et tres obeissants seruiteurs, pour implorer vostre misericorde, non pour vous demander iustice pour ce pauure miserable. Dieu veut que nous pardonnions à ceux qui nous ont offencez, comme nous desirons qu'il nous pardonne. Les hommes ne vous ont point mis la couronne sur la teste; c'est luy seul qui vous l'a donnée. Les roys ne peuuent mieux monstrer leur grandeur qu'en vsant de clemence. Sire, ie ne me veux point ietter aux extremitez, sinon qu'en suppliant V. M. de lui sauuer la vie, et le mettre en tel lieu qu'il vous plaira. Que maudite soit l'ambition qui l'a poussé à cela, et la vanité de se monstrer necessaire à tout le monde. Vous auez pardonné à plusieurs qui vous auoient d'auantage offensé. Sire, ne veuillez point nous notter d'infamie, et nous mettre en proye à vne honte perpetuelle qui nous dureroit à iamais. Ie vous dirai encores une fois que nos tres-humbles requestes ne tendent qu'à vous demander pardon, et non iustice. Nous sçauons tous qu'il est coulpable d'auoir entrepris sur vostre Estat. Ayez esgard aux seruices de son pere et aux siens. Aussi, que vostre clemence ne manque point en son endroict, qui n'a eu que la volonté de vous offenser, puis qu'elle a esté tousiours preste de pardonner à ceux qui auoient desià commis la faute. Ce sont les requestes de vos tres humbles et fidelles subiects et seruiteurs, lesquelles nous esperons que V. M., accompagnee de son ordinaire douceur, nous accordera. »

Comme le sieur de la Force acheuoit, S. M. les fist tous leuer, et respondit :

« Messieurs, i'ay tousiours reçeu les requestes des
» amis du sieur de Biron en bonne part, ne faisant
» pas comme mes predecesseurs, qui n'ont iamais
» voulu que non seulement les amis et parents des
» coulpables parlassent pour eux, mais non pas mesmes
» les peres et meres, ny les freres. Iamais le roy
» François ne voulut que la femme de mon oncle, le
» prince de Condé, lui demandast pardon. Quant à
» la clemence dont vous voulez que i'use enuers le
» sieur de Biron, ce ne seroit misericorde, mais cruauté.
» S'il n'y alloit que de mon interest particulier, ie
» luy pardonnerois comme ie luy pardonne de bon
» cœur; mais il y va de mon Estat, auquel ie dois
» beaucoup, et de mes enfans que i'ai mis au monde ;
» car ils me pourroient reprocher, et tout mon royaume,

» que j'ay laissé vn mal que je cognoissois, si ie ve-
» nois à deffaillir; il y va de ma vie et de mes enfans,
» et de la conseruation de mon royaume. Je laisseray
» faire le cours de iustice, et vous verrez le iuge-
» ment qui en sera donné. I'apporteray ce que ie
» pourray à son innocence; ie vous permets d'y faire ce
» que vous pourrez, iusques à ce qu'ayez cognu qu'il
» soit criminel de leze maiesté; car alors le pere ne
» peut solliciter pour le fils, le fils pour le pere, la
» femme pour le mary, le frere pour le frere. Ne vous
» rendez pas odieux à moy pour la grande amitié que
» vous luy auez portée. Quand à la notte d'infamie il
» n'y en a que pour luy. Le connestable de Sainct-
» Pol de qui ie viens, le duc de Nemours de qui i'ay
» hérité, ont ils moins laissé d'honneur à leur poste-
» rité ? Le prince de Condé, mon oncle, n'eust-il pas
» eu la teste trenchée le lendemain, si le roy François
» ne fust mort ? Voyla pourquoy vous autres, qui estes
» parens du sieur de Biron, n'aurez aucune honte,
» pourueu que vous continuez en vos fidellitez, comme
» ie m'en asseure; et tant s'en faut que ie vous veuille
» oster vos charges, que s'il en venoit de nouvelles
» ie les vous donnerois. Voilà S. Augel qu'il auoit es-
» loigné de luy, parce qu'il estoit homme de bien. I'ay
» plus de regret à sa faute que vous mesmes ; mais
» auoir entreprins contre son bien faicteur, cela ne
» se peut supporter. »

Alors le sieur de la Force dit au roy : « Sire, nous
» auons pour le moins cet aduantage, qu'il ne se
» trouue point qu'il aye entrepris sur vostre personne. »
Le roy dit : « Faictes ce que vous pourrez pour son
» innocence, ie feray de mesmes. »

Aux premiers iours de la prison du mareschal, il
mangeoit peu et ne pouuoit dormir; il ne sortoit de
sa bouche que des paroles qui offençoient Dieu et le
roy. Sa colere luy faisoit dire des choses sans raison;

et mesmes l'on tient qu'il auoit eu aduis que ses amis trauailloient à le faire euader par le moyen d'vn petard. Mais quand il vit qu'il estoit gardé si soigneusement ; que ceux qui entroient dans sa chambre y entroient sans armes ; qu'on le seruoit avec des cousteaux sans pointe, et qu'il sceut le reffus de la requeste de ses parents à S. Maur, il dict, comme en riant : « Ha! ie voy bien que l'on me veut faire tenir le » chemin de la Greue. » Et deslors il commença à ne demander plus iustice de ses accusateurs, mais demanda à parler aux sieurs de Villeroy et Sillery, qui allerent parler à luy par le commandement de S. M. Monsieur l'archeuesque de Bourges l'alla aussi voir, et le fit reconcilier auec Dieu. Il commença à recognoistre quelque peu sa faute, et à n'auoir plus d'espoir qu'en la misericorde du roy. Aussi ceste suppliante lettre courut par Paris, que l'on à disoit auoir esté presentee au roy de sa part.

« Sire, entre les perfections qui accompagnent la grandeur de nostre Dieu, sa misericorde paroist par dessus toutes ; c'est celle qui a reconcilié les hommes auec luy et ouuert les portes du ciel au monde : ceste belle partie qui faict le tout d'vne vertu excellente vous ayant esté communiquee par ce grand monarque de don et grace specialle, sur tous les autres roys de la terre, comme fils aisné de son eglise, et ayant iusques icy mesnagé diuinement le sang de voz ennemis : ceste partie se trouuera reclamee en la fortune du mareschal de Biron, qui l'ose implorer sans vous dire que ce soit blasme à vn subiect qui a offencé son prince de recourir à sa douceur, pour auoir sa paix, puis que c'est la gloire de la creature qui a offencé son créateur, de demander en souspirant la remission de son offence. Or, Sire, si iamais V. M., de qui la clemence a tousiours honoré les victoires de son espee, desire de signaler et rendre memorable sa bonté par vne seule grace, c'est maintenant qu'elle peut paroistre en donnant la vie et la liberté à son tres humble seruiteur, à qui la naissance de la fortune auoit promis une plus honorable mort que celle qui le menace. Ceste promesse de mon destin, Sire, qui vouloit que mes iours fussent sacrifiez à vostre seruice, s'en va estre honteusement violee, si vostre misericorde ne s'y oppose et ne continuë en ma faueur les miracles qu'elle a faict en France, lesquels honoreront à iamais votre regne. Vous ferez en la vie temporelle ce que Dieu faict en la vie spirituelle, et sauuant les hommes comme il sauue les ames, vous vous rendrez de tant plus digne de l'amour du monde et des benedictions du ciel. Ie suis vostre creature, Sire, esleuee et nourrie auec honneurs à la guerre par vos liberalitez et par vostre sage valeur, car de mareschal de camp vous m'auez faict mareschal de France, de baron duc, et d'vn simple soldat m'avez rendu capitaine. Vos combats et vos batailles ont esté mes escoles, où, en vous obeyssant comme mon roy, i'ai apris à commander les autres. Ne souffrez pas, Sire, vne occasion si miserable, et laissez moi viure pour mourir au milieu d'une armee, seruant d'exemple d'homme de guerre, qui combat pour son prince, et non d'vn gentil-homme mal-heureux que le supplice desfaict au milieu d'vn peuple ardant à la curiosité des spectacles, et impatient en l'attente de la mort des criminels. Que ma vie, Sire, finisse au mesme lieu où i'ai accoustumé d'espandre mon sang pour vostre seruice, et permettez que celuy qui m'est resté de trente deux playes que i'ai reçuës en vous suiuant et imitant vostre courage, soit encore respandu pour la conseruation et accroissement de vostre Empire, et que ie recognoisse la grace que vous m'auez faicte de me laisser la vie. Les plus coniurez de vostre royaume ont esprouué la douceur de vostre clemence; et iamais, à l'exemple de Dieu, vous n'auez aimé la ruine de personne. A present, Sire, le mareschal de Biron vous demande ce mesme benefice, et supplie vostre pitié de se monstrer en cela aussi puissant que mon mal-heur est grand, et vous desrober le souuenir de ma faulte, afin qu'ayez memoire de mes seruices, et de ceux de feu mon pere, de qui les cendres vous adiurent de pardonner à son fils, et de vous laisser esmouuoir à sa requeste. Si les ennemis de ma liberté, gagnant la faueur de vos oreilles, vous donnent de mauuaises impressions de ma fidelité, et vous faisoient penser que ie serois suspect en vostre royaume, bannissez-moi de vostre cour et me donnez pour mon exil l'Hongrie, et me priuez de l'honneur de pouuoir seruir le particulier de vostre Estat, et puisse au moins faire quelque seruice au general de la chrestienté, et rebastir vne fortune estrangere sur les ruines de celles que i'auions en France, dont V. M. auroit la disposition souueraine aussi bien que de ma personne; car en quelque lieu qu'elle m'enuoyast, ie serois et paroistrois François, et le repentir de mon offence me rendroit passionné au bien de ma patrie. Si vous me faictes ce bien, Sire, ie beniray vostre pieté, et ne maudiray point l'heure que vous m'auez despouïllé de mes Estats et de mes charges; car ayant en la place de l'espee de mareschal de France, celle de soldat que i'apportay au commencement que i'arriuay en vos armees, ie pourray estre vtille au seruice de l'eglise, et pratiqueray loing de France ce que i'ay apprins prez de vous; que si elle me deffend le maniement des armes, donnez moy, Sire, ma maison pour prison, et ne me laissez que ma foy pour garde, et ce qu'il fault de moyens à vn simple gentil-homme pour viure chez soi. Ie vous engage la part que ie pretens au ciel que ie n'en sortiray que lors que V. M.

le me commandera. Laissez vous toucher, Sire, à mes souspirs, et destournez de vostre regne ce prodige de fortune, qu'vn mareschal de France serue de funeste spectacle aux François, et que son roy, qui le souloit voir combattre dans les perils de la guerre, ait permis, durant la paix en son Estat, qu'on luy ait ignominieusement rauy l'honneur et la vie. Faictes le, Sire, et ne regardez pas tant à la consequence de ce pardon qu'à la gloire d'auoir peu et voulu pardonner vn crime punissable; car il est impossible que cest accident pust arriuer à d'autres, parce qu'il n'y a persone de vos subiects qui puisse estre séduit comme i'ay esté, par les mal-heureux artifices de ceux qui aimoient plus ma ruine que ma grandeur, et qui se seruant de mon ambition pour corrompre ma fidelité, m'ont conduit au danger où ie me trouue. Voyez ceste lettre, Sire, de l'œil que Dieu a accoustumé de voir les larmes des pecheurs repentans, et surmontez vostre iuste courroux, pour reduire ceste victoire en la grace que vous demande, Sire, vostre tres humble et tres obeissant seruiteur,

Biron. »

Plusieurs ont estimé que iamais le mareschal n'enuoya ceste lettre au roy, veu que son humeur estoit contraire à ce qui y estoit contenu. Chacun lors en faisoit des discours, tant sur l'vtilité et la necessité que l'on auoit d'vn bon chef tel que luy en Hongrie pour le bien general de la chrestienté, que sur sa submission de ne manier plus les armes et ne bouger de sa maison. Mais l'on respondoit à cela que puis qu'il auoit desià une fois abusé de la clemence du roy, qu'elle asseurance luy eust-il donné et à la France de ses promesses, veu mesmes qu'estant prisonnier il ne se pouuoit tenir de menacer ses accusateurs? Qui eust esté celuy qui l'eust voulu garder dans sa maison? de quoy l'eust on enchaisné ? Bref, que les crimes de leze maiesté au premier chef ne se pouuoient ny ne devoient estre pardonnez.

Les lettres pour luy faire et parfaire son procez furent expediees et enuoyees à la cour de parlement, dont la teneur ensuit :

« HENRY, par la grace de Dieu, roy de France et de Nauarre, à nos amez et feaux conseillers les gens tenans nostre cour de parlement à Paris, SALUT : ayant esté informé des entreprises faictes par le duc de Biron contre nostre personne et nostre Estat, pour obuier aux malheurs, ruines et desolations qui auiendroient à ce royaume, si telle felonnie pouuoit estre mise à effect ; la charité et amour que nous portons à nos subiects et l'obligation de laquelle Dieu nous a chargez de n'obmettre chose qui soit au pouuoir d'vn bon prince pour les conseruer, et nous opposer à tout ce qui peut troubler le repos et renouueller la face des miseres, dont il a pleu à la maiesté diuine se seruir de nous pour les deliurer ; auons par la charité que devons à nostre patrie, et forçant la douceur de nostre naturel, pris resolution de nous asseurer de la personne dudit duc, et à cest effect ordonné qu'il soit gardé en nostre chasteau de la Bastille, où il est à present detenu ; et d'autant que le deuoir de la iustice et nostre conscience nous commandent que la vérité d'vn crime si enorme soit aueree, et que la punition des coulpables, de quelque qualité et dignité que ce soit, s'en face, selon qu'il est porté par les loix et ordonnances du royaume, nous auons renuoyé et renuoyons ledit duc, pour luy estre faict et parfaict son procez criminel et extraordinaire, et par vous procedé à l'instruction et iugement d'iceluy ; gardant et obseruant les formes qui doiuent estre gardees en affaires de telles et si grandes importances, et à l'endroit de personnes qui ont la qualité dudit accusé. Comme aussi nous vous donnons pouuoir et mandement de proceder, faire et parfaire le procez contre tous ceux que trouuerez coulpables, consentans et adherans à ladite conspiration, de quelque qualité et dignité qu'ils soient. Mandons à nostre procureur general de faire en cela toutes les poursuittes et requisitions qu'il verra estre necessaires, et à vous d'y vacquer toutes affaires cessantes et postposees, et n'y faictes faute. Car tel est nostre plaisir, etc. »

« Henry, etc., à nos amez et feaux conseillers Mes Achiles de Harlay, premier president en nostre cour de parlement de Paris, et Nicolas Potier, aussi president en nostre cour de parlement, conseillers en nostre conseil d'Estat; Mes Estienne Fleury et Philibert de Turin, conseillers en icelle cour, comme par nos lettres patentes du iourd'huy dix-huictiesme iour dudit mois, nous auons r'enuoyé à nostre cour de parlement la cognoissance de l'entreprise dressee contre nostre Estat et personne par le duc de Biron, pour la preuue et verification de laquelle il est besoin d'instruire le procez dudit Biron par interrogatoire, recollement et confrontation. A ces causes, et par la confiance que nous auons entiere et parfaicte de vostre suffisance et capacité, prud'hommie et affection au bien de ce royaume, nous vous auons commis et deputez, commettons et deputons, pour faire et parfaire ladite instruction, de mettre ledict procez en estat de iuger, pour en fin estre procedé au iugement d'iceluy par nostredite cour, selon les formes qui doiuent estre gardees et obseruez en crime de si grand' importance, et à l'endroit de personnes qui ont la qualité de l'accusé. Car tel est nostre plaisir, etc. »

Le procez du mareschal fut instruict à la Bastille. Le sieur de la Fin luy estant presenté du commencement, il ne luy donna aucunes reproches, ains dit, Qu'il le tenoit pour gentil-homme d'honneur, son amy et son parent (car il pensoit qu'il n'eust rien dit contre luy). Or les principaux poincts de la deposition du sieur de la Fin estoient :

L'intelligence que ledit mareschal auoit euë auec vn nommé Picoté, de la ville d'Orleans, refugié en Flandres pour estre vn ardant ligueur, lequel auoit faict plusieurs voyages en Flandres et en Espagne pour le mareschal;

Plus, que durant que le duc de Sauoye estoit à Paris, que ledit sieur de la Fin ne bougeoit du logis dudict mareschal, et n'en sortoit que de nuict pour aller conferer auec ledit duc, qui le chargeoit souuent de messages vers ledit mareschal; mesmes que ledit duc auoit dit à la Fin que soupant chez Zamet auec le roy, sur vn discours auquel il fut fort parlé de vaillants, que S. M. auoit mis ledit mareschal aprez beaucoup d'autres.

Et sur ce que ledit duc de Sauoye auoit dit au roy qu'il desiroit nourrir ses enfans en France, mesmes y marier ses filles, suppliant S. M. luy donner des gendres, lequel luy en auoit nommé aucuns. Et sur ce que ledit duc auoit dit : « Et le mareschal de Biron, Sire, » le roy auroit respondu « Qu'il n'estoit pas de la cen- » tiesme maison de France ; » ce que ledit sieur de la Fin auroit reporté audict mareschal, auec offres de la part dudit duc de luy donner sa fille en mariage ; ce que ledit mareschal auoit eu fort agreable.

Que depuis, le roy estant en Sauoye, ledit mareschal auoit faict tout ce qu'il pouuoit pour la conseruation dudit duc de Sauoye aux ruines de l'armée du roy, mesmes à la perte de sa propre personne.

Que lors que le mareschal estoit deuant Bourg, qu'il auoit enuoyé plusieurs instructions escrites de sa propre main audit duc, tant par quelques soldats que par Renazé; de toutes les forces du roy; des moyens de le deffaire, des deffaux qui se trouueroient en ses places, des moyens de les deffendre; le tout fort particulierement.

Que lors qu'il fut question de prendre le fort Saincte Catherine, que ledit mareschal aduertit celuy qui commandoit de faire promptement des palissades hors la ville, d'autant qu'ayant esté recogneu qu'il n'y auoit que quatre cents hommes dedans, le sieur de Vitry auoit offert au roy de l'escallader en plain iour.

Qu'il auoit aussi aduerty ledit gouuerneur du fort Sainte Catherine de pointer ses pieces, et qu'il neroit le roy le lendemain recognoistre la place, où afin qu'on ne le tüast luy mesme, il se feroit signaler par un pennache noir; mais que si ce dessein failloit, qu'il estoit aisé de mettre hors de la ville quelques caualliers en embuscade à la faueur du fossé, qui pourroient facilement se saisir du roy, par ce qu'il le meneroit si auant luy troisiesme, qu'il ne s'en pourroit degager.

Que depuis, ledit la Fin (par l'aduis et ordonnance dudit mareschal) auoit fait certains voyages à Sainct Claude, Milan, Turin, Pauie et en Suisse, où il auoit conferé, tant auec ledit duc de Sauoye et Roncas son secrétaire, le comte de Fuentes et l'admiral d'Arragon, qu'au pays de Suisse auec vn docteur agent d'Espagne nommé Alphonse Casal, auec lesquels il auoit traicté des seuretez que l'on pouuoit prendre les vns des autres, auec charges mesmes de conclure; mais que ledit la Fin ne l'auoit iamais voulu faire.

Que les clauses dudit traicté estoient que l'on promettoit au mareschal la belle-sœur du roy d'Espagne, ou sa niepce de Sauoye en mariage, la lieutenance par toutes ses armees, dix-huit cents mille escus pour la guerre de France, le duché de Bourgongne en propriété, sous l'hommage d'Espagne, et que le sieur mareschal promettoit seruitude perpétuelle et affection à l'Espagne, et de bouleuerser tous les ordres et estats de France, rendre ce royaume eslectif, à la nomination des pairs, à la mode de l'Empire.

Le mareschal n'eust pas plustost entendu ceste deposition, qu'il dit vne infinité d'iniures à la Fin, comme du plus meschant homme du monde. On le laisse dire; mais la Fin luy soustint fort pertinemment tout ce qu'il auoit deposé. A quoy le mareschal luy dist plusieurs fois : si Renazé estoit icy il te diroit bien le contraire. Lors l'on faict retirer la Fin. Quatre iours apres, Renazé, qui s'estoit sauué de Quiers en Piedmont, et auoit amené ses gardes quand et luy en France, luy est presenté. Le mareschal, estonné de voir celuy qu'il tenoit pour mort, demeura sans responce; ce fut lors qu'il pensa mesmes que l'Espagnol et le Sauoyard l'auoient trahy.

Renazé soustient au mareschal qu'il auoit faict les voyages contenus en la deposition de la Fin, et nombre d'autres par son commandement, mesmes qu'il auoit porté lettres et aduertissements au duc de Sauoye et à ses capitaines commandant dans les places assiegees.

Vn nommé Hebert, secretaire dudit mareschal, qui recognoissoit auoir escrit de sa main des lettres en chiffres, qui tesmoignoient les grandes intelligences dudict mareschal auec le duc, et maintenant les autres coppies sous les originaux, escrites de la main de son maistre, confessoit d'abondant auoir fait depuis quatre mois vn voyage à Milan, par commandement dudict mareschal, auec protestation toutesfois que ce n'estoit que pour acheter des espees, esperons et draps de soye, desquels achapts il monstreroit vn bordereau iusques à 16 cents escus.

Ces lettres, memoires et instructions, monstrees au

mareschal par lesdicts sieurs commissaires, il en recognut aucunes et nya les autres, mais confessoit speciallement qu'il auoit escrit trois feuillets de papier, contenant les deffaulx de l'armee du roy qu'il y auoit en la monstre faicte 1600 passe-vollans, dont Grillon s'estoit voulu excuser au roy, il n'auoit voulu l'escouter; que sa noblesse ne seroit plus que quinze iours en l'armee et s'en vouloit aller; que le roy n'auoit plus d'argent, ayant despendu les quatre cents mil escus de son mariage, et n'ayant vn teston pour renouueller l'alliance des Suisses; qu'il estoit contraint d'aller receuoir la royne, et que M. d'Espernon l'accompagneroit, ayant refusé de demeurer en l'armee; que M. de Montpensier n'en auoit voulu accepter la charge et commandement, ny ledict mareschal de Biron (ainsi parlait il de soy en tierce personne), et que M. le comte de Soissons l'auoit promis, qui estoit son pis aller; donnoit aprez aduis de l'ordre qu'il falloit tenir et establir pour la deffence des places; que la prise de Mont-melian descourageoit tous les gens de bien; qu'il falloit diuertir l'armee du roy par la Prouence, en y iettant des forces à l'improuiste; sur tout parloit fort des cinquante mil escus qu'il falloit enuoyer, et quatre mil hommes; autrement tout estoit perdu, et infinis autres aduertissemens.

Pour faire leuer le crime de ses escrits, le mareschal disoit que la Fin les luy auoit faict escrire pour se souuenir des fautes qui s'estoient passees en ceste armee, et non pour les enuoyer aux ennemis du roy, et croyoit qu'il les auoit bruslez deslors. Entre les tesmoins il luy fut confronté vn vallet de chambre du roy qui auoit couché en sa chambre par commandement de S. M., la premiere nuict de sa prison, lequel luy maintint que le sieur mareschal l'auoit prié de faire aduertir ses secretaires de se destourner pour quelques iours, et que l'on aduertist chez le comte de Roussy, pour enuoyer en diligence à Dijon en faire autant de ceux qui estoient restez, et sur tout s'ils estoient interrogez, qu'ils disent tous constamment que le mareschal n'escriuoit iamais en chiffre, laquelle depposition seruit à destruire la negation qu'il auoit faicte au premier interrogatoire, qu'il eust iamais escrit en chiffre.

Le mardy vingt-troisiesme iuillet, messire Pompone de Bellieure, chancelier de France, accompagné de MM. de Messes et de Pontcarré, conseillers d'Estat, vint au parlement les deux massiers et officiers de la chancellerie, marchant deuant luy.

Les gens du roy demandent deffault contre messieurs les pairs de France qui auoient esté adiournez deux fois pour assister au iugement, sans que neantmoins ils y ayent comparu ny enuoyé excuse, et que pour le profit d'iceluy il fut passé outre; ce qui fut ordonné sur le champ.

Puis fut leuë vne requeste presentee par madame la mareschalle de Biron, mere de l'accusé, pour donner conseil à son fils, afin de deffendre; elle fut communiquee aux gens du roy, qui l'empescherent, attendu l'action criminelle et l'estat du procez; sur quoy fut dict : neant par arrest.

On employa trois seances à la vision des pieces. Le procez veu, et les conclusions du procureur general, le samedy 27 l'on fit venir le mareschal au parlement. Monsieur de Montigny, gouuerneur de Paris, alla à la Bastille sur les cinq heures du matin, et dit au mareschal que la cour estoit assemblee pour son procez; que monsieur le chancelier y estoit, et luy auoit commandé de l'y mener. Le mareschal ayant acheué de s'habiller, monte dans vn carrosse à la porte de la Bastille sur les cinq heures du matin, et fut conduit par l'Arsenal au bord de la riuiere, puis entra dans vn batteau, lequel auoit en carré de sept à huict pieds, au milieu fermé d'ais, et de cinq pieds de haut, puis couuert par dessus de tapisserie; dedans estoit ledict mareschal auec les sieurs de Montigny et de Vitry, capitaine des gardes; par dehors et dans deux autres basteaux estoyent les soldats qui le suyuoient.

Il fut amené depuis l'eau qui est au pied de l'isle par le bailliage dans le palais, où il entra par la porte de la Tournelle, puis passa par dessous la quatriesme chambre, et de là fut conduit en la chambre doree, où il y auoit cent douze iuges. On le feit passer dans le barreau, au mesme lieu où sont interrogez les criminels, et luy bailla on vn hault tabouret pour s'asseoir. Mais comme il eust ouy les premieres paroles de M. le chancelier, qui a la voix vn peu basse, il se leua et porta son siege plus proche dans le parquet, disant : « Pardonnez moy, monsieur, si ie m'aduance; ie ne vous entends pas si vous ne parlez plus haut. »

Toutes les depositions furent recueillies en cinq points capitaux, sur lesquels il fut interrogé par monsieur le chancelier, qui accommoda si bien son discours qu'il ne le nomma iamais par son nom ny par celuy de ses qualitez.

Le premier, d'auoir communiqué auec vn nommé Picotté, de la ville d'Orleans, refugié en Flandres, pour prendre intelligence auec l'archiduc, et de faict auoir donné audict Picotté cent cinquante escus pour deux voyages par luy faicts à ceste fin.

Le second, d'auoir traicté auec le duc de Sauoye trois iours apres son arriuée à Paris, sans la permission du roy; de luy auoir offert toute assistance et seruice enuers et contre tous, sur l'esperance du mariage de sa troisiesme fille.

Le troisiesme, d'auoir conniué auec ledict duc,

tant pour la prise de Bourg que autres places ; de luy auoir escrit et donné aduis d'entreprendre sur l'armee du roy et sur sa personne ; mesmes de luy auoir escrit à ceste fin plusieurs choses importantes au bien de son seruice.

Le quatriesme, d'auoir voulu conduire le roy deuant le fort Saincte Catherine pour le faire tuër ; et à ceste fin auoir donné aduis au capitaine qui estoit dedans, du lieu et du signal pour recognoistre S. M.

Le cinquiesme, d'auoir enuoyé la Fin traicter auec le duc de Sauoye et auec le comte de Fuentes, contre le seruice du roy.

Quand au premier point, le mareschal respondit qu'estant Picotté prisonnier entre ses mains en la Franche Comté, il luy dict qu'il auoit agreable qu'il s'employast à la reduction de Seurre, pource qu'il cognoissoit le capitaine Lafortune qui estoit dedans, qui ne demandoit pour toute recompense que sa liberté ; de quoy ayant escrit au roy, S. M. le trouua bon, et de faict ledict Picotté si employa, si bien que la place fut asseurée au seruice de S. M.

Que depuis ceste reduction il n'auoit veu ledict Picotté qu'en Flandres, lors qu'il alla pour la confirmation de la paix ; que ledict Picotté le vint trouuer auec plusieurs autres pour le supplier d'interceder auprés du roy, à ce qu'ils peussent rentrer dans leurs biens, et que s'il leur rendoit ce bon office, qu'ils luy feroient present d'vne couple de tentures de tapisseries ; de quoy estant offencé, luy respondit qu'il entendoit seullement luy en faire faire bon marché ; depuis n'auoit ouy parler dudict Picotté, sinon qu'environ vn an qu'estant en son gouuernement, ledit Picotté luy escriuit qu'il auoit faict plusieurs voyages pour la reduction de Seurre ; qu'il estoit miserable, chassé de son pays, et le supplioit d'auoir pitié de luy ; qu'il auoit emprunté cent cinquante escus qu'il luy auoit enuoyés, lesquels ayant employé dans vn estat de quelques frais faicts pour le seruice du roy, S. M. auroit apostillé audit estat, « Bien que ceste partie soit sous le nom de Bellerie; toutes fois elle a esté baillée à Picotté pour la reduction de Seurre; » que iamais il n'a eu autre communication auec luy.

Quant au second poinct, d'auoir traicté auec le duc de Sauoye si tost qu'il fut arriué à Paris; ie supplie le roy de se ressouuenir qu'il n'arriua à Paris auprez de S. M. que quinze iours apres que le duc de Sauoye y fut arriué, et que la Fin, qui l'accuse, n'arriua que quinze iours après luy; qu'il estoit vray que le roy disna à Conflans et le duc de Sauoye auec luy, après que S. M. se fut promenee vn long temps, il lui print enuie d'aller à la garderobbe, commanda à M. le comte d'Auuergne, et à luy d'entretenir ce pendant ledit sieur duc; que MM. les comte de Soissons et Montpensier suruenans, il leur quitta la place et alla trouuer le roy qu'il attacha, et luy donna à boire, et incontinent partirent pour aller à Paris.

Que sur quelques discours que luy tint Roncas, secretaire du duc de Sauoye, du mariage de la troisiesme fille de son altesse, il en parla au roy; que S. M. luy ayant depuis faict entendre par M. de la Force qu'il ne le trouuoit pas bon, que depuis il n'en auoit point parlé.

Que tant s'en faut qu'il eust intelligence auec ledit duc; que le roy luy ayant commandé de l'accompagner à son retour pour le faire passer par la Bourgongne, qu'il supplia S. M. de s'en excuser; sur ce, dit-il, qu'il voyoit les affaires si peu asseurees, qu'il estimoit que dans peu de temps il en faudroit venir aux mains auec luy, et qu'il auroit regret, apres auoir faict bonne chere avec vn prince, de luy faire la guerre; et supplioit S. M. de l'en dispenser; ce qui luy accorda; et au reste de dire qu'il auoit ce dessein de le faire passer par les plus fortes villes de son gouuernement, afin de les faire recognoistre; qu'au contraire il auoit aduisé le baron de Lux de le faire passer par les plus foibles; que tout le monde en estoit tesmoin; et du conseil qu'il donna pour ce regard.

Pour le troisiesme poinct dont il estoit accusé, d'auoir intelligence auec ledict duc de Sauoye durant la guerre derniere contre luy, qu'il n'y a nulle apparence.

Premierement, qu'il auoit prins Bourg quasi contre la volonté du roy, sans assistance sinon de ceux qui estoient ordinairement prez de luy.

Que les gouuerneurs des places qui estoient lors subiects du duc et qui sont maintenant au seruice du roy, pouuoient tesmoigner de la verité, estant à croire que s'il eust esté ainsi, qu'il eust eu intelligence auec leur maistre, qu'ils en eussent sceu ou cognu quelque chose.

Que de quarante conuois de viures que l'on auoit voulu faire entrer à Bourg, qu'il en auoit deffaict ou repoussé trente sept, et les trois qui y estoient entrez, c'estoit lors qu'il n'y estoit pas.

Pour l'accusation faicte contre luy, d'auoir donné aduis audit duc de deffaire le regiment de Chambaut, il prouuera et fera voir premierement que ledict Chambaut n'arriua point à l'armee d'vn mois apres l'accusation que l'on fait contre luy pour ce regard; secondement que cest aduis estoit sans apparence et hors du sens commun, pource que du lieu où il estoit, au lieu où l'on luy disoit qu'estoit ledict Chambaut, il y auoit cinq ou six iournees autant pour aller trouuer son altesse, il en falloit auoir autant pour renenir; et pour le moins quelque temps pour y acheminer des forces, et qu'vn regiment ne demeure pas tant logé à vn logis; que tout cela est vne inuention de la Fin, purement faulse.

Car le roy luy a dit qu'il ne sçait d'autre que de luy que lon luy vouloit faire offre de vingt mille escus pour faire entrer du secours dans la citadelle de Bourg; mais que l'ayant recognu si entier au seruice du roy, l'on ne luy en osa parler.

Que s'il eust eu quelque mauuais dessein contre le roy et la France, qu'il n'eust pas rendu Bourg qu'il tenoit, et qu'il l'avoit franchement remis entre les mains de celuy que le roy auoit commandé.

Et combien que S. M., par resultat du conseil, qu'il a dans vne boëtte luy eut commandé apres quelques trefues faictes auec le duc de Sauoye de fournir à ceux de la citadelle de Bourg quatre cens pains par iour, cinquante bouteilles de vin, vn demy bœuf et six moutons; qu'il auoit reduit le tout à cinquante bouteilles de vin et vn gigot de mouton; par le moyen de laquelle reduction ceste place auoit esté mise au seruice du roy au temps qu'ils auoient promis.

Pour le quatriesme point, qu'il auoit intelligence auec le gouuerneur du fort Saincte Catherine pour faire tuer le roy: qu'il supplie S. M. d'implorer sa memoire, pour se ressouuenir que luy seul le diuertit contre le dessein que S. M. en auoit d'aller voir et recognoistre ledict fort, sur ce qu'il luy representa qu'il y auoit dans ladite place d'extrememeut bons canoniers, et qu'il ny pouuoit aller sans grand hazard; que sur ce qu'il luy en representa, S. M. rompit son voyage, luy offrant s'il desiroit d'en voir le plan, de le luy apporter le lendemain; et mesmes proposa auec S. M. de prendre la place auec cinq cents harquebusiers, et qu'il iroit le premier à l'assaut.

Pour le cinquiesme point, à quel dessein il aurait enuoyé plusieurs fois monsieur de la Fin en Sauoye et à Milan, pour visiter et voir tant le duc de Sauoye que le comte de Fuentes :

Qu'à la verité tout le mal qu'il a faict a esté en deux mois que le sieur de la Fin a esté auprès de luy, pendant lesquels il a ouy parler et escrit ; mais que de la mesme main qu'il auoit escrit, il auoit si longuement seruy le roy, que cela luy peut tesmoigner qu'il n'auoit point de mauuais dessein.

D'ailleurs, que le roy luy auoit pardonné à Lyon ce qui s'estoit passé, presens messieurs de Villeroy et Sillery, et que si depuis ce temps là il auoit faict quelque chose, qu'il accuseroit les iuges d'iniustice s'ils ne le faisoient mourir : aussi, s'il n'auoit rien fait, il estimoit que le pardon du roy suffisoit pour sa liberté ; et que s'il estoit question de luy demander encore vne fois, qu'il auroit les genouils aussi souples qu'il eu iamais pour ce faire.

Aprés cela, il chargea tant qu'il put de crimes la Fin et Renazé pour leuer la foy de leur deposition, disant estre necessaire que le duc de Sauoye fust son ennemy mortel, s'il estoit vray qu'il eust retenu Renazé prisonnier quatorze mois, comme disoit la Fin, et qu'il l'eust relasché tout à propos pour venir deposer contre luy, à l'heure que les iuges estaient sur son procez.

Que la Fin estoit sodomite, s'estant seruy de Renazé pour cest vsage : qu'il estoit sorcier ayant communication auec les diables, et qu'il l'auoit ensorcelé, n'ayant iamais parlé à luy qu'au prealable il ne l'eust baisé à l'œil gauche, l'appellant mon maistre, et estoit ordinairement bouché de son manteau, et qu'il auoit des images de cire parlantes ; qu'il estoit faux monnoyeur, et qu'à la verité il l'auoit voulu suborner infinies fois pour faire des deseruices au roy sans que iamais il y voulust entendre.

Qu'à la verité le roy l'auoit infiniment mescontenté,

luy refusant Bourg, qu'il avait creu luy auoir esté promis par sa Maiesté, et que s'il eust esté huguenot à l'auenture ne lui eust-il pas esté refusé; aussi, auoit-il mis dedans Boësse qui l'estoit, ce qu'il recognoissoit auoir aduoué au roy à Lyon; et que ce deplaisir l'auoit porté si auant qu'il auoit esté capable de tout ouyr et de tout faire.

D'ailleurs, que la Fin lui raporta vn iour que le roy parlant de luy et de feu son pere, auoit dit : « Que Dieu luy auait faict grand' grace de l'oster de ce monde quand il fut tué, et que c'estoit vn seruiteur bien inutile; et de luy, que ce n'estoit pas ce que l'on pensoit, et que ces paroles l'auoient tellement irrité, qu'il eust voulu se faire tout couurir de sang. » A ceste parole, M. le chancelier luy demanda du sang de qui il desiroit se couurir ? « Du mien, dit le mareschal, me meslant par desespoir au trauers des troupes ennemies; » et qu'en tout cela, il confessoit aussi auoir failly durant deux mois et demy que dura ceste colere, mais qu'elle ne l'emporta iamais si auant, qu'il eust pensé mal faire à son roy; qu'il auoit peché de la bouche, des aureilles et vn peu de la main auec la plume; mais que quand le roy ne voudroit luy remettre ceste faute, il n'estoit en la puissance des hommes de le condamner iustement pour cela, aduoüant bien toutes fois auoir besoin de la misericorde de sa Maiesté; reiettant tousiours sur la Fin le subiect de ses offences; croyant que Dieu le punissoit infiniement, non pour autre chose, sinon pour les execrables serments qu'il auoit faicts auec la Fin sur le Sainct Sacrement, et en sa presence, de ne reueller iamais rien de ce qu'ils escriroient, feroient ou negotieroient ensemble.

Il dit aussi que s'estant dernierement confessé à Dijon au petit minime, luy disant sur ce propos qu'il voyoit bien que la Fin estoit trompeur et qu'il diroit tout au roy, encores qu'ils eussent iuré ensemble; et que cela estant, il seroit perdu, « s'il le faict, il aura l'enfer, et vous le paradis, » dit le minime; et que depuis qu'il est prisonnier, M. l'archeuesque de Bourges l'a ouy en confession, et luy a releué ce scrupule et l'a voulu deliurer des serments qu'il auoit faicts: toutes fois qu'il n'estimoit pas sa conscience si bien deschargee apres tant de serments, qu'il ne luy en restast encores quelques remords.

Au surplus, il aduoüa auoir eu grand deplaisir quand la paix se fit, et qu'il fit tous ses efforts pour faire continuër la guerre.

Il recognut aussi que la Fin, luy parlant vn iour, lors qu'il estoit deuant le fort de Saincte Catherine, luy estant sur la chaire persee, et luy disant : nous serons les deux grands bardeaux qui porterons la charge sur le dos, si les palissades ne nous empeschent dedans trois iours, que c'estoit vn enigme dont il n'entendoit que la derniere moictié; sçauoir, que si ceux de Saincte Catherine ne mettoient des palissades, ils seroient pris dedans trois iours; pour le reste qu'il ne l'entendoit pas : mais quelques iours apres la Fin luy dit que les deux grands bardeaux estoient eux deux, qui seroient les mulets pour porter le roy au fort pour l'y faire perdre : ce qu'il trouua fort mauuais.

Apres tout le discours, il supplia la cour de se souuenir que s'il auoit mal parlé, il auoit bien faict, et que ses paroles estoient formelles, parties d'vn esprit infiniement irrité, et d'ailleurs plain de fougues et de crainte; mais que ses effects estoient masles et aussi genereux qu'il y en eut au monde; que l'on eust esgard à la qualité de ses accusateurs qui estoient non complices de ce faict, mais vrays fauteurs et instigateurs. D'ailleurs, que la Fin estoit sorcier, qu'il auoit des images de cire parlantes; que Renazé auoit cent et cent fois contre faict son escriture, et que s'il falloit par dessus tout cela iuger ses demeristes, les iuges qui tenoient la balance deuoient, en trouuant d'vn costé ses vaines et legeres paroles qui n'auoient rien esclos de mauuais, ietter les yeux de l'autre, pour y voir tant de signalez seruices rendus tant vtilement à cest Estat, et en temps si necessaire, que l'on eust eu peine de se passer de luy; et qu'il consentoit volontiers qu'on iugeast du costé qu'il peseroit le plus.

Au reste, quand tous seruices seroient enseuelis en la memoire des iuges pour n'auoir esgard qu'à ses fautes, que le roy les luy auoit pardonnees à Lyon, luy ayant dit plus d'vne fois qu'il auoit esté capable de tout ouyr, de tout dire et de tout faire sur le reffus dudit Bourg; le roy lui ayant dit ces mots : « Mareschal, ne te souuienne iamais de Bourg, et ie ne souuiendray iamais aussi de tout le passé. » Depuis lequel temps qui sont vingt deux mois, s'il se trouue qu'il ait dit ou fait chose quelconque contre le seruice du roy et de cest Estat, il est prest de souffrir toute punition; mesmes qu'il y a au procez des lettres de luy qui monstrent que la naissance de M. le Dauphin a dissipé les nuës de son esprit et les vanitez passees.

Sur ce qu'on luy dist, que Hebert, son secretaire, auoit esté depuis quatre mois à Milan, que veu ses déportements passez s'estoit vne preuue indubitable qu'il continuoit ses premiers desseins; il iura que ce voyage n'auoit esté faict que pour achepter des estoffes, et y mener quatre ieunes gentils-hommes sortis de page qui desiroient voir le monde.

Ainsi, le mareschal, que l'on laissa parler tant qu'il voulut, entretint la Cour de discours et d'excuses, iusques sur les dix heures que l'on le fit retirer et remener à la Bastille, par le mesme chemin par lequel il auoit esté amené, où il ne cessa tout le samedy, dimanche et lundy ensuiuant, de racompter à ceux qui le gardoient, les interrogatoires que l'on luy auoit faictes, et ce qu'il auoit respondu, et sembloit qu'il fust fort satisfaict en soy mesme de cest abouchement. Aucuns disent qu'il contrefaisoit M. le chancelier, imaginant ce qu'il pouuoit auoir dit apres qu'il fut party de la presence de la Cour : « Que c'estoit un homme seditieux qui auoit voulu troubler l'Estat, et qu'il falloit luy coupper la teste ; » mais monsieur le chancelier ne parla iamais vn seul mot contre le mareschal, sinon à luy mesme : et fut traicté ceste affaire auec le plus de retenuë et de circonspection qu'il se pouuoit.

Le lundy 29, M. le chancelier retourna au Palais : comme messieurs les iuges entroient, la comtesse de Roussy prioit pour le mareschal, six iours apres auoir accouché d'vne fille.

A six heures du matin, la compagnie assise, le rapporteur, M. de Fleury, commença le premier apres auoir leu les conclusions du procureur general, escrites de sa main, aussi bien que son inuentaire qui est audit procez. Les opinions durerent iusques à pres de deux heures de releuee, qui furent toutes conformes sans aucun contredict, fondees sur les trois sortes de preuues qui estoient au procez, «testimoniales, litterales et vocales. »

Par les confessions, la premiere estoit fort certaine par toutes les formes du procez criminel, où l'accusé ne reprochant à la confrontation, les tesmoins demeurerent entiers : cela estant il y auoit plus de crainte de peu condamner, que trop.

La seconde fort certaine, pour ses recognoissances tant deuant ses commissaires que deuant ses iuges, specialement de quatre feuilles de papier qui contenoient cent aduis contre l'Estat, dont le moindre le pouuoit perdre.

La troisiesme, quand il aduoüait que sans la misericorde du roy il estoit perdu, et qu'il auoit peché de l'œil, la bouche et la main, durant plus de trois mois, capable de tout faire, de tout ouyr, de tout dire; que s'il eust voulu executer les mauuais desseings qu'on luy auoit proposé contre le roy, il y auoit long temps qu'il ne fut plus.

Que le reffus de Bourg et le blasme de sa maison, l'auroient faict souhaiter de se voir tout couuert de sang.

Pour ses excuses, que s'il auoit mal parlé, il auoit tousiours bien faict, que cela n'estoit vallable en crime où la volonté est punie comme l'effect aux autres, par ce que si le faict auoit succedé il ne seroit plus temps de iuger.

Contre les tesmoings qu'il disoit autheurs de ses meschancetez : que ses reproches venoient à tard long temps apres les deppositions ouyes, ioinct que sans eux il auoit trop de preuue.

Quand à la vaillance de ses merites, iamais l'antiquité ne les a compensez, non pas mesmes aux crimes des particuliers, autrement chacun pourroit commettre tel crime qu'il voudroit, et par apres venir à la compensation du mal et aussi euiter la punition meritee.

Pour le pardon allegué, qu'il en failloit faire apparoir par lettres entherinees en la Cour, et qu'autrefois le sieur de Haulteville eut la teste tranchée aportant vn pardon signé de la main du roy Henry second, pour auoir reuellé en confession (pensant mourir) qu'il auoit eu la volonté de le tuër. Que le mareschal auoit recognu en iugement, et auoit dict au roy en gros qu'il auoit esté capable durant deux mois et demy de tout ouyr, de tout dire et de tout faire pour le reffus de Bourg, mais rien en parole qui luy faisoit recognoistre auoir besoin de la misericorde de sa Maiesté.

Pour les vingt deux mois derniers qu'il disoit s'estre contenu en son deuoir : le voyage de Hebert à Milan, fait voir clairement le contraire, quoy qu'il eust voulu pallier ; car ce n'estoit pas le faict d'vn secretaire confident de mener des pages et acheter des espees et des estoffes.

Mais ce qu'il alleguoit des vingt deux mois estoit

destruict, d'autant que dez ledict temps, il auoit rompu auec la Fin, prenant autres brisees et habitudes qui n'estoient pas encores clairement descouuertes.

D'ailleurs, qu'il y auoit au procez forces lettres de luy, sans dattes, qui faisoient croire la continuation de ceste mauuaise volonté, et que la seulle lettre qu'il employoit à la iustification faisoit au contraire grandement contre luy, disant que ses ombrages et vanitez auoient esté dissipees à la naissance du Dauphin qui n'auoit que dix mois, et partant, si la seulle naissance l'auoit fait sage, il auoit esté douze mois des vingt deux sans l'estre.

Icy se pourroit representer toutes les particulieres opinions, mais ce seroit innutillement consumer le temps.

Monsieur le chancelier, concluant les opinions, prononça l'arrest de mort, apres auoir representé le procez depuis la cognoissance du crime, l'ordre que le roy auoit tenu pour le faire venir, resolu que s'il eust encores tardé quatre iours l'aller assieger quelque part qu'il fust, ayant plus à cœur de le prendre par force que par autre voye; puis toucha sur quelques aduis que l'on auoit proposé de decreter contre la Fin et Renazé, et remonstra par viues raisons et beaux exemples, que ceux qui descouurent les conspirations ausquelles ils ont trempé, sont non seullement dignes de pardon, mais meritent recompense du bien qu'ils ont procuré en asseurant l'Estat, et que c'estoit le seul moyen d'attirer les autres qui pourroient auoir trempé en ce mal : puis adioustà que toute ceste faction ne seroit pas couppee avec la teste du mareschal, et qu'il pourroit naistre d'autres où l'on auroit prou de peine à les descouurir, si le bon traictement fait à ceux cy n'attiroit ceux là par exemple.

Le lendemain, qui estoit le mardy, chacun pensoit que l'execution se deut faire en Greue : on y accouroit de toutes parts; les eschaffaults y furent dressez pour voir ; et dans l'Hostel-de-Ville il y en auoit un pour executer le mareschal, auec vn petit pont de bois qui deuoit estre mis contre l'vne des fenestres de l'Hostel-de-Ville par lequel le mareschal deuoit passer pour aller dudict pont sur l'eschaffaut, mesmes les huissiers du parlement, auec l'executeur de haulte-iustice furent hurter à la porte de la Bastille et deux ou trois mil personnes auec eux, dont aucuns sortant aux champs et apperceus par le mareschal, l'estonnerent fort, car il se troubla à ceste veuë, et dict : « Ie suis iugé et suis mort. » Toutes fois le sieur de Puy, exempt des gardes du roy de la compagnie du sieur de Vitry, lequel le gardoit, luy dist : « Monsieur, c'est vne querelle de deux seigneurs qui sont sortis pour s'aller battre, et tout le peuple y accourt pour voir ce qui en sera : » cela le retint. Quant à ceux qui furent à la Greue, ils y demeurerent la pluspart iusques à vnze heures du soir, croyans qu'il deut estre executé aux flambeaux.

Peu apres, il pria le sieur de Baranton, lieutenant de monsieur de Praslin, d'aller de sa part trouuer monsieur de Rosny, luy dire qu'il desiroit le voir, sinon qu'il le supplioit d'interceder pour sa vie enuers le roy, et qu'il l'attendait de luy : qu'il l'auoit tousiours honoré et trouué son amy, et tel que s'il l'eust creu, il ne fut au lieu où il estoit ; qu'il y en auoit de plus meschans que luy, mais qu'il estoit le plus mal-heureux; qu'il consentoit estre mis entre quatre murailles lié de chesnes. Bref, les suplications qu'il faisoit raportees par le sieur de Baranton, esmeurent tellement monsieur et madame de Rosny, le sieur Zamet et autres qui estoient là, qu'ayant tous les larmes aux yeux, nul ne pouuoit proferer une parole. En fin, le sieur de Rosny dist : « Ie ne le puis voir, ne interceder pour luy : c'est trop tard; s'il m'eust creu, il ne fust pas là : il deuoit dire à sa Maiesté la verité, dez son arriuee à

PIÈCES JUSTIFICATIVES.

Fontainebelleau ; pour ne l'auoir dite, il luy a osté le moyen de luy donner la vie, et à tous ses amis de la demander pour luy. » Le sieur de Rosny dist encores au sieur de Baranton : « Si i'eusse esté icy, i'eusse empesché les huissiers de passer par l'Arsenal, et l'apprehension que monsieur le mareschal a eu du peuple qu'il a veu de sa fenestre n'eust pas esté ; car, quand ie suis party de Sainct Germain, ie sçauois bien que l'execution ne deuoit pas estre faicte auiourd'hui. Le Roy a mandé à la cour que l'on luy enuoyast l'arrest par monsieur de Sillery : d'ailleurs, tous les parens de monsieur de Biron ont fait presenter vne requeste signee de leurs mains, par laquelle ils supplient sa Maiesté que l'execution ne soit faicte en public, ce qu'il leur a accordé sur l'heure. »

Monsieur de Sillery ayant aporté la commission par laquelle le roy vouloit que l'execution en faueur de ses parens se fist en la Bastille, le lendemain mercredy, à dix heures du matin, monsieur le chancelier, auec monsieur de Sillery et trois maistres des requestes arriua à l'Arsenal où monsieur de Rosny estoit, qui les mena en la Bastille, et monterent par vne montee desrobee dans la chambre du concierge, nommé Rumigny ; là, s'assirent messieurs le chancelier, Rosny et Sillery sur des escabeaux, le reste debout contre des coffres, et resolurent tout bas eux trois ce qu'il leur plust durant demie heure : puis ledict sieur de Rosny retiré, arriua le greffier criminel Voisin, et aprez luy monsieur le premier president, qui prit la place dudict sieur de Rosny, et furent eux trois autre demie heure à parler tout bas : durant laquelle monsieur de Rosny enuoya vn des siens qui presentement obtint de monsieur le chancelier vn rôlle de ceux qu'il desiroit et vouloit assister à l'execution, pour faire sortir les autres, et portoit la liste des trois maistres des requestes cy dessus, trois audienciers, trois huissiers du conseil, trois du parlement; et de ceux qui deuoient assister apres disner, Rapin, le cheualier du guet, deux lieutenans du grand preuost, le preuost des marchands et quatre escheuins, quatre conseillers de ville et le greffier. Sur les vnze heures, quand on sceut que le sieur mareschal eut disné, monsieur le chancelier, habillé d'vne robbe de satin à grands manches, suiuy des trois maistres des requestes, les audianciers et huissiers qui allerent deuant descendre pour trauerser la cour voir ledict mareschal, lequel estoit logé à l'oposite du costé des champs; voulans descendre, la damoiselle femme du sieur de Rumigny se prist à pleurer les mains ioinctes, ce qui fut apperceu par ledict sieur mareschal qui mettoit la teste contre les barreaux, et s'escria fort hault : « Mon Dieu! ie suis mort. Ha! quelle iustice, faire mourir vn homme innocent! Monsieur le chancelier, venez vous me prononcer ma mort'? Ie suis innocent de ce dont on m'accuse; » et continuant ces cris, monsieur le chancelier passe ferme et commande qu'on l'allast mener à la chapelle qui est peu de degrez au dessous de sa chambre, et là il fust trouué plein de parolles de colere et de reproches, allega forces exemples de ceux qui auoient mal seruy, et neantmoins à qui l'on auoit pardonné; et disait : « Quoi! monsieur, vous qui auez le visage d'vn homme de bien, auez vous souffert que i'aye esté si miserablement condamné! Ha! monsieur, si vous n'eussiez tesmoigné deuant ces messieurs que le roy vouloit ma mort, ils ne m'auroient pas ainsi condamné. Monsieur, monsieur, vous auez peu empescher ce mal, et ne l'auez pas faict; vous en respondrez deuant Dieu : ouy monsieur, deuant luy, où ie vous appelle dans l'an et iour et tous les iuges qui m'ont condamné. » Ce disant, il frapoit fermement sur le bras de monsieur le chancelier, qui estoit couuert, et le mareschal teste nuë en pourpoint aiant ietté son manteau dez qu'il vit que l'on montoit à luy. Puis il dit : « Ha! que le Roy faict aujourd'huy de bien au roy d'Espagne de luy oster vn si grand ennemy que moy.

» Quoy! ne pouuoit-on pas me garder dans vn cachot ceans les fers aux mains, pour se seruir de moy en vn iour d'importance! Ha! monsieur, ie pouuois faire de grands seruices à la France! Ha! monsieur, vous auez tant aymé mon pere! encores pouuez vous remonstrer au roy ce que ie dis, et le tort qu'il se faict. Que diront mil gentils hommes, mes parens, dont vn seul n'a iamais porté les armes contre le roy; espere-t-il qu'ils puissent, moy mort, luy faire seruice? Et quoy, si i'eusse esté coulpable, fussay-ie venu sur les asseurances vaines que me donnoit le president Ianin? Et ce pendant ce traistre la Fin m'escriuoit que ie pouuois venir en seureté, qu'il n'auoit rien dit que du mariage, et qu'il m'en iureroit par les mesmes sermens que nous auions autres fois faits ensemble, et c'estoient toutes amorces pour me faire venir; mais ie ne venois pas sur cela, c'estoit sur mon innocence, me confiant au roy qui m'a trompé. Quoy doncques, est ce la recompense des seruices de feu mon pere qui luy a mis la couronne sur la teste, et il m'oste la mienne de dessus les espaules? Est ce la recompense de tant de seruices passez pour les payer tout à coup par la main d'vn meschant homme que ie voy là (toutes fois le bourreau n'y estoit pas). Il parlait si viste et disoit tant de choses, tantost contre le roy, tantost contre ses iuges, que monsieur le chancelier ne pouuoit entrer en discours; mais aussi tost qu'il vit iour pour parler, il mit peine de calmer son esprit et le conuia fort de penser à Dieu, puis luy dit: «Que le roy demandoit son ordre;» soudain il la tire de sa poche, plié dans son cordon, car il ne l'auoit point portee au col depuis sa prison, et la mit dans la main de monsieur le chancelier en pesant dans la sienne, et luy dit: « Ouy, monsieur, la voylà. Ie iure ma part de paradis que ie n'ay iamais contreuenu aux statuts de l'ordre. » Apres il luy demanda le baston, et il luy dit, qu'il ne l'auoit iamais porté.

En tous ces discours plein de fougues et de vanitez, il iuroit son innocence de tout ce dont il estoit condamné par sa damnation eternelle, disoit que ses parens ne deuoient iamais rougir de sa mort, n'ayant iamais commis acte contre le seruice que sa naissance l'obligeoit vers son prince. Apres pria fort monsieur le chancelier de luy permettre de faire son testament mesmes en faueur d'vn petit bastard qu'il auoit, et d'vne femme qu'il croyoit estre grosse de son fait : ce qu'il luy accorda sous le bon plaisir du roy ; ce qu'il fit ainsi que nous dirons cy apres.

Puis le mareschal se tournant vers vn docteur nommé Garnier, moine et maintenant euesque de Montpellier, qui luy fut ordonné auec Magnan, curé de Sainct Nicolas des Champs, luy dist : « Monsieur, ie n'auois pas affaire de vous, vous ne serez pas en peine de me confesser, ce que ie dis tout haut est ma confession. Il y a huict jours que ie me confesse tous les iours, mesmes la nuict derniere ie voyois les cieux ouuerts, et me sembloit que Dieu me tendoit les bras, et m'ont dit mes gardes ce matin que ie cryois toute nuict. » Sur ce subiect, monsieur le chancelier eust enuie de parler à Voisin, greffier criminel ; lors le mareschal ietta l'œil sur monsieur de Roissy, maistre des requestes, et luy dict : « Ha ! monsieur de Roissy, faut il ainsi mourir ? Si monsieur vostre pere viuoit, ie m'asseure qu'il m'ayderoit à sortir d'icy ; il auoit tant aimé mon pere et moy aussi : au moins vous n'estiez pas de ces iuges qui m'ont condamné ; » à quoi il luy respondit : « Monsieur, ie prie Dieu qu'il vous console ; » et il lui replicqua : « Quand vous en auriez esté, ie le prie qu'il vous pardonne ceste offence. » Mais sur ceste parolle il reprit tous les poincts de son procez, n'en aduoüant que le moins qu'il pouuoit, chargeant tousiours la Fin. « Quoi ! disoit-il, le roy permettra il point à mes freres de faire faire le procez au meschant sur la bougrerie, faulse monnoye, magie et sorcellerie ! Il m'a dit auoir une image de cire qui parloit, et qui auoit dict : *Rex impiè peribis et sicut cera liquescit morieris.* Il est vray par le Dieu viuant, par ma part de paradis : ce meschant et desloyal il m'a perdu, et ie perds ma vie pour sauuer la sienne. » Il proferoit ces paroles de telle façon qu'il paroissoit n'estre aucunement troublé ; il sembloit qu'il haranguast à la teste d'une armee auec vne telle façon comme s'il eust entré au combat.

Monsieur le chancelier qui cherchoit à sortir, luy dist : « Monsieur, ie vous donne le boniour. — Quel bon iour ? » dit-il ; et ainsi il descendit, laissant le greffier Voisin, les docteurs prez de luy ; vn grand quart d'heure apres, ainsi que messieurs estoient à table à la chambre du concierge, ledict greffier vint dire qu'il supplioit de n'estre point lié, et luy sembloit que son esprit estoit fort calme. Monsieur le chancelier doubta, et monsieur de Sillery dit : puisqu'il se comporte modestement, permettez luy ceste grace, monsieur, i'en prens la moitié sur moy. Monsieur le chancelier ordonna qu'il en print l'aduis de monsieur le premier president qui estoit dans l'autre chambre : car il y auoit disné dez neuf heures ; il dist qu'il le falloit lier ; toutes fois, il pensa que non. Lors, le greffier retourna, et luy dit : « Monsieur, il est necessaire de lire vostre arrest, il faut de l'humilité en cette action. — Quoy ! mon amy, dit le mareschal, que veux-tu que ie fasse ? — Monsieur, il vous faut mettre à genouil. » Lors il s'approche de l'autel, met le genouil droit en terre, et le coude sur l'autel tenant son chapeau de la main, et ainsi entendit son arrest.

Veu par la cour, les chambres assemblees, le procez criminel extraordinairement faict par les presidents et conseillers à ce commis, et deputez par lettres patentes du dix-huit et dix-neuviesme iours de iuin mil six cent deux, à la requeste du procureur general du roy, à l'encontre de messire Charles de Gontaut de Biron, cheuallier des ordres du roy, duc de Biron, pair et mareschal de France, gouuerneur de Bourgongne, prisonnier au chasteau de la Bastille, accusé de crime de leze maiesté; informations, interrogatoires, confessions, denegations, confrontations de tesmoins, lettres missiues, aduis et instructions donnees aux ennemis par luy recognuës : et tout ce que le procureur general du roy a produict. Arrest du vingt quatre de ce mois, par lequel a esté ordonné qu'en l'absence des pairs de France appellez, seroit passé outre au iugement du procez : conclusions du procureur general du roy. Ouy et interrogé par ladite cour ledit accusé sur les cas à luy imposez; et tout consideré : dit a esté, que ladite cour a declaré ledit duc de Biron atteint et conuaincu du crime de leze maiesté, pour les conspirations par luy faictes contre la personne du roy, entreprises sur son estat, proditions et traictez auec ses ennemis estant mareschal de l'armee dudict seigneur ; pour reparation duquel crime l'a priué et priue de tous estats, honneurs et dignitez, et l'a condamné et condamne à auoir la teste tranchee sur un eschaffaut, qui pour cest effect sera dressé en place de Greue : a declaré et declare tous et vns chacuns ses biens, meubles et immeubles generallement quelconques, en quelques lieux qu'ils soient situez et assis, acquis et confisquez au roy : la terre de Biron priuee à iamais du nom et tiltre de duché et pairie ; icelle terre, ensemble ses autres biens immediatement tenus du roy, remis au domaine de sa couronne.

Fait en parlement, le 29 iuillet mil six cents deux.

Signé en la minute: DE BELLIEURE, chancelier de France, et DE FLEURY, conseiller en la cour, *Raporteur.*

Durant la lecture de l'arrest, oyant ces mots : « de crime de leze maiesté, » il ne dit mot ; mais quand il ouyt, « pour avoir attenté à la personne du roy, » il se retourna, disant : « il n'en est rien, cela est faux, ostez cela ; » puis oyant que la Greue estoit ordonnee pour le lieu du supplice : « Quoy ! moy en Greue ? » On luy dit : « On y a pourueu, ce sera ceans, le roy vous faict ceste grace. — Quelle grace ? » dit-il. Et en fin oyant tous ses biens confisquez, et le duché de Biron reünie à la couronne : « Quoy ! dit-il, le roy se veut il enrichir de ma pauureté ! La terre de Biron ne peut estre confisquee, ie ne la possedois point par succession, mais par substitution ; et mes freres, que feroient-ils ? Le roy se deuroit contenter de ma vie. »

Les theologiens, apres que l'arrest luy eut esté prononcé, l'exhorterent à la mort, et le prierent de supporter auec patience son affliction, et n'auoir plus d'autre soing que celuy de son ame. Il demeura à se confesser vne bonne heure ; puis il se promena parmy la chappelle, sans qu'aucun parlast à luy, si non que, quelques fois en s'arrestant, il disoit quelque parolle pour son innocence et quelque iniure contre la Fin, et demandoit s'il ne seroit pas permis à ses freres de luy faire faire son procez et le faire brusler.

Suiuant ce que monsieur le chancelier luy auoit permis de faire son testament soubs le bon plaisir du roy, apres qu'il eut donné en aumosnes quelqnes cent cinquante escus qu'il auoit sur luy, il tira trois anneaux de ses doigts et les bailla au sieur de Baranton, pour en donner vn à sa sœur de Sainct Blancart, et les deux autres à sa sœur de Roussy, les suppliant de les porter en souuenance de luy ; puis un' heure durant il fit escrire le greffier Voisin. Il laissa huict cents liures de rente à vn sien bastard qu'il auoit eu d'vne fille qui estoit encores grosse de son faict, à l'enfant de laquelle il donnoit vne maison prez de Dijon qu'il auoit acheptee six mil escus. Il disoit aussi qu'il auoit cinquante mil escus dans le chasteau de Dijon, et qu'il en deuoit trente mil. Plusieurs memoires luy ayans esté apportez de ses affaires, il y respondit assez modestement et sans confusion. Il supplia que l'on payast quelques debtes qu'il deuoit à quelques gentils hommes, et mesmes à l'ambassadeur d'Angleterre, dont ils n'auoient point de cedules. Apres il parla à ses gardes, qui vindrent l'vn apres l'autre prendre congé de luy, la larme à l'œil, ayants chacun la main sur les gardes de leurs espees, ausquels il donna ses habits et linges, et tout ce qui estoit dans ses coffres.

Entre deux et trois heures, M. le chancelier y retourna auec M. le premier president. On fit sortir tous ceux qui estoient là; puis l'interrogerent encores vne heure et plus touchant ses complices; mais on tient qu'il ne voulut rien declarer. Ainsi que M. le chancelier se vouloit retirer, il luy demanda s'il desiroit parler à quelques vns; il dit qu'il eust bien desiré parler aux sieurs de la Force, de S. Blancart, et de Roussy, et à ses sœurs; mais on luy dit qu'ils n'estoient plus en la ville; qu'il y auoit bien là vn gentil homme nommé Philipes qui estoit à madame de Badefou. Il demanda si Preuost, intendant de sa maison, n'y estoit point; on luy dit que non, et qu'il y auoit trois iours qu'il s'en estoit allé en sa maison prez Sainct Germain. Lors il dit : « Mon Dieu! tout le monde m'abandonne! » Cela dit, M. le chancelier et M. le premier president luy dirent à Dieu, et eux descendus firent appeller M. de Sillery, qui demeura pendant cet interrogatoire en la chambre du concierge, et eux trois s'en allerent hors la Bastille à l'Arsenal, et oncques ne reuindrent le voir.

Depuis ceste heure là iusques à cinq heures du soir, le mareschal s'occupa à pareil discours qu'au parauant, parlant incessamment aux vns et aux autres.

Il ietta sa veüe sur le sieur Arnault, et le pria fort de faire ses recommandations à M. de Rosny, et qu'il le prioit de prendre la protection de ses freres, dont l'vn estoit son neueu par alliance. Il recognut vn gentil homme qui estoit à M. de Mayenne; il le pria de dire à son maistre qu'il mouroit son seruiteur, et de M. d'Esguillon son fils. Il parla fort souuent de ses freres, et sur tout qu'ils ne vinssent à la cour de six mois; et supplia fort qu'on dist au roy qu'il le prioit de donner à son petit frere quelque estat en la maison de monsieur le dauphin; il pria aussi vn exempt des gardes d'aller dire à M. le comte d'Auuergne qu'il s'asseurast qu'il estoit fort son seruiteur de toute affection; qu'il n'auoit rien dit contre luy, et qu'il l'auoit deschargé; seulement auoit dit « que s'il auoit faict quelque chose mal à propos, la necessité le luy auoit faict faire, et non qu'il manquast d'affection vers le roy. » Le comte luy manda : « Qu'il auoit un extresme regret de sa mort, et qu'il restoit au monde pour en auoir regret tous les iours de sa vie, comme son vray, singulier amy et seruiteur, et qu'en ceste asseurance il le prioit de luy donner un petit garçon bastard qu'il laissoit apres luy, pour le faire nourrir auec ses enfans le plus cherement qu'il pourroit, tant qu'il fust en aage de se pouruoir luy mesme.

L'eschaffaut fut dressé au coing de la court vers la porte par où on va au iardin : il estoit de cinq pieds de haut, sans aucune parure, et l'eschelle mise au pied.

Les cinq heures venuës, le greffier luy dist qu'il estoit temps de descendre pour monter à Dieu, à quoy il obeit volontairement.

Les gardes estoient en la cour, les officiers et huissiers auec les magistrats çà et là. Estant descendu il marche dix pas sans parler, sinon, Ha! par trois fois, en haussant tousiours de voix; puis tournant sa veuë sur le lieutenant ciuil, luy dit : « Monsieur, vous auez » de tres-meschants hostes; si vous n'y prenez garde, » ils vous perdront, » entendant parler dn sieur de la Fin et du vidasme de Chartres son neueu, lesquels estoient logez chez luy; puis vint au pied de l'eschelle et de l'eschauffaut, et se mit à genoux, ayant marché iusques là comme s'il eust esté en bataille.

Il ietta son chapeau et pria Dieu tout bas auec ses docteurs à ses costez, et cela dura vn demy quart d'heure. Ce faict il monta sans s'estonner sur l'eschaffaut, vestu d'vn habit de taffetas gris, où apres auoir despouillé son pourpoint, il se mit sur les exclamations du matin, adioustant « qu'à la verité il auoit » failly, mais pour la personne du roy iamais, et que » s'il eust voulu croire le mauuais conseil qu'on luy » donnoit, il ne seroit plus il y a dix ans. » Apres ces propos il receut l'absolution du prestre; puis regardant les soldats qui gardoient la porte, leur dist : « O que ie voudrois bien que quelqu'vn de vous me » donnast d'vne mousquetade au trauers du corps. » Helas! quelle pitié! la misericorde est morte. »

Lors le greffier Voisin luy dist : « Monsieur, il faut » lire vostre arrest; » il lui replicqua : « Ie l'ay ouy. —Monsieur, il le faut. » Lors il luy dict : « Lÿ, ly, » ce qu'il fist. Cependant le mareschal parloit tousiours, toutes fois assez modestement; mais comme il entendit : « pour auoir attenté à la vie du roy, » il s'esmeut et dit : « Messieurs, cela n'est point, cela est faulx; » ostez cela; ie n'y songeay iamais. » Le greffier luy dict : « Ce sont vos confessions; » il repliqua : « Boute boute, » ie suis pour moy. » L'arrest leu, les theologiens derechef l'admonnesterent de prier Dieu, ce qu'il fit, puis se banda luy mesme les yeux, se mit à genouil, puis tout à coup tira son mouchoüer et ietta l'œil sur le bourreau. Il fut iugé par les assistans qu'il estoit

PIÈCES JUSTIFICATIVES. 419

en dessein de se saisir de l'espee, qu'il ne vit pas; car sur ce qu'on luy dist qu'il falloit coupper ses cheueux et le lier, il iura et dist : « Que l'on ne m'ap- » proche pas, ie ne sçaurois l'endurer, et si l'on me » met en fougue i'estrangleray la moitié de ce qui est » icy; » sur laquelle parole il se vit tel qui portoit vne espee à son costé qui regardoit si la montee estoit prez de luy pour se sauuer.

En fin il appella M. Baranton, qui l'auoit gardé durant sa prison, lequel monta sur l'eschaffaut, luy banda les yeux et troussa les cheueux, puis dist au bourreau : « Despesche, despesche; » lequel pour l'amuser luy dit : « Monsieur, il faut dire votre *In manus*, » et fit signe à son valet de luy bailler l'espee, de laquelle il luy coupa la teste si dextrement qu'à peine vit on passer le coup ; la teste tomba du coup à terre ; puis on la mit sur l'eschaffaut. Le corps fut incontinent couuert d'vn drap blanc et noir, et le soir fut enterré dans Sainct Paul, au milieu de la nef, au deuant de la chaire. Cest enterrement fut sans ceremonie, estant seulement accompagné de six prestres et de quelques autres personnes. Le lendemain on luy fit vn seruice, et quelques iours suiuans plusieurs allèrent ietter de l'eau beniste sur la fosse......

FIN.

www.ingramcontent.com/pod-product-compliance
Lightning Source LLC
Chambersburg PA
CBHW060932230426
43665CB00015B/1916